廣論之平議

第一輯

——廣論與佛法之比較

徐正雄居士 著

ISBN 978-986-92079-1-1

拈花微笑傳密意
龍樹無著更彰顯
中道實相為正法
蘊界虛妄由此生

目錄

第二輯：

第五輯：

附　錄

自序

自從土城承天禪寺廣欽老和尚，於一九八六年圓寂後，佛教宗門正法，當時已算是完全中斷了。爲何這麼說呢？因爲印順法師所主張的「人間佛教」思想（他的《成佛之道》一書其實是抄襲自宗喀巴的《菩提道次第廣論》），把佛教世俗化、淺化，再透過慈濟及佛光山的弘揚，佛教無形中已經普遍被認爲只是做醫療、資源回收、訪貧濟貧等等世間善事而已；而人間佛教的法義，也因爲否定了涅槃本際以後，成了無如來藏本際的緣起性空的斷滅見，完全悖離了眞正的解脫道法義。又如法鼓山及中台山，把常見外道所說的「常住不壞的意識心」，當成眞心來教導四眾弟子，認爲意識一念不生時，或是意識放下世間煩惱時，就是佛法中所說的如來藏或眞如心，並且附和藏密應成派中觀「意識不滅」的理論來弘傳。因此，四大山頭現在弘揚的所謂佛教，都是表相佛教，其實已經把佛法淺化、世俗化、學術化、外道化了。更有甚者，新竹鳳山寺福智「菩提道次第廣論團體」，承襲西藏喇嘛教應成派中觀思想，不但把佛法淺化、世俗化、外道化，更進一步鬼神化、商業化。以上各大團體，瓜分了整個臺灣佛教界的資源，又從法義上篡改佛法的勝妙法義，將臺灣佛教變成與一神教、道教、民間習俗等沒有兩樣，把佛法三乘菩提的修證棄之不顧。佛陀三轉法輪的本意，從阿含解脫道、而般若中道觀、到方等唯識種智，由小乘而中乘、到大乘，從淺而深、到甚深極甚深。苦口婆心說法四十九年的成果，不久將會蕩然無存，除非能把他們偏斜、扭曲之邪見全面導正扭轉回來。

佛於《佛藏經》卷中已經說過：【舍利弗！如是因緣如來悉知，我諸弟子以種種門，種種因緣，種種諸見，滅我正法。】《大般涅槃經》卷七也說過：【佛告迦葉：「我般涅槃七百歲後，是魔波旬漸當壞亂我之正法。譬如獵師身服法衣，魔王波旬亦復如是，作比丘像、比丘尼像、優婆塞像、優婆夷像，亦復化作須陀洹身，乃至化作阿羅漢身及佛色身。魔王以此有漏之形作無漏身，壞我正法。」】二千五百多年前，佛世尊的預言，千餘年來已在娑婆世界應驗了，這就是末法時代正法將滅的象徵。因此，廣老往生後，當時人間已經沒有宗門正法的證悟者住世了，所幸後來有　平實導師再將宗門正法命脈延續下來，乃至擎正法之大纛、建大法幢，接引福德因緣具足之學人得入宗門正道。

甚深法義的聖教，目前在人世間被淺化、世俗化、學術化、外道化、鬼神化、商業化，究其原因主要是藏密外道應成派中觀的邪見所導致。而顯教法師們引進藏密宗喀巴的《菩提道次第廣論》，極力推廣印順的《成佛之道》六識論邪見，則更加鞏固了藏密外道的應成派中觀之六識論邪見；大眾無擇法慧眼，盲目追隨瞎眼阿師，更加速了正法的衰竭；如不立刻起而摧邪顯正，則古印度密教滅法時期的故事，將會在現代的人世間重演。

宗喀巴之《菩提道次第廣論》也是顛倒的道次第，譬如說，宗喀巴以爲後二波羅蜜多就是奢摩他與毗鉢舍那，把奢摩他法當作禪定波羅蜜多，把毗鉢舍那法當作般若波羅蜜多；宗喀巴不知道他自己所說的奢摩他與毗鉢舍那，都不是世間修證四禪八定之法；他在《菩提道次第廣論》中說的止觀，也都是印度教性力派的男女雙修世間法，是通性力派外道法的。宗喀巴又把依於五蘊十八界才能存在的緣起性空，當作眞實佛法；他不瞭解五蘊十八界法是因緣所生，是會壞滅的，不是眞實法，認定享受淫樂時的意識是常住法；而緣起性空只是利用語言文字，作爲解釋蘊界處及世間諸法的緣生緣滅現象而已，所以緣起性空是蘊處界等現象界相應的法，與超越現象界的法界實相並不相干。又宗喀巴否認眞實存有、眞實可證之阿賴耶識，他把阿賴耶識說成是接引外道及初機學人之方便說，印順的《成佛之道》即是承襲自他的邪見，他們卻都不知道阿賴耶識心體是整個佛法的中心、法界實相智慧的根源，他們更不知道宗喀巴的《密宗道、菩提道次第廣論》所說雙身法的樂空雙運與四喜境界，也都是要從阿賴耶識心體中才能出生的；當宗喀巴否定了阿賴耶識心體時，他的二種道的《次第廣論》所說的全部內容與境界，都將會成爲子虛烏有的戲論。

宗喀巴又不知道意根就是末那識（印順承襲他的錯誤思想以後也是如此），堅持將古天竺假冒大乘菩薩身分之安惠論師所提出的六識論邪見認作是正法，又把末那識排除在十八界法之外，使圓滿的十八界法變成殘缺的十七界法。宗喀巴又把第六意識當作生死流轉之主體識，認爲意識可以去到未來世，堅執意識常住不滅，故又成爲常見外道，仍是未斷我見的凡夫；他不知道意識在眠熟無夢時、昏倒悶絕時、眞正死亡時、無想定以及滅盡定中時，都是會斷滅的，滅後必須依阿賴耶識爲因及等待其他助緣才能再次生起。又因宗喀巴對實相心的無知，更未曾證得眞正實相心，他把意識不起一念時誤認爲是空性心，明文主張意識能生一切法，認爲是一切法的根源；但意識其實是生滅法，故他所說的法又都是無因論的斷滅見——雙具斷常二種外道邪見。

宗喀巴又把 佛二轉法輪增上慧學之深妙法貶爲不了義，而把其誤會般若諸經說爲無上無容的究竟了義正法，這又違背《解深密經》中之佛意；佛於《解深密經》中曾經說過，三轉法輪的唯識諸經才是無上無容的究竟了義正法。宗喀巴又不懂般若經的眞正意旨，他以爲般若經只說一切法空，以意識心觀察一切外法皆空而意識不空，就是證得空性；他卻不知道般若經除了講說蘊處界一切法空外，還說有一個眞實不空的實相心，所謂證空性，就是要觸證這個實相眞心，才叫作證空性；並且還要觀察意識心也是無常生滅的無常空。

宗喀巴也不懂《解深密經》所說：【**我依三種無自性性密意，說言一切諸法皆無自性。**】就斷章取義說出「**無自性能生一切萬法**」、「**無自性生就是無生**」等等邪見。宗喀巴又不具禪定之證量，《廣論》所說的禪定修證過程，一字不漏的抄自《瑜伽師地論》，然後加以扭曲解釋，完全沒有自己的實證證量；他不瞭解聖 彌勒菩薩《瑜伽師地論》的義涵，以致說法時錯誤百出。

宗喀巴又認爲顯教不究竟，一定要入密咒乘才究竟，而密咒乘的無上瑜伽卻是男女雙身修法，是世間最粗重鄙俗低下之法；想要詳細瞭解者，可以參閱宗喀巴《密宗道次第廣論》，即知他以種種暗語詳細解說男女雙身修法。《菩提道次第廣論》的後半部所說止與觀，也都是這種男女雙身修法。宗喀巴如是種種不如理、不如法的邪說邪見，如是誹謗三寶之事實，不勝枚舉，筆者將會在本書中一一提出並平議之。而未斷我見的凡夫宗喀巴，還被藏密外道尊稱為大師、至尊；還以邪見著書立說，斷送眾生法身慧命，誤導後世學人走向下墮三塗的不歸路；其罪過之大，若非無間地獄罪報絕難酬償，故為救宗喀巴之徒眾及此世後世學子，不落入他的菩提道與密宗道二種《廣論》的邪見深坑，應當舉出其邪謬處辨正之。

眞正的菩提道只有二道，一條是解脫道，一條是佛菩提道，而佛菩提道又含攝解脫道，除此之外沒有其他佛法。至於他的密宗道，完全是外道淫樂「藝術」，純屬世間淫欲的享樂法，與菩提道的實證完全無關；只會使人下墮三惡道，不會使人獲得絲毫菩提道的證量。解脫道斷煩惱求解脫，是三乘都必須修的共道；諸學人修學解脫道之次第：第一，以現觀蘊處界虛妄的世俗諦慧力，先斷除身見（薩迦耶見）、戒禁取見、疑見等三縛結，證得初果解脫。第二，把貪、瞋、癡煩惱淡薄，證得二果解脫。第三，再斷更深細之欲界貪、瞋、身見、戒禁取見及疑見等五下分結，取證初禪或更高的禪定證量而證得三果解脫。最後，再斷色愛結、無色愛結、掉結、慢結及無明結等五上分結，證得四果阿羅漢。此時三界愛的煩惱不再現起，稱爲出離三界生死的聖人。

佛菩提道之修學，不是專在解脫道上用心斷除我執，主要是斷我見及證得一切有情本來就有的實相心，此心即是空性如來藏，或稱爲第八識——阿賴耶識。大乘學人未證得空性如來藏之前，只能稱爲隨順學佛，只於外門廣修六度萬行。證得空性如來藏，若不退失時就是入菩薩七住位，此時稱爲開悟「明心」，或說爲證「空性、眞如」，是眞見道位的賢者，我見自然可以斷除，其解脫功德相當於解脫道中的初果聖人，但解脫道中的初果聖人卻不懂菩薩的實相般若智慧；此時才算是眞正的踏入大乘佛門，般若總相智從此展現，然後開始內門廣修六度萬行。菩薩開悟明心後有了般若總相智，再於悟後起修般若別相智，歷經菩薩三賢位：十住、十行、十迴向，圓滿般若別相智及具足應有的現觀與福德，發起初地應有道種智的少分，才算能登初地，成爲入地心的初地菩薩。登地後進入修道位，開始修學初地菩薩應修的道種智，滿足初地心，轉入二地而次第修學，直至成佛時圓滿道種智而稱為實證一切種智。

此二主要道—解脫道與佛菩提道—為一切菩薩必修之道，佛法中沒有其他的道路可行。學佛的人，一開始，兩道都要同時修，一方面修斷我見煩惱，同時也要實證空性心如來藏—阿賴耶識心體—的所在，現觀祂的眞實性與如如性，名為實證眞如；兩道相輔相成，不可偏廢。一切眾生要解脫生死之苦，遲早都要修學此二主要道，是無法躲避之事；現在不學，將來也必定要學；今生不學，未來無量世以後也必定要學；只是早學早成佛，晚學晚成佛的問題，因為只有佛菩提道是三界中的最究竟法，佛菩提道卻是函蓋解脫道的，此二道都是在三界中修學的，界外無法可學，而其他所有諸法都不究竟。既然必定要學，不如現在就學，因此審愼選擇善知識就相對顯得重要了。善知識者，必定是自己已親證解脫道及般若實相，並能教導眾生同證聲聞果與般若實相者。如此善知識在廣欽老和尚往生後，而廣老之正法又未傳與後人之際，似乎如是善知識在人間已經找不到了；但是眾生福報尚未用盡，法滅期尚未到來，得佛菩薩之加持，眞善知識再度示現人間，教導眾生開悟成佛之法，如果學佛人能遇見並且不錯過，此乃是學佛人之最大福報也。

以末學的親身經歷來說，末學曾經於新竹護持專弘藏密應成派中觀的《菩提道次第廣論》的團體長達八年之久；在這期間，不但認同許多西藏喇嘛教的邪說、邪法、邪教導，而且還廣爲宣說，譬如爲人宣說：**只要熟背《廣論》就可以成佛，末法時期沒有證悟這回事，沒有西方極樂世界、不談阿彌陀佛，只要多思惟、多觀想就可以成就，得初果是異想天開、證空性不是今生之事，護持法人事業**（此事業不是佛說的弘法事業，而是在他們的貿易賺錢的事業中做義工）**就是福智資糧，否定末那識及阿賴耶識，除《廣論》外不須研討其他佛菩薩的經論，不必瞭解奢摩他及毗鉢舍那，無上瑜伽是最殊勝之法……**，不勝枚舉。當時末學也自認爲是在護持正法，滿心歡喜；殊不知如是所謂的護持正法，實爲護持邪法、殘害眾生的大惡業，其中甚至多已成就謗佛、謗法、謗勝義菩薩僧的極重惡業，也是無間地獄之業。只嘆末學當初無擇法智慧，誤入歧途，不但白白荒廢八年之歲月，而所得到的卻是誹謗正法的大惡業，無奈當時還沾沾自喜，以爲學到了眞正佛法。直到有一天，佛菩薩慈悲救拔讓末學忽然間醒悟了，頓時心中起疑：**依文解義式的研討《廣論》就是在修學佛法嗎？爲鳳山寺的福智團體作生意賺錢就是佛法嗎？爲他們去當工人、當農夫，賺錢給他們支**

持藏密喇嘛教就是佛法嗎？天天喊著「要一切智智」，卻不知道什麼是一切智智，這樣能成佛嗎？因這些疑問不得開解，乃毅然決然離開新竹鳳山寺的「廣論團體」，重新尋找真正能引導學人明心見性的真善知識。

末學離開藏密的團體之後，到處尋覓真善知識，還好在此有生之年，正法緣成熟，在正覺講堂遇到真正的善知識，在導師 平實菩薩與親教師正圜菩薩教導之下，從頭開始修學真正的佛法。在禪淨班上課期間，透過善知識的教導，修學動中定力及參禪知見；善知識並且諄諄教誨一定要如法懺悔等事，把往昔的諸惡業懺除乾淨，並祈求佛菩薩的加持，發起菩薩大願；不但自己求悟得悟，更要幫助他人能求悟得悟；最後把功德迴向累劫之怨親債主，以減少道業上的障礙。末學遵從善知識的教誨，於是天天在 佛前以至誠心懺悔、祈求、發願、迴向等四事，這樣整整花了一年的時間從無間斷，終於在二○○三年十月初，夢見好相，親見 佛世尊前來加持。此後沒幾天，一念相應而觸證空性如來藏，般若慧頓開，從此百尺竿頭更進一步，海闊天空，遨遊佛菩提道的浩瀚法海，這是末學這幾年來的親身體驗。末學並鄭重在三寶前向大眾宣示：真實有空性如來藏在眾生身中。無始劫以來祂就存在，現在如是，未來也如是；入無餘涅槃時如是，成佛時也如是；祂無形無相，是金剛體性，無有一法可以壞滅祂。這絕非妄想欺誑之語，只要依法如實如理修行，任何人都可以找到祂、觸證祂、體驗祂、轉依祂。以上是以末學的親身經歷，供養有心學佛的佛門同修作爲參考。

鑒於末學過去的愚癡行，並慶幸此世正法緣成熟，於此有生之年值遇眞善知識，在眞善知識教導之下，現觀《法華經》所開示的無價珍寶；感恩之餘，乃於 佛前發大誓願，願生生世世行菩薩道，永不取證無餘涅槃；又深感藏密外道宗喀巴邪說毒害衆生之嚴重，更爲了續佛慧命，乃奮而發願荷擔如來家業，並負起摧邪顯正之重責大任，經 平實導師與諸親教師不斷地加持，與正覺同修會諸菩薩的關懷鼓勵，本書才能順利的完成，在此一併致謝。

本書之編輯是依據宗喀巴造、法尊法師翻譯，福智之聲出版社所出版之《菩提道次第廣論》爲藍本，按照其內容之傳承、道前基礎、下士道、中士道、上士道及別學後二波羅蜜多（止、觀）之次第，分爲章、節、目而平議之，唯作法義上的辨正，而無人身攻擊。而《菩提道次第廣論》中最離譜者，爲「別學後二波羅蜜多」奢摩他與毗缽舍那，此部分佔去《菩提道次第廣論》之半，是宗喀巴造論之重點所在，也是宗喀巴造論時最得意之處，然此部分也正是違背佛菩薩經論最嚴重之處，更是研讀《廣論》者最不能瞭解之處。有鑑於此，末學也在平議「別學後二波羅蜜多」的部分著墨甚多，幾乎把每一段落都提出平議之；因爲《廣論》中處處錯誤，令人不得不一一加以辨正，期望能拯救更多身陷藏密邪法中的學人回歸正法、免墮三惡道。也期望已修學《菩提道次第廣論》前半部，而尚未修學「後二波羅蜜多」之學人，或已閱讀而不能瞭解之學員，或誤解而不知其錯謬處之學者專家，在閱讀本書之後，能了知眞正正法與《廣論》邪說差異之所在，能及時臨崖勒馬；如果繼續依之修習、依之傳揚，必墮邪見深坑，因而造就誹謗正法之無間重罪，臘月到來，死相難看、後世異途也就在所難免了。

本書從頭開始都未曾對任何人—不論出家或在家眾—作人身上的評論，未來也將如是，因爲人身高矮美醜等等無關佛法眞實義故，末學只是針對法義上的錯謬來作辨正罷了。但值此末法時期，群魔傾巢而出，欲令 世尊正法消失於人間，是故邪說、邪論充斥人間，已至汗牛充棟的地步了；而眾生又無擇法慧眼，往往相信魔說卻不信佛語，總是認定表相而不依法義實質，因此 佛陀正法已瀕臨續絕存亡之際了；爲了續佛慧命，以悲心故擎正法纛，祈願眾生有得度之因緣者，普皆能趣入佛門正法，爲此而作此書。

佛弟子 **正雄** 合十 二〇〇五年冬

第一章　變質的藏傳佛教

太虛法師於《菩提道次第廣論》作序言云：

比因西藏學者法尊譯出黃衣士宗喀巴祖師所造《菩提道次第廣論》，教授世苑漢藏院學僧，將梓行而問世，余爲參訂其譯文，閱至「如是以諸共道淨相續已，決定應須趣入密咒，以能速滿二資糧故。設踰共道非所堪能，或由種性功能虛劣，不樂趣密咒者，則唯應將此之次第加以推廣。」其爲特尚密宗之理論，甚爲顯然。

太虛法師基於法尊喇嘛的情誼與要求，作了《菩提道次第廣論》的序言，然從其字裡行間，可以看出太虛法師對於藏密「佛教」的不認同。首先他不稱法尊爲佛教法師，只稱爲西藏學者；又把藏密祖師宗喀巴稱爲黃衣士，不尊稱爲宗喀巴大師；最後又下了結論說：「**其爲特尚密宗之理論，甚爲顯然。**」可見宗喀巴之《菩提道次第廣論》只是個餌，目的只是爲《密宗道次第廣論》的邪淫法門鋪路，終結還是要學人趣入無上瑜伽兩性合修的雙身修法，所以《菩提道次第廣論》不是眞正的佛教的修行次第，只能說是喇嘛教的前行次第而已，這從以下《菩提道次第廣論》的探討中即可了然明白。

第一節 略述初期天竺佛教概況

第一目 概說

印度初期的佛教本來沒有宗派之諍，是因爲許多未悟實相的後人沒有實證的智慧，不瞭解佛語，將聖 龍樹菩薩與聖 無著菩薩強行分割爲中觀派與唯識派二大車軌，主張認爲中觀與唯識二法互不相容，於是開始了「空」與「有」之爭，綿延幾世紀。這是無智慧的人落於兩邊，不瞭解非空非有之眞實中道觀，也不瞭解眞正的唯識與中觀眞義所致。後來所謂的中觀派又自行分割爲應成與自續二派，二派相互評論，最後都亡於天竺密教。又天竺密教傳入西藏後，天竺的密教不久就被土耳其的回教軍隊所消滅，流亡於西藏的密教，由於地理阻隔的緣故，得以繼續弘揚。

本來佛教雖有三乘菩提之分法，而大小乘也只是依眾生的根器而作方便施設教化，只是應眾生根器的不同，而其修學的內容、次第、深淺、廣狹有差別而已，本來都屬於唯一佛乘中的完整佛法所攝。後來由於聲聞人各自理念的不同，才有聲聞法的部派分裂。後來有些大乘法教的空有爭論，也只是未悟及錯悟的大乘法中學人，基於對法義執著誤解的不同而分派別；但是眞正的人乘法教仍然一貫不變的弘揚下來，並未分宗分派，法義始終是一貫不變的。佛滅後諸聲聞弟子，如阿羅漢大迦葉尊者……等人，會同阿難尊者開始結集 佛陀遺教，這就是第一次結集——五百阿羅漢的結集，成果是四阿含諸經及律藏、雜藏。聲聞教派在初期分成大眾部與上座部，後又分裂成二十部。諸聲聞弟子結集 佛的遺教成為四大部阿含諸經，屬於小乘教，然而其中已有大乘法理隱說於中，因此大乘之名，並不是始於 龍樹、無著二菩薩，在阿含經中就有明文記載；這是因為 佛開示大乘經典時，聲聞聖人也同時聽聞大乘經典，但是不能親證、無法勝解憶念，唯能以解脫道所證的見解，而結集成聲聞解脫道的法義，成為阿含中的解脫道經典。大乘法從四阿含隱說，卻於 佛陀遺教一、三轉法輪中，有更明確深細的演說，聖 龍樹菩薩與聖 無著菩薩只是依之而發揚光大而已，一貫的法義並未改變過。

至於唯識與中觀都是 佛說，並無不同，只是深淺廣狹有別罷了！只因未悟、錯悟的後人未證空性心，不瞭解佛語，而把兩者分別爲「空」和「有」兩個對立的宗派，這是不正確的；這種空有之諍，在歷代眞悟菩薩中都不曾存在過，都是只在未悟或錯悟空性的凡夫菩薩中存在。尤其應成派中觀，從安惠、佛護、月稱、宗喀巴，到現今之達賴喇嘛，及在臺灣的印順法師等人，都公開或暗中成爲應成派中觀的繼承者，卻把聖 龍樹菩薩的中觀見扭曲，以歪曲錯誤的見解欲來破斥唯識宗正義，而又以「不立自宗，專破他宗」的宗旨成就外道斷滅見；從月稱的《入中論》、《顯句論》，宗喀巴的《入中論善顯密意疏》、《菩提道次第廣論》，達賴喇嘛的《般若與佛道次第》，印順法師的《中觀今論》、《中觀論頌講記》等等諸書，可以證知一向都是如此。雖號稱「不立自宗，專破他宗」，但他們卻不知道自己其實也因此而建立了自家宗旨，因爲他們的法義一開始就錯誤了，當然難逃被破斥的命運。從古至今的佛教事業，因證悟甚難，證悟者稀少，凡夫眾生無有慧眼簡擇，就這樣在這些邪見熏習的演變下開始變質、開始沉淪；若不加以即時導正，佛教正法最後將會因爲被西藏密教滲透、寄生而導致滅亡，將重演天竺佛教滅亡之命運。因此，凡我世尊的正信弟子，應當奮起摧邪顯正，荷擔如來家業，否則法滅期將會很快的提前到來。

第二目　略說中觀

後人說，中觀派於西元三、四世紀為聖　龍樹菩薩與聖　提婆菩薩師徒所創，是源於聖　龍樹菩薩的著作《中論》而得名。其實聖　龍樹菩薩自己也不知道會被後人夤緣為「中觀派」的始祖，如果知道了，一定是啼笑皆非，因為佛法唯一，無二無別，只是深淺廣狹有異罷了。

《中論》開卷就說：

不生亦不滅，不常亦不斷，不一亦不異，不來亦不出。能說是因緣，善滅諸戲論；我稽首禮佛，諸說中第一。

這是聖　龍樹菩薩很有名的「八不偈」，偈中很明白的點出法界的實相即是空性如來藏。法界根本只有一法，體性是不生不滅、不常不斷、不一不異、不來不出。因為此一不生不滅、不常不斷、不一不異、不來不出，即是有情空性心體如來藏之體性。空性心體永不壞滅，由於祂本來不生故從來都不曾壞滅；祂無始以來不滅即無有生，所以不生不滅；如來藏體如虛空，無形無相，本來不生，未來成佛時也不會滅，阿羅漢入無餘涅槃時祂也依然自在獨存，所以不斷滅，故名不生亦不滅。

眾生如來藏雖然不斷滅，但含有異熟性，因此生生世世有異熟果報的出生，也就是異熟生；因爲有異熟生，才有八識心王及五十一心所法的運作，不停的流注變化，所以說不常。五蘊身心是如來藏所生，身心會壞滅，而如來藏眞實不壞，因此說五蘊與如來藏不一；如來藏雖非五蘊，但是如來藏遍五蘊身心，兩者和合似一，所以說不異。如來藏不來不出，來者即是事相上的生起，出者即是事相上的消失，有來必定有去，有來有去必定是生滅之法；例如如來藏所生出的五蘊終會老死，死了又生，生了又死，來來去去，生生世世不斷的生死交替；而如來藏本身從來無生，所以不來；既然從來無生，所以從來無死，所以不出。又如祂從來不離一切三界六塵境界，所以不出三界一切境界；但又從來不在三界六塵境界中了別，所以不入三界一切六塵境界，所以又名不出亦不入。祂又自從無始以來就不斷地出生世世的五陰，不曾遠離五陰，所以說不曾出離五陰之外；但祂又不被五陰所拘束，不是五陰所有，而是五陰被祂所出生，五陰始從出生以來就一直是活在祂裡面，從來不曾外於如來藏而存在，不曾存在於如來藏以外，所以說祂不入五陰之中，所以說祂不出也不入五陰，所以是不出亦不入。

如此透過五陰的因與緣而了知中道觀，因者即是如來藏，緣者如來藏所生之十八界法互相爲緣，而成就一切萬法，所以聖 龍樹菩薩的《中論》，都在說明如來藏的中道義。若離如來藏自心而說中道，將會是不離斷常的假名中道，因爲都是以意識爲中心、爲主體而思惟想像出來的，都無實體，都是想像假名的虛相法，意識本即虛妄故，入涅槃後意識亦告滅失故。《中論》後面又說：**【眾因緣生法，我說即是無；亦爲是假名，亦是中道義。】**（《大正藏》冊三〇，頁三三）從這四句偈中，更可瞭解大乘中觀派的中道義就是如來藏；如來藏是一切法的能生因，一切法以如來藏爲因，透過如來藏所生的各種緣而生一切法；因此因緣所生的一切法，從世俗諦來看是虛妄無實，是空、是假名；依勝義諦來看是非有亦非無，所以說如來藏所生一切法非眞非假、非空非有，這就是中道義。

第三目 略說唯識

未悟的佛門後人說，大乘唯識派大約在西元五世紀時，由聖 無著菩薩及世親菩薩兄弟所創，源於聖 彌勒菩薩《瑜伽師地論》等著作。同樣的，聖 無著菩薩等並非有意創建派別，只是後人不明佛法唯有一法，妄作分別而將他們扣上唯識派的帽子而已，但是大乘佛法根本就沒有唯識派或中觀派的區分，若要區分也只是先後次第及深淺廣狹之差別而已。

「唯識」的意思是：眾生由於執著自我，依五蘊十二處十八界來看，認為五根和五塵外境等實有，卻不知外境是眾生自心所變現；或只知道境界無常生滅，因此又執我空及法空，而成為惡取空。而唯識的「唯」，就是要破除心外有境的「有」；唯識的「識」，是要破除因為虛妄的「有」而輾轉出生的「空」，揭示實相「有」而體性「空」之眞實義，由於這兩重意義破有、破空，而因五蘊十二處十八界等三界有的虛妄而說空相是無，或因五蘊十二處十八界的空相而說有相也是無，因而顯示非有非空的中道觀。

又 佛三轉法輪時，《解深密經》很清楚的說明，無上無容大法「阿賴耶識」，有三種自性：**遍計所執性**、**依他起性**、**圓成實性**。唯識師認為，在大乘佛教思想中，諸法是空相，但是諸法空相是有條件的，是依於有八種「識」的運作及轉變，而說諸法是空相。八識是指眼、耳、鼻、舌、身、意識、末那及阿賴耶。阿賴耶識是「根本識」，無生無滅；又是「藏識」，含藏一切法種，前七識及一切法都由祂出生，前七識的染污種子也由祂收藏；又是「阿陀那識」，所以生命才能維持及延續不斷；而阿賴耶識心體自性清淨，是圓成實性，性空而眞實有，所以又稱「空性」。末那識是遍計所執性，恆執阿賴耶識爲內自我，也恆執前六識及有根身爲外自我；末那識是虛妄無實的，是無始以來恆件不斷而遍計一切法，並執著一切法；末那識也是前六識現行的所依緣，也是前六識運作時的所依緣，若無末那識，前六識即無法現行；若無末那識配合運作，前六識即無法運作，所以末那識在三界世俗法上來說，祂是實有的，在凡夫位及菩薩位也都是通三世的，只有在聲聞、緣覺法的阿羅漢及辟支佛位，才會在捨壽後滅除而不再現起。

前六識是依他因緣而生，非有眞實不壞之自體，是依他起性。又《楞伽經》說眾生心不離五法：**相**、**名**、**分別**、**正智**、**如如**；相者，是一切法所顯示出來的形相、色像、處所等等，函蓋我相、定相、法相等；名者，一切法相的名稱；分別者，是不論是否有語言文字的了知及分別；正智者，如理作意的智慧，眞實的智慧，也就是透過相、名、分別的觀行，瞭解五蘊十八界皆非實相，卻不離實相；如如者，即是實相，實相非有相非無相，本身是無相卻不離世間相；證得實相才知實相是名「空性」，無形無相又不離一切相；「空性」與眾生五蘊並存，以十八界法示現祂遠離貪厭淨垢……等二邊的清淨自性，這就是如如。三自性與五法的關係是：遍計所執是無常空而非眞實有，圓成實是眞實有而非無常空，依他起則函蓋相、名、分別、正智四項，圓成實是如如。唯識師依這五法三自性，而建立了「非有非空」的中道義，又稱爲「法相唯識宗」。以上略述唯識非空非有的中道觀。

第四目　唯識與中觀皆是般若

如上所說，唯識與中觀都是闡述中道實相之空性心，絕非對立相互破斥的，而只是在修習過程上有先後次第、深淺廣狹差異的不同。已證得空性心者都能現觀而知道，無論唯識或中觀，都不離般若的範圍。菩薩證悟中道的實相如來藏，即能現前觀察如來藏之中道體性，並且如實了知如來藏之中道義，而得般若的總相智，領會確認如來藏眞實不虛。非如未證悟之前唯憑想像的：「**如來藏**

體如虛空，無形無相，遍一切處，與妄心和合運作無間等等。」菩薩證悟了如來藏，此時稱之爲大乘眞見道位，正式進入大乘七住菩薩位，獲得般若總相智。菩薩有了總相智，開始悟後起修，更進一步瞭解如來藏更細膩的體性，而得般若別相智，稱之爲大乘相見道位。這是 佛第二轉法輪般若智慧的兩個層次，也就是大乘中觀般若。菩薩證得總相智及別相智之後，還要繼續修學諸地菩薩所證的道種智，此即是 佛第三轉法輪時唯識諸經所說的唯識般若道種智，屬於成佛所倚賴的一切種智；道種智修證圓滿後，就稱爲一切種智，或稱爲一切智智，就是發起佛地的智慧了。所以中觀與唯識只是修學佛道過程中智慧的層次深淺廣狹與先後次第的不同，同屬本識如來藏的妙法，二者之間並沒有相互牴觸之處。

聖 龍樹菩薩的中觀，到西元七世紀時分裂而且變質爲：以清辨爲代表的中觀自續派，及佛護、月稱爲代表的中觀應成派。不論自續派或應成派，表面上都說是傳承自聖 龍樹菩薩的中觀見，私底下卻都錯解及否定聖 龍樹菩薩中觀般若之意旨，都是執六識論的謗法者。例如中觀自續派，立「**意識**」爲補特伽羅我，說：「**一切法是分別假立名言，是無自性；雖然無自性，但必有所依，是**

依意識的顯現才有一切法，所以意識是一切法的根源；因此意識要不住斷常兩邊，不分別諸法，才是證得根本無分別智。」可知中觀自續派雖然承認有所依之根本識，但是卻把意識當成根本識，所以完全在意識妄心上打轉，不知意識在眠熟等五位中就斷滅了，不離斷滅邊；但他們又把意識認定爲常住心，與常見外道一樣，又落入常見邊，具足斷常二邊，已背離聖 龍樹菩薩八不中道不落二邊的眞義，也違背聖 龍樹菩薩所說一切法之因都是第八識如來藏之意旨；卻外於如來藏而說一切法，所以中觀自續派是邪見。

相對於應成派來說，自續派還認爲意識是一切法的根源，錯把意識當作阿賴耶識來解釋。而中觀應成派則更是離譜，連諸法的根源都否定掉了，認爲一切法無自性，世俗諦無自性，勝義諦無自性，一切法依緣而生、依緣而滅，故緣起性空。聖 龍樹菩薩在八不偈中說：「能說是因緣，善滅諸戲論；我稽首禮佛，諸說中第一。」偈中早已破斥應成派無因論及斷滅見之邪說，而中觀應成派追隨者鳳山寺所屬的「菩提道次第廣論團體」，不論在家或出家眾，都還深信不疑，認爲中觀應成派所主張「一切法緣起性空」，是佛法中最殊勝、最究竟、最值得驕傲的，認爲只有中觀應成派的顯密法才是眞正 佛說的正法，認爲中觀應成派的顯密法才是最快速成佛的法。「菩提道次第廣論團體」之僧眾，不瞭解聖 龍樹菩薩《中論》之意旨，無揀擇慧，一味追隨阿底峽、宗喀巴、達賴喇嘛等之邪見，否定如來藏的中道體性，離如來藏而說一切法緣起性空，成爲無因論、斷滅見，由於故意毀謗蘊處界緣起性空諸法的根本因如來藏，成就一闡提罪而不自知，眞是可憐又可悲。

第二節 印度佛教入藏

第一目 概說

佛教未傳入西藏之前，西藏當地已有民間信仰的「苯教」流傳，作法事供養鬼神、祈求降福之類，是西藏本有的民間信仰。到了唐代藏王松贊干布引進所謂的「佛教」，也就是天竺密教時期的坦特羅佛教－左道密宗－成爲西藏正式的國教；爲了適應民情，把原有的「苯教」民間鬼神信仰融入藏傳「佛教」中，從此變質的「藏傳佛教」益發邪謬，不單只有左道密宗的雙身法，也開始帶有濃厚的地方鬼神信仰色彩。由後來的阿底峽傳入西藏的「佛教」，雖未公然弘傳雙身法，但也一樣有暗中弘傳。但是前弘期的蓮花生已正式把印度教性力派的「雙身修法」帶進西藏，融入密教中公然弘傳，因此所謂的「藏傳佛教」已完全脫離佛教的法義，甚至最基本的佛教表相也都背離了，所以「藏傳佛教」正確的名稱應該是「喇嘛教」，也就是「左道密宗融合了西藏民間信仰」，已經不算是佛教了。

印度顯、密「佛教」傳入西藏後，寧瑪、噶舉、薩迦、噶當四派都承襲清辨論師的中觀自續派，因受阿底峽的影響而兼弘中觀應成派；後來崛起的格魯派（黃教）則只承襲佛護、月稱的中觀應成派。只有覺囊派承襲聖　彌勒菩薩及聖無著、龍樹菩薩的「如來藏」思想，另外成立大中觀派。後來達賴五世取得政治權力，獨鍾中觀應成派，利用政治勢力消滅其他各派，格魯派在西藏地區便開始蓬勃發展，凌駕於各派之上。到了西元一九五九年，達賴十四世流亡印度，一九六〇年於印度北方達蘭莎拉（又作達蘭薩拉）成立臨時政府，於是中觀應成派的魔掌才伸向臺灣，透過新竹鳳山寺的福智「菩提道次第廣論團體」來弘揚，於是藏密喇嘛教在臺灣開始快速成長。在此之前，則只有印順等人獨力弘傳應成派中觀邪見，不太被臺灣佛教界接受；但在長期弘傳以後，由於星雲、證嚴勢力坐大以後公開支持，再加上聖嚴法師的非正式支持，昭慧才能漸漸有傳法的空間。但印順的思想全部承襲自藏密黃教的應成派中觀思想，他的師父太虛大師一直反對他的思想與說法，說他把佛法拆解到支離破碎了；他在臺灣的初弘期，也曾遭遇到佛教界的強烈批評，甚至慈航法師還有公開燒燬印順書籍的事件，並且公開的預言說：將來自然會有人來收拾印順。如今印順的應成派中觀，已被佛教界證明全屬常見外道的境界，全都以意識心爲中心來解釋中道般若，具足斷常二見。

第二目　略述西藏「佛教」概況

西元八世紀初，吐番（現今西藏）國王松贊干布娶中國文成公主及尼泊爾公主爲妃，崇尚佛教，佛教在西藏正式成爲國教。到了八世紀中葉（約唐朝代宗時），由赤松德貞主政，聘請印度人靜命（西元七〇五～七六二）入藏建廟立僧；再聘請蓮花生入藏，弘揚天竺坦特羅佛教的密法，即是佛教研究者所說的左道密宗；這就是藏人所謂的前弘時期，已由佛教轉變成外道本質的密教了。傳入西藏時的天竺佛教早已被密教所取代，當時的天竺密教後期已融合了佛教、婆羅門教及印度教性力派雙身法，成為印度佛教的主軸，真正之佛教在當時的印度可以說是已被移花接木、李代桃僵而消滅了。〔筆者案：密教的興盛就表示正統佛教的衰亡，驗證以前的天竺佛教就是如此，近二十年來的臺灣與大陸佛教也是如此的走向。〕蓮花生把變質後的天竺佛教—以意識為中心的性力派學說—帶進西藏，再摻入西藏當地苯教的民間鬼神信仰，於是西藏密教因為它的索隱行怪、荒誕不經而成為世界最詭異宗教了，也充滿著羅刹、鬼神、妖魅色彩。

第九世紀中葉（西元八三八年），西藏朗達瑪王即位，開始拆除「佛教」寺院，解散僧團，時間長達一世紀，這段期間是藏人所謂的黑暗時期，被迫害的正是破壞佛教正法的左道密宗；朗達瑪王是否為真正佛教的護法神發願受生而作的行為，以破壞左道密宗而冀望將來嚴重破壞佛教的事相不會在中原地區出現？這仍待佛教界從已被滅跡的西藏地區種種隱藏證據中，重新加以發掘及考證，還給朗達瑪王一個公道；假使朗達瑪王是一個仁慈的對待人民的君王，這個假設就是有可能的（但是要預防後來被誣蔑造謠的狀況，如同古時西藏的覺囊派法王，亦如今時 平實導師同被誣謗為外道邪魔的事件，是應該先加以過濾分辨清楚再作定論）。到了西元十世紀後半，由智光攝持王位，社會逐漸安定，當初避難青海的藏人後裔，再度把左道密宗的西藏密教回傳藏地，於是藏傳密教的左道密法重新萌芽。到了西元十一世紀初，印人阿底峽應西藏智光及菩提光前後二王之請，於西元一〇四二年入藏開始弘法，到西元一〇五四年去世止共十三年，藏人稱之爲後弘時期。

在前弘期，蓮花生把左道密教傳入後，藏地才有寧瑪派的出現，俗稱紅教，以宣揚蓮花生的左道密法爲主，所以寧瑪派爲西藏密教最早的派別。在後弘期，阿底峽入藏，再度完整的把左道密法與應成派中觀邪見傳入西藏，於是噶當派形成。因爲左道密法的修習稀奇古怪、荒誕不經，是污穢行淫的邪道，本與大乘佛法不能相容，但阿底峽卻很巧妙的用佛法的名相來包裝淫穢的左道密法，於是在藏地的密教就成爲大乘佛教外表的代表者。宗喀巴《菩提道次第廣論》說：「**尊者將一切顯密要義，歸攝成爲修行的次第，造《菩提道燈論》等，依於此門大興教法。**」可見阿底峽是以顯教中粗淺的法義爲餌，讓學者不知不覺的進入左道密教。以後的薩迦派（俗稱花教）、噶舉派（白教），都受阿底峽的學說影響很大；格魯派（黃教）的創始人宗喀巴，更以阿底峽的《菩提道燈論》爲藍本，造了《菩提道次第廣論》及《菩提道次第略論》兩書，後來又被印順法師抄襲而成爲《成佛之道》。

第三目　略述覺囊派

以上所舉各派，寧瑪、噶當、薩迦、噶舉及格魯之外，值得一提的是覺囊派。覺囊派創始人爲宇摩．摩覺多杰（十一～十二世紀），五傳到了更邦欽波．突結尊追（西元一二四三～一三一三）建立覺囊寺，覺囊派正式成立。八傳到了更欽篤補巴．喜饒堅贊，是爲最盛期。二十八傳到了多羅那他（西元一五七五～一六三五）時，覺囊寺廟遍西藏康川各地，「他空見」如來藏思想達到最高峰。可惜覺囊派不見容於當時格魯派的政治勢力，在達賴五世的授意下，達布派與薩迦派前來共同挑戰法義高下，在覺囊派歷經多次的法義辨正勝利以後，每一次都隨即被達布與薩迦派群眾以刀杖殺害，寺院全被侵佔，多羅那他被達賴五世逐出西藏，最後所有寺院都被達賴五世洛桑嘉措（西元一六一七～一六八二）所接收，於是覺囊派被徹底消滅，還被誣指爲佛教的破法者。

覺囊派的教法，在西藏完全與眾不同，主張「他空見」，自稱爲大中觀派，有別於中觀自續派（紅、白、花教）及中觀應成派（黃教）。認爲一切事物或現象都有實際的本體「如來藏」，本體絕對存在，本體常恆不變。一切事物或現象都包含在本體內，因此世人所感知的外境，都是本體所現起的影像；若離開本體，即無外境可言。而這本體本來「自有」，顯現於外在的蘊處界等虛妄分別是「他空」，依此本體而說一切事物或現象是空。因此說，性空只能說是「他空」，不能說是「自空」。更進一步解釋說，一切色法是「本識」的功能作用，是由分別心所假立的，由假立的名色虛妄構成外境，所以世俗諦自體無實而空，故謂之「自空」，但是勝義法性的究竟是不空，只是被世俗諦的能執、所執誤認爲空，所以稱之爲「他空」，所以不論自空、他空都是世俗諦空。世俗諦無實，勝義諦不空，因此他空見遠離斷常二邊，成爲了義中觀。此派的興起，在當時的西藏引起極大震撼，被認爲是惡見，被認爲是邪魔外道，各派紛紛撻伐，這與今時 平實導師被所有以意識爲常的法師居士們誣指爲邪魔外道一樣。其手法略舉如下：

一、**聲論外道主張**：萬有皆是聲的變易，聲的自性無始無終，聲的轉變即是色等諸所有法聚合。意思是說，一切色、香、味、觸等外境都是聲音所轉變而成，而聲音的自體性是無始無終。撻伐者如中觀應成派等，認爲覺囊派的主張：如來藏所顯示的堅固、不變、恆常、純淨、大力等等功德，從本以來就已具備，而能生一切法。以此而認定覺囊派和聲論外道的主張毫無差別，然兩者差別甚多。

這就是中觀應成派等，不證不解空性，把如來藏所出生的聲塵視同如來藏，卻引爲證據來破斥如來藏法；其實聲音本是如來藏所生之法，有生當然有滅，聲論外道的立論基礎已經是錯誤的，而中觀應成派卻不知其差異，引來破斥覺囊派正義，乃引喻失當之過失，所以此說不能成立。

二、**數論外道主張**：神我能了知一切有情自性，當神我想要貪著境界時，神我自性就會成爲變易法，變爲貪著性；然後神我受用外境，於是輾轉生死，受諸苦惱；想要求解脫就要修靜慮，三昧成熟，神我就少貪，神我自性就不變易，歸於寂靜，就是解脫。撻伐者中觀應成派等，認爲覺囊派主張：如來藏雖然自性常住，但是能出生貪著的妄心貪著境界受用，要透過瑜伽行滅貪，成爲世俗諦空，顯現唯一勝義諦。應成派中觀妄言這種說法和數論外道全然相同，實際卻相差甚多。

實乃中觀應成派等，把覺囊派所說的如來藏比擬爲數論外道主張的神我意識心，說是與六塵及貪瞋相應的；而眞實的如來藏是六入不會，從來不貪著境界受用，從來無生死，從來不受諸苦等煩惱，從來不須解脫，因爲本來就解脫；本是寂靜，所以不須修靜慮。中觀應成派不知其中的差異，或是故意含糊而說，所以應成派此說乃引喻失當之過，故此說亦不能成立。

三、**米曼差**（思惟派）**外道主張**：自心有垢，無法對治。而撻伐者如中觀應成派等，認爲覺囊派主張：如來藏有染污，因此誣指爲與米曼差外道相同。

其實米曼差外道主張的自心有垢是絕對的，因爲污垢已深入心性，是無法改變的，是不能對治的，所以認爲世間無聖人。而覺囊派所說的如來藏是自性本來清淨的，但是內藏無量無邊的七識心相應的有漏無漏法種，及無量無邊的異熟等流業種；透過修行可使由如來藏執藏之前七識才會相應的染污法種、業種轉爲清淨，凡愚就可成聖、成佛。而中觀應成派等未證空性如來藏，嚴重誤會覺囊派的如來藏義理，認爲覺囊派與米曼差外道主張相同；這是因爲不能證解如來藏體性，所以引喻失當，故此說仍不能成立。

四、**吠陀**（經典派）**外道主張**：一切有情世間及器世間，都是大梵天所造；小我是迷相，因此要棄捨小我、併入大我中，常住於解脫白性的大梵天大我之中。而撻伐者應成派中觀，認爲覺囊派主張世俗是迷，要翻轉爲勝義眞常，與此外道主張除名言不同外，義理相同。

應成派以此似是而非的理論，讓一些無智者甚覺有理，其實都是嚴重誤會覺囊派的法義。大梵天也是世間有情，有情能出生到梵天中，這個能生於梵天中的有情又曾是人間其他的有情所生，因此大梵天並非世間第一位有情；照此理論推之，只有第一位有情才能造有情器世間，而第一位有情不可得，因此梵天能造有情器世間的說法並不能成立。

又所謂有情就是七轉識，七轉識是無常變化的，是如來藏所生，出生以後與如來藏共同運作，顯示於外法中而被眾生所了知；含藏在如來藏內的是七轉識所能引生出來的無明業種及法種。而如來藏從本以來無生，本體清淨無爲，故非有情；祂能生七轉識，所以又非無情。撻伐者如中觀應成派等，把有情世間迷相的小我，安立在同是世間小我的虛妄解脫之梵天大我，如此比擬如來藏，是引喻失當，故此說終不能成立。

此外尚有極多例證可資舉證，但限於篇幅只舉如上數例。總而言之，中觀應成派等，未觸證如來藏「空性」之故，不瞭解聖　龍樹菩薩及聖　無著菩薩的中道義，卻以錯誤的見解來破斥眞正秉持聖　龍樹菩薩及聖　無著菩薩中道義的覺囊派。只可惜當時西藏社會乃政教合一，由中觀應成派的達賴喇嘛主政，覺囊派在後來沒有政治背景支持之下，終歸被消滅，從此如來藏正法於西藏地區正式消失。

第四目　宗喀巴出世

覺囊派被達賴五世藉由薩迦派與達布派之勢力消滅後，覺囊派寺院全部改爲格魯派寺院，從此中觀應成派六識論者的勢力，在西藏一枝獨秀。後來宗喀巴出世，更應驗了末法時期的來臨；經中說正法住世一千年，像法住世一千年，末法住世有一萬年。宗喀巴出生於西元一三五三年，正是末法開始的時間。宗喀巴的出生所代表的意義，就是　佛三轉法輪的正法開始要沒落了。

《楞嚴經》卷六說：

「上品魔王，中品魔民，下品魔女；彼等諸魔亦有徒眾，各各自謂成無上道；我滅度後，末法之中多此魔民，熾盛世間廣行貪淫，爲善知識，令諸眾生落愛見坑，失菩提路。」又說：「上品之人爲大力鬼，中品即爲飛行夜又諸鬼帥等，下品尚爲地行羅刹；彼諸鬼神亦有徒眾，各各自謂成無上道；我滅度後，末法之中多此神鬼熾盛世間，自言『**食肉得菩提路**』。」又說：「奈何如來滅度之後，食眾生肉，名爲釋子？汝等當知：是食肉人縱得心開似三摩地，皆大羅刹，報終必沉生死苦海，非佛弟子。」又說：「上品精靈，中品妖魅，下品邪人諸魅所著。彼等群邪亦有徒眾，**各各自謂成無上道**；我滅度後，末法之中多此妖邪熾盛世間，潛匿姦欺，稱善知識。」

宗喀巴所屬的中觀應成派，把欲界最低層次師徒亂倫合修、有時也是五倫亂倫合修的邪淫之法當成佛法來教導眾生，令眾生墮愛見坑，失菩提路。又藏密喇嘛不禁止食肉，說食肉可以得到菩提路，說食肉才是佛弟子；又因爲雙身法的合修，需要增強喇嘛的性能力，所以必須食用紅肉與酒，主張出家人可以肉食；如是等邪見，令追隨學法的極多眾生墮於鬼神道中，失菩提路。以上違背佛戒的情形，只是略述一二而已，學人如有興趣，可自行翻閱宗喀巴所造《密宗道次第廣論》的詳說。〔編案：但是必須先知道其中的隱語密意，才能讀懂宗喀巴所說的雙身法的行門與內涵意思；其中的隱語密意，詳見 平實導師所著《狂密與眞密》的說明。〕

後來達賴十四世流亡印度，更把中觀應成派邪說散佈於世界各地，讓世人誤以為：佛教就是西藏密教，西藏密教等於佛教全體。於此五濁惡世之際，魔子魔孫遍滿人間；面對這樣的情形，凡是於 世尊正法之正信者，應當認清這個事實，審慎選擇真善知識，遠離惡知識與邪見，務必勤求證悟三乘菩提，如此才能真正趣入 佛世尊正法大門，真正開始修學 佛陀正法，才不會被藏密外道等魔子魔孫所惑，這才算是學佛，這才算是佛弟子。

第二章 《廣論》傳承之平議

第一節 《廣論》之傳承

第一目 概說

《菩提道次第廣論》（以下簡稱《廣論》）一開始就把聖教分成二大系統，是依阿底峽所作的統合為基準。如《廣論》首頁說：

是無等師最勝子，荷佛一切事業擔，現化遊戲無量土，禮阿逸多及妙音。如極難量勝者教，造釋密意贍部嚴，名稱徧揚於三地，我禮龍猛無著足。攝二大車善傳流，深見廣行無錯謬，圓滿道心教授藏，敬禮持彼然燈智。

宗喀巴把佛教分成兩派：一是深見派，代表智慧，由妙音菩薩傳龍猛菩薩為首；一是廣行派，代表福德，由聖　彌勒菩薩傳　無著菩薩為首。其實　釋迦世尊以及十方世界諸佛皆號「兩足尊」，具足圓滿福德及智慧，福德與智慧不該分割；聖　文殊菩薩由於已具備應有的福德及智慧，才示現為妙覺菩薩；同理，聖　彌勒菩薩一樣是已具備應有的福德與智慧，才成為等覺菩薩。宗喀巴把 佛陀聖教強行分割為二大車軌：深見與廣行——智慧與福德，其目的只是為了要顯示阿底峽（別號然燈智）的證量高於等覺菩薩，所以他說阿底峽的證量函蓋聖 文殊菩薩的深見及聖 彌勒菩薩的廣行，集二大菩薩的修證於阿底峽一身，認為阿底峽沒有錯誤的把深見、廣行二大車軌傳下來，所以阿底峽已圓滿 佛的教導傳授。換句話說，宗喀巴把左道密教的阿底峽推舉高過等覺菩薩的證量，讓後世學人對阿底峽產生絕對信心，未來對左道密宗的藏密外道無上瑜伽雙身法，就不會排斥了，因為阿底峽也是暗傳雙身法。

只可惜現代佛教界正如同宗喀巴說的：「**今勤瑜伽多寡聞，廣聞不善於修要，觀視佛語多片眼，復乏理辯教義力**。」現今的學佛人，只要法師名氣大、山頭高、信眾多、排場大、道場富麗堂皇，就認為是名師，就以為是正法；不去分析：名師所講的法是否眞的能讓學人實證菩提？是否眞的能讓學人實證解脫果而從三界生死輪迴中解脫？是否能讓學人眞正修證佛菩提的法？是否假借佛法之名而行貪慾淫穢的外道法？是否違背 佛陀正法事業而行商業賺錢的世間法？是否如同藏密與鬼神打交道，顯現怪力亂神的民間鬼神法？……末學寫作此書的目的，套一句宗喀巴講的：「具辨善惡妙慧力，欲令暇身不唐捐。」冀使學人不被大名聲的假名善知識所誤導，瞭解眞正正法之所在，具正見之妙慧力來簡擇善惡，終不唐捐暇滿人身（編案：現在這個人身很難獲得，因此要隨時隨地把握空暇來修學佛法）。

第二目 《廣論》之根源

阿底峽的《菩提道燈論》從西藏後弘期開始影響深遠，宗喀巴即以此書爲藍本而有《廣論》之作。宗喀巴在《廣論》中說：

總此教授，即是至尊慈氏所造《現觀莊嚴》所有教授。別則此之教典，即是《菩提道炬》。故彼造者，亦即此之造者。彼復即是大阿闍黎勝然燈智，別諱共稱勝阿底峽。（《廣論》頁二）

從文字上看來，《廣論》顯的部分似乎來自聖 彌勒菩薩的《現觀莊嚴論》，但是整本《廣論》卻很少引用《現觀莊嚴論》，反而抄錄《瑜伽師地論》比較多。而《瑜伽師地論》的內涵，是以八識心王爲中心，衍生出一切萬法爲主，這又與宗喀巴主張「意識是萬法的根源，無自性緣起有的六識心王」理論不符，所以宗喀巴舉《瑜伽師地論》作證時，往往都是依文抄錄而作引證附和，或是文不對題的抄錄引證附和，或以偏概全，或誤解論意而抄錄附和，都與論的原意相違。

又因宗喀巴否認有阿賴耶識（將於本書〈毗鉢舍那章〉詳論之），所舉證之二、三轉法輪經典，例如《解深密經》等，往往掐頭去尾、截首砍足，使經文變成支離破碎，不堪卒讀。所以宗喀巴《廣論》顯的部分說是依止諸大乘經論，是不符事實的謊言。倒不如說《廣論》是依止天竺左道密宗月稱論師之《入中論》、《明顯句論》比較貼切，因為月稱之論著，否認有七、八識，主張「一切法無自性生，所以緣起有」，是道道地地的斷見無因論，同以意識為萬法的根源，正好符合宗喀巴的胃口。又藏密信徒一向「依人不依法」，月稱又是左道密宗共認的「祖師」，只要依樣畫葫蘆，引出月稱之言，密宗大眾也就相信了；至於這樣的「祖師」說法是否正確？就不重要了。

第三目　略述《現觀莊嚴論》

《現觀莊嚴論》為藏密所必修的　彌勒五大論之一，《廣論》既然提到《現觀莊嚴論》，我們就以《現觀莊嚴論》來作約略的探討。《廣論》第二頁說：

總此教授，即是至尊慈氏所造《現觀莊嚴》所有教授。

也就是說 彌勒菩薩之《現觀莊嚴論》就是《廣論》顯部法義之所依。眞實情形是否如此？首先引鳳山寺日常法師的一段話佐證，日常法師是目前臺灣公認講說《廣論》的權威專家，在《廣論手抄稿》中他說：

《現觀莊嚴論》是什麼呀？我簡單的介紹一下，裡面一共說八樣東西，叫作：第一個「三智」，什麼三智啊？一切智、道種智、一切智智；第二個叫「四加行」；後面呢「一果」──佛果。……一切智是了解一切法總相的，一切法總相──空；然後呢，道種智是指一切法的差別相的；然後呢一切種智，就是把所有的這個通達總別一切的這個智。這個三樣圓滿就是佛。那麼要想得到這個東西，那麼內涵等等，修行呢就是四個次第，所謂四個加行；經過的這樣以後，最後圓成一個佛果。

這是錯誤的說法，因爲日常法師把「三智」搞錯了，一切智不是一切法的總相，一切法的總相也不是空；道種智也不是一切法的差別相。又日常法師所說的四個加行，是修行的內涵與次第，他沒有進一步解釋，所以也就不予置評。

末學將《現觀莊嚴論》略述如下：《現觀莊嚴論》（以下簡稱爲《論》）的內容，主要說明三智、四種現觀、法身，共八法。《論》說：

般若波羅蜜，以八事正說，徧相智道智，次一切智性，一切相現觀，至頂及漸次，剎那證菩提，及法身爲八。（《現觀莊嚴論》頁一八）

般若波羅蜜即是佛菩提道，內容有：遍相智、道智、次一切智性、一切相現觀、至頂現觀、漸次現觀、剎那證菩提現觀、法身，共八法。

遍相智（編案：「遍」同於「徧」）就是一切種智，乃是八識心王一切種子的智慧，無所不遍，是菩薩圓滿道種智而成爲一切種智。《論》說：

發心與教授，四種決擇分，正行之所依，謂法界自性。諸所緣所爲，甲鎧趣入事，資糧及出生，是佛徧相智。（《現觀莊嚴論》頁一八）

頌中所敘述的一切種智，包括世、出世間法的一切智慧，或說從初發心到成佛的一切智慧。「發心」：想要求證菩提之心。「教授」：謂修習種種能成辦般若波羅蜜之各種教法經論等等。「四種決擇分」：即是透過四加行的煖位、頂位、忍位、世第一法位的修習，作爲菩薩大乘見道的準備，此爲修習般若波羅蜜之前行。「正行之所依」：證得空性如來藏後，轉依如來藏來修內門六波羅蜜多，因此說空性如來藏是一切修法及證法之所依。「法界自性」：即是如來藏的體性，能生一切萬法。「諸所緣」：由如來藏所出生之種種緣起法。「諸所爲」：謂如來藏及五蘊十八界諸有爲法的運作，成就一切萬法。「甲鎧」：身披精進甲冑趣入六度、十度波羅蜜多。「資糧」：由於精進不退，能很快速聚集福智二資糧。「出生」：福智資糧圓滿，最後成就佛位果德。以此次第漸進而圓滿佛智，此智函蓋大圓鏡智、平等性智、妙觀察智、成所作智，一切法界體性具足通達，具足人無我、法無我；能斷分段生死之一切智，能斷變異生死之道種智，二者悉皆具足了知，故名一切種智。佛以一切種智故，函蓋四智，名爲一切智者。

道智是說諸地菩薩的道種智，《論》說：

令其隱闇等，弟子麟喻道，此及他功德，大勝利見道。作用及勝解，讚事并稱揚，迴向與隨喜，無上作意等。引發最清淨，是名爲修道，諸聰智菩薩，如是說道智。（《現觀莊嚴論》頁一九）

此頌說明諸地菩薩道種智，因爲菩薩法函蓋二乘菩提。菩薩了知三界凡大、二乘愚人的世俗智慧非究竟法，是幽隱黯淡的。但是要透過世俗智慧的增長才能自度度他，於自度度他過程中累積福德、功德，才有因緣證得空性如來藏；證得空性如來藏，般若總相智才能顯現，才有佛菩提見道位之殊勝利益。菩薩悟後起修，於勝解行位中反覆驗證了知如來藏種種體性與作用，因而證得如來藏的般若別相智，菩薩即因別相智圓滿而滿足三賢位，進入地上修道位；於修道位中，見佛種種功德及殊勝利益，因而發起讚美、稱揚、隨喜佛功德，並迴向大菩提。地上菩薩如是將有漏的世間有爲法，轉爲最清淨的世、出世間無漏智，以及不可思議的無漏有爲法而成佛，是爲修道。諸地菩薩因修道而得的智慧，是爲菩薩道種智。

道種智是地上菩薩必須修證的智慧。大乘菩薩證得空性如來藏後，般若智慧才開始顯現，這時菩薩只得到大乘無生智忍；此時只了知般若空性之總相，不知別相。《大般若經》六百卷所說，是依般若空性之總相而說種種別相，般若別相智又稱爲後得無分別智，此時菩薩尚未登地，因此不能說爲道種智，必須悟後轉入相見道位，進修別相智圓滿了，才能獲得初地道種智的初分，才算是道種智。菩薩證得空性如來藏後，以證得如來藏而發起的般若總相智及別相智作爲基礎，才能修學道種智。菩薩所修的道種智，即是 佛陀第三轉法輪方廣唯識諸經的內容，也就是大乘法中的增上慧學。如果是沒有證悟空性如來藏的人，無法發起實相般若智慧，只能依般若及方廣諸經的名相來依文解義，乃至錯解經義；如是之人，即是歷代祖師說的「**依文解義，三世佛怨；離經一字，即同魔說**。」宗喀巴、日常法師即是此類之人。

一切智是世間的智慧，《論》說：

智不住諸有，悲不滯涅槃；非方便則遠，方便即非遙。所治能治品，加行平等性，聲聞等見道，一切智如是。（《現觀莊嚴論》頁一九）

此頌在說明菩薩的一切智。一切智是指證得解脫而出離三界的智慧，是三乘解脫的共法，也是三乘無學通有。二乘證得一切智，解脫而入涅槃；然大乘證悟之菩薩，在證得一切智時，因初地所發十大願之廣大悲願慈愍所持故，以及方便慧而能在斷盡思惑、具足十智時，仍然可以不入無餘涅槃。如果是沒有解脫智慧的人，離解脫道極果（第四果）圓滿之路就很遙遠，反之則非遙；如果菩薩沒有方便波羅蜜，離佛果就會極遙遠。一切智是能對治與所對治煩惱的智慧，是證得解脫道極果的智慧，是二乘解脫道圓滿的智慧，但菩薩也必須具備一切智才能成佛。一切智共有十種：「世俗智、法智、類智、苦諦智、苦集諦智、苦滅諦智、苦道諦智、知他心智、盡智、無生智」，此十智函蓋有漏法與無漏法，世俗智通三界四禪八定等有漏法。二乘聖人八解脫鈍根者只有前九智，利根者慧解脫、俱解脫才具足十智。大乘法中已明心之菩薩若證得慧解脫時，必與阿羅漢一樣具有聲聞聖人這十智；因智慧深利故，大乘證悟之菩薩若證慧解脫無學，必具十智，慧強根利故。

又《論》中所說一切相現觀，就是現前觀察一切智相、道種智相及一切種智相。三智相的體性、修證過程、功德與過失等等，是爲聲聞、緣覺、菩薩圓滿證得無餘涅槃或佛地一切相的善巧方便。

至頂現觀，就是現行觀察加行道位至頂、見道位至頂、修道位至頂及無間道至頂的修證。加行道位又分四個階段：煖、頂、忍、世第一，此四加行於後當再細說。見道位至頂，在解脫道中，是說二乘初果；在佛菩提道中，是說大乘七住菩薩證空性如來藏以後，進修相見道位智慧至初地入地心，名見道圓滿之頂。修道位至頂，若從二乘菩提解脫道的修證來說，是從二果至四果的修證；若從大乘菩提解脫的修證來說，乃是指初地菩薩進修至最後身菩薩的修證。無間道至頂即是最後身菩薩究竟成佛，八識心王究竟清淨，滅盡塵沙無明之究竟佛。

漸次現觀，如《論》說：

布施至般若，隨念於佛等，法無性自性，許為漸次行。（《現觀莊嚴論》頁七七）

菩薩修六波羅蜜、三十七菩提分等，證得諸法無自性或有自性等之觀行，如是漸次修集證知等，即是為漸次加行。

剎那證菩提現觀，是說菩薩於見道、修道各位階，都是歷經長時間漸次修學後，於一剎那相應而證。譬如第六住加行道位菩薩，於加行漸次圓滿後，一念相應證得空性如來藏，現觀如實不二的眞如法性，心得決定，即進入七住位成為大乘證悟之賢位菩薩；亦如歷經多劫漸次修行，進入第十住位之菩薩漸次修集別相智、大福德、定力後眼見佛性，亦是於最後剎那間一念慧相應而得眼見分明，頓時現觀世界、身心如幻。諸如此類，於上地之各位階皆有該位階所證之剎那現前菩提現觀之一念相應慧相應，但都必須有漸次修行的前行過程。

最後《論》說：

自性圓滿報，如是餘化身，法身并事業，四相正宣說。（《現觀莊嚴論》頁一二）

此頌是說明佛之三身及佛之果德。諸佛皆圓滿所作事業，成就三身，謂：自性圓滿報身、自性圓滿化身、自性圓滿法身及成就圓滿所作事業，是最後的佛果。

自性圓滿報身者，謂佛已圓滿佛地所須福智二資糧莊嚴，而顯示三十二大人相、八十隨形好的莊嚴報身，如 釋迦牟尼佛之莊嚴報身，即是正在色究竟天宮說法的 盧舍那佛。化身者，佛以圓滿報身及眞如佛性，應眾生得度因緣而顯現各種色身說法度眾，如千百億化身 釋迦牟尼佛中之一尊應化身，於二千五百多年前示現於此人間說法度眾。法身者，謂佛地無垢識無形無相，但與五遍行、五別境、善十一心所法相應，能以無功用行而了知一切有情心行，並已圓滿一切智、道種智、成就一切種智者，如 釋迦牟尼佛之清淨法身 毗盧遮那佛。所作事業者，謂諸佛應眾生之緣而示現八相成道、說法度眾等諸事業。

《現觀莊嚴論》聖 彌勒菩薩以善巧方便，闡述解脫道及佛菩提道，以此八法函蓋一切世、出世間法。《論》中引導眾生如何見道、如何修道以及究竟成佛的過程。但眾生無明覆蓋，薩迦耶見（我見）未斷，未能實證大乘見道，無法於總相智、別相智乃至種智上作功夫，因此必須先修四加行，斷除我見而證能取、所取空，而且明心證眞、眼見佛性、進修般若別相智，配合世俗諦的一切智，於諸地中次第修證道種智圓滿，成就一切種智，依此次第循序修證佛菩提道，才能成佛。

而宗喀巴說：「總此教授，即是至尊慈氏所造，現觀莊嚴所有教授。」綜觀

《現觀莊嚴論》從開始到結尾，從未提及成佛之道的次第即是《廣論》說的「三士道」及金剛乘雙身修法的「止、觀」；而整本《廣論》也沒有看到有《現觀莊嚴論》的隻字半語，作為《廣論》的引用證明。宗喀巴只是攀緣附會而說聖彌勒菩薩之《現觀莊嚴論》是《菩提道次第廣論》之所依，實際上都未以《現觀莊嚴論》中的法義作為所依，並且《廣論》內容是與此論的法義相違背的。如《菩提道次第略論釋》（昂旺朗吉堪布口授，以下簡稱《略論釋》）說：

依中士道戒定慧三學修習，此即與《現觀莊嚴論》之第二種智相符合。繼修菩提心，以自他換，得證空性，得法身。即與《現觀莊嚴論》之第三種智相符合。《郎忍》與《現觀莊嚴論》排比既皆相同，惟以根器關係，《現觀》不易了解，而《郎忍》則甚明顯。如《現觀》所說之敬信諸佛業果，即《郎忍》中之歸依，依止上師，深信業果。《現觀》之心行圓滿，即《郎忍》之出離心修學三學，直至生起菩提心。《現觀》之遍利一切有情，即《郎忍》之六度等佛子行。又《現觀》所說之心境不明須依定，亦即是《郎忍》中之修止法；《現觀》最後說，佛所說法皆為眞實義，亦即與《郎忍》最後所講之中觀相應。故論云：「總依彌勒之《現觀論》。」（按：《郎忍》之意思為

《廣論》之道次第〉（《菩提道次第略論釋》上冊，頁一八）

如果按照上文所示，依《廣論》之「中士道」戒定慧三學修習，只是修出離心，尚未證道，並不是《論》所說的地上菩薩之道種智，二者顯然不符。而自他交換之法更是虛無飄渺、毫無實在之法，非唯自他交換的事相絕無可修成，並且也不可能由自他交換法來證空性、得法身（當在本書的上士道章再論之）；假定自他交換法，能證空性、得法身，也仍不能成佛，因爲不是《論》所說的第三種智。而《郎忍》所說的中觀，更不是《論》所說中觀的眞實義。最大的不同：《論》要引導學人證悟空性心—如來藏—金剛不壞心，再悟後起修別相智、道種智，圓滿一切種智直至成佛。而《廣論》卻不教導學人證悟空性心如來藏，反而否定第八識如來藏，引導學人轉入金剛乘中修學左道密宗的無上瑜伽雙身法，全都在意識上用心，甚至破戒、亂倫、邪淫、大妄語，向下愈陷愈深，最後成就無間地獄身，正好與《論》成爲兩極的相反之路。因此《廣論》說是依止《論》而造，根本毫無根據；只是夤緣於聖　彌勒菩薩之聖名妙《論》，作爲護身符，廣招眷屬，作爲未來引導學人入左道密宗雙身法之準備而已。

第四目 阿底峽思想探討

《略論釋》引宗喀巴致仁達瓦書，並且說：

> 《現觀莊嚴論》所說應修次第，尚不易知，一讀《炬論》即能了解。（《菩提道次第略論釋》上冊，頁四三）

《廣論》中的顯部，說是必須依於聖　彌勒菩薩的《現觀莊嚴論》（以下仍簡稱為《論》），而宗喀巴自己也承認《論》的修學次第不容易瞭解，其實他根本不懂《論》的正義，只是拿來做招牌而已，掛著羊頭卻賣起狗肉來，這就是宗喀巴《廣論》的特色之一。所以，《廣論》顯部法義並不是重點，只是引述　彌勒菩薩的一些偈頌來虛應故事，令人對《廣論》生起信心而已；其重點仍然是在密部的「別教典」，此密部特別教典即是阿底峽的《菩提道燈論》（編案：此《論》宗喀巴說為《菩提道炬論》，法尊法師翻譯說為《菩提道燈論》，見《廣論》後之附錄，本文後面所舉皆用《菩提道燈論》之名。），因為《菩提道燈論》有三士道，宗喀巴即依此三士道鋪陳為《菩提道次第廣論》。因此在平議《廣論》之前，必須先知曉阿底峽思想及《菩提道燈論》之內涵。

西元八世紀中葉印度波羅王朝時期，由於國王的護持下，左道密教正式入篡佛門進而取代了佛教；直到十三世紀初，左道密教被回教消滅為止，這段期間，阿底峽正好出生（西元九八二年），因此阿底峽在印度學法、弘法時，正好是天竺左道密教的盛行時期。他入藏後創立藏密噶當派，而《菩提道燈論》就在他以「密」部為主、「顯」部為輔的背景之下而寫的。因為西藏人的道德標準，不像漢地那麼嚴謹，也因為婚姻不易，往往可以多人共有一妻或共有一夫，導致男女間的「性愛事相」比較開放；再加上幾百年來西藏密教政府大力支持左道密宗，及蓮花生進藏所奠定的雙身法基礎，是故「無上瑜伽、樂空雙運」的男女雙身修法，以及師徒間的多人輪座雜交，很受藏人的喜歡，也因西藏地區屬於偏僻的高山地區，交通甚為不便，儼然是獨立於文明世界的邊地，所以左道密教在西藏的推展得以成功，再加上密教政府的政治勢力支持，就勢如破竹的遍滿流通於整個藏地而沒有障礙。

至於顯部的教理方面，《阿底峽尊者傳》（法尊法師譯）如此說：

又種敦將自己所了解月稱派正義，啓白尊者，尊者向東方合掌曰：「現在印度東方唯持此見，藏地有如汝之大有情，福實不薄，我無須來藏也。」說

已並傳教授（「教授」時至方傳，尊者之見為月稱派，至此始明）。（《阿底峽尊者傳》頁七三）

同書又說：

尊者（阿底峽）初依響底跋——譯寂靜或清淨等多義，學《唯識》見。次捨棄《唯識》見、受持《中觀》見時，響底跋深生不悅曰：「言弟子者，是須續持其見者也。」（《阿底峽尊者傳》頁一九）

從上可知，阿底峽在顯教方面的見解，是屬於中觀應成派。（中觀應成派的邪見當於後再細說。）

　　阿底峽大小作品雖然很多，但是大部分屬於密教，顯教的著作較少；他在二十九歲出家前後，都在四處訪師學密咒，入藏後，主要在傳授密部法義，從《阿底峽尊者傳》中處處記載傳授藏人十一面觀音、馬頭明王、降閻魔尊、度母、建立三昧耶王等等密法可知。在《菩提道燈難處釋》開頭就敬禮「勝樂輪」、「三昧耶王」、「世間自在」、「救度母」，可知阿底峽終其一生，一直是密咒及雙身法的奉行者，這是不可否認的事實。

　　前說阿底峽由於根本知見錯誤，加上應成中觀之邪見誤導，無法實證第八識如來藏，所以獨鍾應成中觀，不喜唯識，認爲唯識是不了義、不究竟，所以捨棄了唯識師嚮底跋，獨尊左道密教月稱論師以六識論的意識所理解的應成派中觀，所以在《菩提道燈論》整個內容中都不宣揚唯識；也由此可知，阿底峽根本未證如來藏識，所以無法發起般若智慧，才會落在意識境界而無智自我警覺。空性者，即是唯識學派所說的第八阿賴耶識（異熟識、如來藏），阿底峽既然否定了唯識學派的中道心，也等於否定了中道觀行的對象如來藏心，對他來說，哪來空性心可知、可證呢？既然未證空性心，純以六識論的意識爲中心來理解般若中道，當然不可能有般若智慧發起，他所弘傳的中觀當然只是臆測之想，那麼他所說的佛道次第就決定不切實際了。

眞正的大乘道，必須要學人先證得空性心之後，才能現觀中道般若的眞實義，般若智慧才能開啓，才能悟後起修，進修別相智、道種智。道種智即是 佛陀第三轉法輪唯識諸經的內涵，也就是諸地菩薩進入成佛之道第二、第三阿僧祇劫必須修習的增上慧學。通達唯識正義者，必定了知般若中觀與唯識種智無二無別，中觀之理就是唯識增上慧學所宣說的中道性，只是側重總相智與別相智，尚不涉及一切種智罷了。如此次第修習，圓滿道種智時，才能成就佛地的一切種智，此時具足圓滿一切智慧而又稱為一切智智，也就是佛地的智慧，無所不知，無所不遍，所以諸佛又名正遍知者。反觀藏密外道的無上瑜伽雙身法，卻是以淫觸擴大到全身，無一處不遍滿樂觸的覺受，以如是第四喜的樂觸覺受確實現前時，認定是密宗報身佛的正遍知、快樂果報，其實是連我見、身見都斷除不了的意識境界，也是落入五蘊我所的五濁境界。

阿底峽所獨鍾的中觀，正是變質的中觀，是以六識論的意識為中心的中觀；雖然表面說是師承 龍樹菩薩，實際上卻否定 龍樹菩薩以如來藏中道性而說的中觀見；並改變成以無因論為內容的中觀見，悖離 龍樹依如來藏而說的中道觀。阿底峽的《菩提道燈論》說：「**有則生非理，無亦如空花；俱則犯俱過，故俱亦不生。**」（《廣論》附錄）他這四句就否定了 龍樹菩薩的「八不中道」——非有非無的空性如來藏正理。一切有情眾生的確各有如來藏，而《菩提道燈論》說「**有則生非理**」，很明顯的否定如來藏存在。如來藏雖然體如虛空，但祂是一切眾生色蘊之所依，若無如來藏，色蘊即壞滅；祂也是一切眾生受、想、行、識之所依，若無如來藏，受、想、行、識悉皆立即斷滅而不能存在，所以如來藏是「非無亦非有」。阿底峽有眼而不能見，所以否定了自己本有的第八識如來藏。

再說如來藏含藏無量無邊的業種及法種，藉業種及法種而生世間的蘊、處、界諸法，蘊處界諸法依勝義諦來看是無，依世俗諦來看是假有，因此方便說「俱有俱無」、「非有非無」均無過失。如來藏從本以來就不生，而《菩提道燈論》說「**故俱亦不生**」，「俱」者是指「有」與「無」，說有無兩者均不曾存在，就違背了 龍樹菩薩闡述的「中觀」道理，而成爲無因論的斷滅見。所以如來藏決非如阿底峽所說的：「**有則生非理，無亦如空花，俱則犯俱過，故俱亦不生。**」（此偈頌本章後面還會再給予持平之論斷。）阿底峽否定如來藏實有，而 佛說如來藏能生一切法，是一切法之因；換句話說，阿底峽所寫的《菩提道燈論》及其他著作，皆是否定萬法根本因的邪論，成爲無因論之戲論法，已經違背 佛說的因緣法則：「**有因有緣世間集。**」成爲無因唯緣世間集。

第五目　密教修行不能使人成佛

由於否定唯識學根本心及此心所含藏一切種子的關係，成爲否定一切種智，所以《菩提道燈論》所說的修學過程破綻百出、皆爲戲論，全無成佛實修之法。

《菩提道燈論》主張修學大乘是由顯而密，想把顯部和密部明顯的劃成兩個位階，將「顯」定位爲不究竟法、不能成佛，想要成佛必定要修密。因此密教諸師有系統的把完整的二乘佛法攔腰截斷，加以肢解，並錯置修證次第，將　佛世尊第三轉法輪的方廣唯識諸經，誣謗爲非佛說而捨棄；再把密宗祖師自創的《大日經》、《金剛頂經》、《金剛峰樓閣一切瑜伽瑜祇經》、《諸佛境界攝眞實經》、《蘇悉地羯羅經》、《妙臂菩薩所問經》、《佛說一切如來眞實攝大乘現證三昧大教王經》、《佛說一切如來金剛三業最上祕密大教王經》、《佛說祕密三昧大教王經》、《佛說大悲空智金剛大教王儀軌經》等等有關雙身法的左道密教僞經，移接在第二轉法輪般若諸經之上，瞎編爲龍猛菩薩開南天門鐵塔所取出之　毗盧遮那佛所開示者，又妄說龍猛就是　龍樹菩薩。

實際上，由　龍樹菩薩的重要論著可知，他既已親證如來藏，而且也證得菩薩道種智，更被　佛陀在第三轉法輪的唯識經中授記，焉有可能認同以意識爲中心的應成派中觀常見外道法？乃至是信受左道密宗的雙身法？只要我們依止方等經典唯一佛乘的妙理實修實證，具擇法眼而欲判定應成派中觀的謬僞，當然不困難。基於藏密左道密法完全違背佛教正法的事實，不可將　龍樹菩薩入滅之後，由左道密宗外道所創造的密教經典，誣攀爲 龍樹所認定的佛教正法。我們當以 佛陀的第一義諦妙義作爲簡擇標準，來闡述 龍樹菩薩之三論。今天的 龍樹菩薩修證境界，經由地地增上，應當已有不可思議之證量，必然更高於此間所述者無數倍，可以想見的是：他必定是以一切種智作爲修道位的標的，而不是左道密教的應成派中觀無因論邪見。

密教祖師把 佛陀三轉法輪的大乘方等諸經捨棄，代之以密教祖師自創的密續《大日經》等，但 佛陀從來沒有預記 龍樹菩薩將會入龍宮取出密教經典，而且上述密教諸經都與三乘經典之法義相牴觸，特別是與阿含解脫道完全相左、背道而馳。密教把自創之密續經典取代 佛說的方等唯識諸經，還說雙身法的樂空雙運能快速成佛；如此說法，就如同一個人砍斷雙腳，而說他能跑得比以前更快、更穩；眞是癡人說夢話，只能瞞騙一些毫無智慧的初機學人而已。

密教諸師把密咒之修習妄置於顯教之上，顯然是把顯與密分成二個法，將左道密宗的外道法取代佛法中的第一義諦法，然後將左道密宗的雙身法高推於顯教佛法之上。密宗的《略論釋》中說：

以是共道修身心已，必須轉入密乘，以入於彼，速當圓滿二資糧故。（《菩提

道次第略論釋》上冊，頁二五六）

意謂欲入佛道，須急入密乘，是為最佳路徑，不必久修而實證顯教佛法以後再轉入密乘，可以快速成佛。

次之，於菩提心苗芽生起，亦可入密；如不依密，則須三大劫積集資糧，始可成佛。（《菩提道次第略論釋》上冊，頁二五六）

如是誆誘顯教學人墜入密乘陷阱，可免學人實證顯教般若密意，生起般若智慧而看破密教的手腳。

設於此處不勝其任，或種性微劣而不喜者，則應唯於此道次第漸增廣之。（《菩提道次第略論釋》上冊，頁二五六～二五七）

意謂：如果對於密乘無大勝解，或非密乘種性，不能堪任者，則唯能緩慢次第修習顯乘，於此《廣論》三士道之中，漸次熏修由略而中而廣。

由以上所說，可知密教諸師主張，學佛者若不入密咒乘中修學，就不是密乘種性，一定要入密乘才能快速成佛；而密教所說快速修成的報身佛，卻是妄想所成「樂空不二」的男女雙身「抱身佛」。密教諸師又不懂「成佛要三大阿僧祇劫」的意思，譬如《解深密經》卷四說：

佛告觀自在菩薩曰：「善男子！經於三大不可數劫或無量劫，所謂年、月、半月、晝夜、一時、半時、須臾、瞬息、剎那量劫不可數故。」世尊的意思是說：「三大無量數劫是怎麼計算的呢？有的人是以一劫為一劫，有的人以年、月，乃至一剎那為一劫。」那就是說，有的學人悟了以後很懈怠，不肯精進修行，他在佛菩提道的修行上，一劫就是紮紮實實一劫，時間不會縮短；精進一點的人，他以一生為一大劫，縮短許多了；再精進一點的人，他可能以一年為一劫；甚至有的人以一個月為一劫。更精進的人可以一天為一劫、一個時辰為一劫，乃至以一小時、一分、一剎那為一劫，如是長劫化為短劫，完全依個人修行精進的程度、福慧善根與能否值遇大善知識等不同而有差別。所以，密教說：「不入密咒乘，就必定得要經歷三大阿僧祇劫。」這種說法目的是在貶低顯教，以欺誑的手法誘惑欲一世成佛的投機者，以此手段籠罩初機學人墜入左道密宗之深坑。

密宗更狂傲的說：賢劫千佛出世，只有第四尊　釋迦牟尼佛及第六尊　獅子吼佛才有傳密法。誑說「獅子吼佛」就是宗喀巴成佛時的佛號。譬如臺北修慧法師編述的《宗喀巴大師應化因緣集》一七〇頁說：「（宗喀巴）大師未來示現八相成道的佛號，名口獅子吼如來應正等覺。」意謂現在正是眾生有福報，生在 釋迦世尊的佛世，要把握機會學習密法，否則就要等超過五十六億七千萬年以後，經過 彌勒尊佛，才能遇上宗喀巴成佛時的佛世。如此籠罩學人趕緊墜入密乘，但是唯有無智學人才會信以為真，那些無智學人的確是很可悲。而真實佛法，只有按照 佛說的解脫道及佛菩提道的內涵與次第並行而修，除此以外沒有其他的成佛之法；只要這二主要道並行實修，必能成就究竟佛道；此二道中的確已經函蓋了顯、密二法，但這密法絕非是西藏密宗宗喀巴等左道密宗之樂空雙運法，此眞實密法正是法界實相的大祕密，是所有左道密教的大小「法王」、「喇嘛」、「活佛」、「仁波切」、「格西」們都無法親證的，此一法界實相的密意，卻是成佛所憑藉的基礎；有心於佛道修證之學子萬萬不可墜入月稱、寂天、蓮花生、阿底峽、宗喀巴、達賴喇嘛……等左道密宗的貪愛、邪淫、污穢、雜染且具足斷常二見的「密法」，這絕對是會使人墮落三惡道的邪法，不可不慎。

至於 釋迦佛所傳的眞實密法，如同本書開卷偈中說：【拈花微笑傳密意，龍樹無著更彰顯；中道實相為正法，蘊界虛妄由此生。】偈中所說的 世尊拈花、迦葉菩薩微笑，所傳的才是眞實密法，是教外別傳眞正的心中心法——如來藏，而不是常見外道密教的神我意識心，證得這個實相心第八識，未來才有可能眞實證得解脫智及佛菩提智。能現前觀察身口意三業的虛妄，能現前觀察五蘊、六入、十二處、十八界諸法的虛妄，而證得解脫果，這就是眞實證得二乘菩提——世俗諦的密意。至於佛菩提道的密意，則必須是親證第八識空性如來藏；由於親自證知如來藏，所以就能現觀第八識如來藏，祂自無始劫以來，一向不曾於六塵境界生起絲毫貪瞋等煩惱；如來藏一向離六塵見聞覺知，卻能出生七轉識而有六塵中的見聞覺知性及作主性，菩薩因此而了知法界萬法的根源與實相。

由是親證第八識如來藏，而瞭解如來藏體性常恆的常住性，本來具足世、出世間法的圓成實性——圓滿成就世間、出世間一切萬法的眞實法性；如來藏本來就是清淨無染性，本來就是涅槃性，於一切法中恆處於中道性。如是證、如是知、如是見、如是領納如來藏之種種體性，即可明瞭一切眾生皆由各自本有的如來藏中出生，於是發起菩薩般若實相之智慧，成就下品妙觀察智、平等性智，能依於中道之觀行，成就眞實中觀之法，般若實相中道觀的智慧隨之出生，如是名爲親證大乘佛菩提之密意，這才是眞正的佛教密法，而不是藏密邪見雙身修法恐怕世人恥笑而不可公開的祕密交合法。當證得二乘解脫道及大乘佛菩提道，不僅可以用語言文字表示，而且還可以手呈，這才是眞正的佛教密法。左道密宗的雙身法中所說樂空雙運法，只是外道法中的世俗淫樂境界與淫樂技巧，被左道密教冠上佛法名相而高推爲成佛之法，其實全與法界實相無關，也與成佛之道全然無關；因爲那個樂空雙運的境界也都是要依如來藏出生了五陰以後，才能再從如來藏出生貪愛的染污法，藉五陰的運作助緣才能顯現出來，而且是與識陰的貪染性相應，不與法界實相的如來藏心相應。所以說「**解脫道佛菩提道，正音二道無別弦**」，這樣才是眞正修學佛法的兩條主要道路。

第二節　不切實際的《菩提道燈論》

整個阿底峽的《菩提道燈論》〈又名《菩提道炬論》〉大概的內容是說：修學大乘法是由顯而密，顯的部分依次第是由下士道而中士道而上士道，總說三士道。從歸依、發心、受戒、學定引發神通、思惟中觀破除自性妄見、修無分別定斷除二障，以上顯教修完，才算有佛學基礎，才能入密咒乘受灌頂，最後成「佛」。但是其中的說法有許多錯誤，道次第也是倒置的；其中總共六十八偈頌全錄如下，並分別平論之：

第一目　三士道

阿底峽《菩提道燈論》說：

敬禮三世一切佛，及彼正法與眾僧；應賢弟子菩提光，勸請善顯覺道燈。由下中及上，應知有三士；當書彼等相，各各之差別，若以何方便，唯於生死樂，但求自利益，知為下士夫。背棄三有樂，遮止諸惡業，但求自寂滅，彼名為中士。若以自身苦，比他一切苦，欲求永盡者，彼是上士夫。為諸勝有情，求大菩提者，當說諸師長，所示正方便。（《菩提道次第廣論》附錄）

以上說明三士道的次第，此三士道次第，不但誤導宗喀巴，因而有《菩提道次第廣論》的產生；再透過宗喀巴《菩提道次第廣論》的宣揚，更誤導廣大學子走上歧途。按此三士道修學，阿底峽自己也認為將會三大阿僧祇劫久遠方能成佛，因此阿底峽必須再教學人進入密乘。由阿底峽對梅紀巴的批評，可以看出他本人在文字上雖不贊同雙身法的修習，特別是說出家僧人不應修習雙身法，但阿底峽教人進入密乘，終究不可避免的，同樣要暗中引導學人修學智慧灌頂樂空不二而成爲「抱身佛」，罪過可眞大啊！一般學子，總會被假名「大師」誤導，以先入爲主的觀念，認爲熟讀《廣論》即能成佛，甚至有人（譬如鳳山寺某法師）把《廣論》一字不漏的背起來，請問：他成佛了沒有？事實上是連我見都斷不了的，連預入聖流的初果人都達不到，何況是三、四果聖人證境，更何況是四果聖人都證不到的七住菩薩實相般若智慧，遑論成佛！眞是可憐的受騙者。

第二目　歸依

阿底峽《菩提道燈論》說：

對佛畫像等，及諸靈塔前，以花香等物，盡所有供養。亦以普賢行，所說七支供，以至菩提藏。不退轉之心，信仰三寶尊，雙膝著於地，恭敬合掌已，先三遍歸依。（《菩提道次第廣論》附錄）

以上是說歸依三寶，所說的對佛畫像、供養、普賢行等，常常用觀想方式的歸依法；透過觀想而天馬行空一般，所謂的豐盛供養，都只是在自己內相分上運作；《廣論》依教奉行而教人作觀想供養等事，完全不切實際，並無供佛的功德。「**以至菩提藏，不退轉之心**」，《燈論》中沒有說明要如何求證菩提藏，雖然阿底峽曾遠渡重洋求教於唯識行者金洲大士，但顯然阿底峽一定不知道或是不相信菩提藏就是如來藏。事實上，必須要證得空性心如來藏，而能安忍於空性心如來藏中，才算不退轉之心，成為不退轉住菩薩；不是自己認為不退轉了，就算是不退轉。

至於如何證得空性如來藏？證得空性如來藏首先要具備六個條件：

一、**要有信心**：要抱持著大信心，今生一定能夠觸證空性心如來藏，絕不可信諸方假名大師所說的「末法時期，絕無開悟這回事」。

二、**福德因緣**：須具大乘菩薩種性善根之福德，亦具值遇眞善知識之緣，並且一定要在正法團體所植的福德才算佛菩提道中的福德，不是在正法團體所植的福德，只能說是人天福報；如果出資護持邪法、否定正法團體，不但沒有福德，反而是造惡業共業，將來一定會下墮三惡道。

三、**慧力**：要瞭解五蘊十八界的虛妄，要瞭解五蘊十八界的運作，要瞭解空性心如來藏的體性，要知道禪法的正確知見等等。

四、定力：要具備無相拜佛、憶佛及看話頭的功夫，從動中求定，不是靜坐中長時一念不生就可以得到的。

五、伏性障：貪、瞋、掉悔、睡眠及疑等五蓋要降伏，並除慢心、見取見等障道惡習。

六、要發大心：至誠懇切發菩薩大願，不是爲自己而發願。

具備此六條件，再透過善知識從中引導、使用機鋒，助學人一念相應而觸證空性心如來藏。證得空性心如來藏而如實轉依的學人，從此就進住七住位實義菩薩的行列，然後能安忍在如來藏空性心當中而不退轉，這就是不退轉之心。也就是說，一定要證悟而轉依空性心如來藏，眞正進入佛法實證位中，才有不退轉之心可說；尚未進入實證階段而說不退轉，乃是不切實際。在此奉勸諸學子，學佛的目的在成佛，想要成佛第一個步驟就是先要求證空性心如來藏，因爲只有實證了空性心如來藏時才會發起實相般若智慧；如按藏密的道次第修學，是絕無可能之事。

此外密宗在歸依三寶之上，還要加上歸依上師，成爲四歸依：「歸依上師、歸依佛、歸依法、歸依僧。」爲了顯示藏密的證量高於顯教大師的證量，所以歸依三寶還不夠，還要歸依上師，並且把上師冠於諸佛之上，而說上師的證量高於 釋迦佛。如《那洛六法》（道然巴羅布倉桑布著）中說：「因師乃住世佛，與佛無異；上師所講之法即是佛法。上師一人具足三寶，彼即是具勝過一切佛，無有高於上師者；惟有上師乃我之眞佛，行者應如此想。」

又說：「上師比任何佛高……，我祇供養你，不供他佛。」（《那洛六法》道然巴羅布倉桑布著，頁三三～三四、三五～三六）創古仁波切更說：「上師有力加持佛弟子，而釋迦佛無此能力。」密宗爲了籠罩學人，不斷地灌輸「上師比佛高」的觀念，讓學人對上師產生絕對的信心；以後縱然上師說法不符佛說，也要讓學人對上師一言一行敬信不疑，如此才能在未來修習無上瑜伽男女雙身共修時，絕對相信，無所畏懼。雖然在臺灣的密宗團體，因爲政府法令限制，以及民間風俗道德標準，加上自古以來中華文化重視五倫之倫常道德熏習，尚不至於公開鼓勵學員修習無上瑜伽雙身法，只是暗中教導之後，師徒暗中合修；但是藏密外道這種觀念已慢慢深植於學員當中，在此五濁惡世之際，任誰也不敢保證如此違佛所說的邪淫之法，未來在臺灣不會公開盛行。

第三目 菩提心

阿底峽《菩提道燈論》說：

次一切有情，以慈心為先，觀惡趣生等，及死歿等苦。無餘諸眾生，為苦所苦惱，從苦及苦因，欲度脫眾生，立誓永不退，當發菩提心。如是發願心，所生諸功德，如《華嚴經》中，彌勒應宣說。或讀彼經或師聞，了知正等菩提心，功德無邊為因緣，如是數數發其心。《勇施請問經》，亦廣說此福，彼略攝三頌，今此當摘錄。菩提心福德，假使有色者，充滿虛空界，其福猶有餘。若人以寶珍，徧滿恒沙數，一切佛世界，供獻於諸佛。若有人合掌，心敬大菩提，此供最殊勝，其福無邊際。既發菩提願心已，應多勵力徧增長，此為餘生常憶念，如說學處當徧護。除行心體諸律儀，非能增長正願心，由欲增長菩提願，故當勵力受此律。（《菩提道次第廣論》附錄）

以上是《菩提道燈論》說的發菩提心，首先說：為何發菩提心？《燈論》大意說：「如母有情，有的在三惡道，有的在三界生死流轉，為苦所逼，所以要發菩提心。」但是《燈論》只是很籠統的說為何發心，不說如何發心。

眞正發菩提心是發實義菩提心，是要求證三乘菩提所依的根本心，也就是求證第八阿賴耶識如來藏。自己證得此實義菩提心，就能現前觀察自己菩提心的體性，也能現前觀察一切如母有情菩提心的體性，如是才可以向一切如母有情宣說一定要發菩提心，並且要求一切有情證得實義菩提心，如此才能保證他們永遠不墮三惡道；如此才能進一步求證解脫，才能出離三界，不再流轉生死。阿底峽因為否認第八阿賴耶識如來藏故，所以不知實義菩提心即是 佛說第八阿賴耶識如來藏，誤會了空性，因此藏密所說發菩提心也只是戲論性的空談而已。

發菩提願心所生諸功德，《菩提道燈論》有提到《華嚴經》〈入法界品〉中，聖 彌勒菩薩指示 善財童子所說的話。從中更可以驗證聖 彌勒菩薩所說的菩提心體性，就是阿賴耶識如來藏的體性。為了讓學人能瞭解菩提心的功德等同如來藏的功德，《華嚴經》這段經文是：**【菩提心者猶如種子，能生一切諸佛法故……菩提心者如佛支提，一切世間應供養故。】**（〈入法界品第三十九之十九〉，因文長僅錄首末兩句）這是聖 彌勒菩薩所說的菩提心功德，正是如來藏的功德，也只有如來藏才具備如是功德；因爲意識心不能出生一切諸佛法故，常與貪瞋相應而非一切世間所應供養故。阿底峽所依止的中觀自續派、應成派，既然不承認有眞實存在的如來藏，哪來諸菩提心的功德？

阿底峽又說：「**或讀彼經或師聞，了知正等菩提心，功德無邊爲因緣，如是數數發其心。**」聖　彌勒菩薩所說的菩提心內容，並不是光由讀誦就能夠瞭解，而密宗諸人（古代的覺囊派除外）從來沒有體驗過如來藏的體性，又如何能從彼聞呢？舉首偈爲例：「**菩提心者猶如種子，能生一切諸佛法故。**」一切世間、出世間法的種子都含藏在如來藏心中，不含藏在應成派、自續派執著的意識心中；如果不瞭解第八阿賴耶識如來藏心的體性，不瞭解一切佛法都含藏在如來藏心中，如何能解釋「菩提心能生出一切佛法」？菩提心又怎麼樣來生出一切佛法？想要用應成派、自續派執著的意識離念靈知來解釋，是無法通過理證與聖教檢驗的。

要知道阿賴耶識心體本性清淨，但是其內含藏無量無邊的有漏無漏法種及業種，也含藏了一切成佛的清淨法種。所含藏的種子不斷變異，種子不斷地自心流注，不斷地「種子生現行、現行熏種子」，因此才有世間、出世間一切法的生出，這樣圓滿成就了世間、出世間的清淨法與流轉法，才可名爲圓成實性，這是空性心如來藏獨有的功能，不是意識所能擁有絲毫的；以這個第八識心的功能德用來解釋，才能符合《華嚴經》所說「菩提心者猶如種子，能生一切諸佛法故」的聖教。了知阿賴耶識心的體性，就是了知正等菩提心；再進一步求證正等菩提心，最後證得正等菩提心，則功德受用無量無邊，從此就知道大、小品的般若諸經所說「非心心、無心相心、菩薩心、金剛心、無住心、菩提心」，也了知四阿含說的「涅槃本際、實際、我、如」以及佛道各位階的名稱「第八識、阿賴耶識、異熟識、菴摩羅識、無垢識、眞如」，以及統稱的「如來藏、有分識、窮生死蘊、種子識、淨無漏界、法身、眞心、法性、所知依」等，都是同一個心，一切世出世間萬法，都是由這個心所生出，才是眞正的菩提心。而阿底峽、宗喀巴等密宗諸人否定阿賴耶識，認爲一切法是諸緣和合而生，是緣起性空；既然蘊處界等一切法空，死後斷滅、入涅槃後斷滅，又哪裡有菩提心可發？故阿底峽說「如《華嚴經》中，彌勒應宣說」只是假託聖名，讓人誤以爲他所說的就是諸聖菩薩所說，其實是與諸聖菩薩所說相違背。聖彌勒菩薩對善財童子的開示菩提心功德偈頌說：「菩提心者猶如種子，能生一切諸佛法故。」

乃至最後一頌：「菩提心者如佛支提，一切世間應供養故。」這樣實義的開示，對於信受阿底峽、宗喀巴的密宗學人來說，已經是全無關聯而變成毫無意義了。

發菩提心，在密咒乘來說，是作為入密的前行準備，不是真的想要學人發起實義菩提心。阿底峽引《勇施問經》三頌，來說明發菩提心所得福德殊勝；但是密宗所發的菩提心另有所指，不是實義菩提心如來藏，而是為了要修密而發起密宗自設的菩提心。號稱「藏地日月」之一的頗邦喀「大師」在《略論釋》〈發菩提心馬車〉說：

> 藏人或視菩提心過高，不敢輕學；或視之過低，為不足學；以脈息為深密大乘，而置此心于脈息之下。不知無菩提心而修生次（生起次第），如小兒遊宮殿，毫無意義；無菩提心而修風息，如青蛙鼓氣，得亦何益；不具菩提心，大乘資糧道尚不能得，何況密乘。密乘之所以直捷，皆由菩提心使然；無菩提心，任修何道皆迂緩。以菩提心而修二次第，是成佛最速之方便。（《略論釋》〈發菩提心馬車〉附四）

密宗所說的菩提心，淺的來說，是指用意識心生起利樂眾生的作意，而依無上瑜伽來說，主要是指明點；明點就是白菩提與紅菩提融合的液體，白菩提是男性精液，紅菩提是女性淫液。

西藏人中，有人認為這種密法太深奧，不敢學；有人認為低俗，不齒學。頗邦喀卻說要以這種「菩提心」入密乘，才能修生起與圓滿二種次第；以密宗的法義來說，這是眞心話。如宗喀巴所造《勝集密教王五次第教授善顯炬論》說：「**粗細生起次第究竟後，依仗智印亦能將菩提心，從頂降至祕密下端……**」意思是說：「當生起次第完成而想要進入無上瑜伽圓滿次第時，利用觀想之法將菩提心變成明點：男弟子觀想白菩提成明點，女弟子觀想紅菩提成明點；白菩提者是男精液，紅菩提者是女淫液。透過男女各自觀想將紅白菩提從頂門而降至海底輪（男女私處），藉二根交合而會合在一起，此時覺知心與淫樂安住於一念不生的所謂空性（句中智印即空性之意，是觀察專心受樂而一念不生的覺知心空無形色而名為空性）當中，然後長時保持淫樂覺觸不退，同時住在覺知心空無形色的空性見解中，而達到樂空雙運、樂空不二最高空性境界，就證得報身佛。」這就是密宗所說的無上瑜伽即身成佛法門，正是「**貪道淫穢欺世間**」。

密宗的菩提心（男女交媾後融合在一起的精液、淫液）也可以拿來作灌頂之用，宗喀巴《密宗道次第廣論》〈傳水灌頂〉說：「**先召弟子入自口中，從金剛路**（男性生殖器）出，住明妃蓮華（女性生殖器）之中，次想弟子剎那空（射精）後，先生爲吽，次爲金剛，吽字莊嚴生爲不動尊及明妃。由與智薩埵無別故，召入智尊。次諸如來明妃等至（同時達到性高潮），大貪溶化，從毗盧門灌入頂中，隨金剛路出菩提心（精液），而爲蓮華之上（精液在明妃陰戶中），生爲天身弟子灌頂（取出精液與淫液的混合液，爲觀想天身成就的弟子灌頂），次想面臂圓滿天身由蓮華出安置座上。」接著又說：「水灌頂前觀想次第，謂想諸如來佛眼等明妃（觀想明妃陰戶廣長如佛眼），充滿虛空。彼等於弟子上執持傘蓋幢幡衣服，歌舞作樂，雨眾妙花，手略傾斜執持充滿菩提心甘露之白瓶，爲從佛母蓮華（陰戶）初出弟子灌頂。」又說：「若唯一灌頂瓶，則於尊勝瓶中不動體性之菩提心甘露（男精液女淫液的混合體），以右手執杵取瓶上花枝略取瓶水，隨金剛端流注灌頂。」（《密宗道次第廣論》〈傳水灌頂〉法尊譯，普賢錄音有聲出版社，頁二八七～二八八）上文所說「杵」有二解：外相上是指法器金剛杵，而祕密意是指男性陽具，前者只是代表男性陽具的形相，眞正的杵是指後者；「金剛端」是指上師的龜頭。總之，密宗的「菩提心」（精液、淫液）可以拿來修無上瑜伽即身成佛的法門，也可以拿來作灌頂之用，用處可眞多，這與 佛說的「菩提心是如來藏心阿賴耶識」大異其趣。

佛說的「菩提心」乃是眾生本有之第八識如來藏，第八識如來藏能生五蘊及萬法，而且無始以來不生不滅、不一不異、不增不減、不垢不淨、不斷不常……，是眞正的中道心，絕對不能以意識心來觀想成帶質境的中脈明點，也不能觀想成從頂門移動到海底輪的帶質境物象，更不能把精液當成白菩提心、把女性淫液當成紅菩提心；密宗把明點或精液、淫液當成眞菩提心，完全違背 佛說的聖言。

第四目　持戒

阿底峽《菩提道燈論》說：

若常具餘七，別解脫律儀，乃有菩薩律，善根餘非有。七眾別解脫，如來所宣說，梵行爲最勝，是苾芻律儀。當以菩薩地，戒品所說軌，從具德相師，受持彼律儀。善巧律儀軌，自安住律儀，堪傳律具悲，當知是良師。若努力尋求，不得如是師，當宣說其餘，受律儀軌則。如昔妙吉祥，爲虛空王時，所發菩提心，如妙祥莊嚴。佛土經所說，如是此當書，於諸依怙前，發大菩提心。請一切眾生，度彼出生死，損害心忿心，慳吝與嫉妒。從今至證道，此等終不起，當修行梵行，當斷罪及欲。愛樂戒律儀，當隨諸佛學，不樂爲自己，速得大菩提。爲一有情因，住到最後際，當嚴淨無量，不思議佛土。受持於名號，及住十方界，我之身語業，一切使清淨，意業亦清淨，不作不善業。自身語心清淨因，謂住行心體律儀，由善學習三戒學，於三戒學起敬重。如是勤清淨，菩薩諸律儀，使當能圓滿，大菩提資糧。（《菩提道次第廣論》附錄）

以上是阿底峽說的受戒與持戒。

顯教說的七眾戒，七眾者：優婆塞、優婆夷、式叉摩那（淨人）、沙彌、沙彌尼、比丘、比丘尼。前二者爲在家居士已受在家五戒，在家人於三歸時可受五戒全部：不殺生、不偷盜、不邪淫、不妄語、不飲酒；或任選其中的二戒、四戒而受；或可受其中的任二戒，或只受其中的任一戒。此五戒中，前四戒爲性戒，犯者不但要受戒罪果報，還要在未來世受所犯的性罪果報；例如惡意殺人者，死後必受地獄純苦果報；惡趣苦受完了，輾轉生到人間，緣熟時還會死於前世被害人手中，在古德《德育古鑑》一書中多有案例可尋。若受戒而不犯者，能生持戒功德。第五不飲酒罪只是遮罪，因飲酒會亂性而犯前四重罪，所以遮止佛弟子不飲酒，這就是不飲酒戒。假若只犯不飲酒戒而不犯前四戒的人，沒有性罪而只有戒罪，只會在未來世接受違犯戒罪應有的果報；但是只要生前懺悔而滅罪，就不會有後世的戒罪果報。受持五戒不犯的人，未來世可以保住人身，不會墮落惡道中，並具足福德果報，所以在家居士五戒也稱爲世間戒。

後五眾爲出家眾，受持沙彌戒、沙彌尼戒、式叉摩那戒、比丘戒、比丘尼戒，以求解脫果爲主。佛子出家後住入寺院中，若是女眾，名爲近住女，先受式叉摩那戒，一年觀察出家前未曾受孕，滿一年後圓頂，受沙彌尼戒；男眾出家後名爲近住男，持八戒滿一年，圓頂受沙彌戒。二者都是滿一年以後，次第再受比丘尼戒或比丘戒。

以上所說在家所受持的五戒是爲世間戒，出家所受持的五種戒律是爲聲聞戒。此外不論在家或出家，若有菩薩根性者，能發菩薩清淨大願而成爲菩薩，願盡未來際自度度他，乃至成佛亦不捨大願者，佛特別爲之建立菩薩戒。聲聞戒必須具足諸根之人才可受，菩薩戒則不然，諸根不具乃至二根、黃門、畜生能解人語者，以及天、龍、鬼神等都能受戒。

菩薩戒有一生受者，如《菩薩優婆塞戒經》之六重戒、二十八輕戒，這是為了準備要成為出家菩薩而預受的菩薩戒法，與聲聞戒有關；而聲聞戒只有一生受，所以這個菩薩戒也是一生受。其餘的菩薩戒都是盡未來際受，生生世世一受永受；沒有捨菩薩戒的方法，只有犯重戒失去戒體時才捨離戒體。菩薩戒的戒相或增或減，均依《菩薩瓔珞本業經》、《梵網經》、《地持經》、《瑜伽師地論》等所說，內容大同小異。如《菩薩瓔珞本業經》說有十重戒：不殺、不盜、不淫、不妄語、不飲酒、不說四眾過、不自讚毀他、不故慳、不故瞋、不謗三寶，如是十重戒，違犯則為重罪。另有四十八輕戒，如犯，則為輕垢罪。

菩薩戒以戒心為戒，聲聞戒則以戒身、戒口為戒。菩薩戒之戒相雖因所依經論不同而有一點小差別，但是主旨卻無差別，歸納為三聚淨戒：一、攝律儀戒：盡未來際受持十重戒，永無違犯；二、攝善法戒：盡未來際修學一切善法，於一切深妙經典及所未聞法，無所畏懼，無有一善法不修學者；三、饒益有情戒：以四攝法饒益有情，救度有情置於佛法中。若有佛子，欲求成佛而不受菩薩戒者，無有是處。

以上說明顯教所受持的戒法。又諸多戒律中如果以主副來分，又有具足戒與別解脫戒之分別，具足戒是具足圓滿之戒，別解脫戒則是受戒能使身口意惡業分別解脫。二乘行人以聲聞戒爲具足戒，以菩薩戒爲別解脫戒。大乘行人以菩薩戒爲具足戒，以聲聞戒爲別解脫戒。而藏密諸人爲了顯示密教比顯教更爲清淨，又另設三昧耶戒，所以藏密是以淫穢的三昧耶戒爲具足戒，以清淨的聲聞戒、菩薩戒爲別解脫戒。密宗以此三昧耶戒，就足夠把顯教的所有戒律全部摧毀，足夠把眾生引入三惡道；這種密宗獨有的淫穢戒法，當在本書〈下士道章〉中評論之。

至於阿底峽在《燈論》中所說：「七眾別解脫，如來所宣說，梵行爲最勝，是苾芻律儀。」宗喀巴在《廣論》第四頁中盛讚阿底峽說：「謂其正受圓滿苾芻諸律儀已，如愛尾牛，若尾一縷掛著於樹，雖見獵士將離其命，寧捨其命護尾不斷。如是雖於一輕學處，尚寧捨命防護不犯，況其所受重大學處，是故成大持律上座。」《廣論》同頁又讚歎說：「成就菩薩律儀者。如《讚》（拏錯譯師《八十讚》）中云：『尊入度彼岸門已，增上意樂善清淨，覺心不捨諸眾生，具慧大悲我敬禮。』」以上是宗喀巴讚歎阿底峽持戒如何的清淨，如何的圓滿，連有性命危險都不捨戒；宗喀巴讚歎不已，說爲大持律上座。然是否眞的如此呢？如果阿底峽不入密乘，在戒律上來說，那是真的可讚歎；只可惜阿底峽主修密乘，把二百五十條的清淨比丘戒都破壞了，亦將五十多條菩薩戒的輕、重戒都毀了，怎能說是持戒清淨的出家人呢？前面偈中阿底峽說：「當修行梵行，當斷罪及欲。愛樂戒律儀，當隨諸佛學。」既然已經倡導雙身法，也暗中修習雙身法，早已違犯聲聞戒與菩薩戒了，嚴重違背　佛的告誡，也已實行貪染行了，又如何說是修行梵行？又如何說是愛樂戒律儀？又如何說是隨諸佛學？都是心口不一、心身不一的說謊者，不但欺瞞了眾人，也欺瞞了自己。

《廣論》頁五說：

成就金剛乘律儀者，如讚中云：「尊（阿底峽）入金剛乘門已，自見天（本尊）具金剛心，瑜伽自在獲中者，修密護禁我敬禮。」成就觀見自身即天生起次第，及金剛心圓滿次第三摩地故。總讚為其瑜伽中尊。特讚如理護三昧耶，不越制限。亦如讚云：「由具念正知，不作意非戒，慎念無諂誑，犯罪不染尊。」

依宗喀巴所說，阿底峽已具足密宗的生起次第及圓滿次第，無上瑜伽雙身修法已經圓滿，貪道邪淫之法已成就了。如是無上瑜伽圓滿成就，就必定已經把顯教的所有在家、出家的清淨戒條全部毀壞了。

在無上瑜伽修習過程中，這裡援引藏密中觀應成派現今的達賴喇嘛十四世所說：「無上瑜伽部有五種肉、五種甘露，但規定非常嚴格，有高深的證量才可以吃，否則有害。」五種肉及五種甘露者，印順法師在《以佛法研究佛法》書中說：

有所謂「五甘露」者，則尿、屎、骨髓、男精、女血〔編案：月經〕也。更有「五肉」者，則狗肉、牛、馬、象及人肉也。以此等為供品而求本尊之呵護，亦可異矣。(《以佛法研究佛法》，頁一四七)

陳健民上師的《曲肱齋全集》說：

五甘露說明如下：一．大香——有香之大便。有功德成就的行者，其糞是含有檀香之味道。……二．小香——有香之小便，有功德成就之行者其尿是香的。……三．腦髓——有功德成就之西藏行者如係天葬(即餵給大鳥吃)，死後他的腦髓都保存下來。……四．紅菩提——空行母之卵子〔明妃所排放之月經〕，不是普通女人的或用處女初次之月經。五．白菩提——有功德成就，證空性的瑜伽行者所出之悲智雙運不漏之精子。五肉是象肉、馬肉、

人肉、豬肉和狗肉。（《曲肱齋全集（一）》，頁六七八～六七九）

其實他們所謂的大香、小香，都沒有香味，只有臭味。這就是如密宗阿底峽等有高深證量者，才能吃的五種肉及五種甘露。由此可以了知藏密所謂有高深證量的人，是如何的不淨了。

在臺灣新竹的鳳山寺，每年新春禮師法會時，法師都會以印度達蘭莎拉帶回來的「摩尼丸」與信眾結緣；據說這個「摩尼丸」是非常珍貴的，是經過藏密諸「高僧大德」持咒千萬遍所得的加持物，可治百病，而且放置佛桌前經過一段時日，自己多持咒就會自動生長加倍；大眾非常相信，非常珍惜，除非大病，否則不敢輕易使用。他們卻不知道「摩尼丸」的眞實材料是大香等，假使知道了，可能都會作嘔吧！譬如《道果——金剛句偈註》（法護譯，大藏出版社）說：

> 又有謂「密煉大香」者，依上述應斷之食（筆者按：應斷辛辣、烈酒、腐肉、魚肉等）而行後，取斷粗劣食後之自身大香，置一潔淨石板，以木刀均平鋪散，風乾之，另以蜜及酥油拌勻，添水少許，煎熬至水乾爲度，復取已風乾之大香研末，二者相混，製約羊糞大小之丸。（《道果——金剛句偈註》，頁三

六八）

如是原料製成，鳳山寺僧眾及信眾在食「摩尼丸」之前，應三思之！

又如達賴十四世的自傳《流亡中的自在》（康鼎譯）說：

一九六六年初，印巴衝突告一段落，我回到達蘭莎拉，熱心的開始吃素。西藏菜很少有不加肉的，而廚子也經過相當一段時間才學會如何不用肉而使菜一樣美味適口。同時印度朋友告訴我，多喝牛奶及吃各種核仁來補充營養的重要性。我恪尊他們的勸告——不料二十個月後卻罹患了嚴重的黃疸病。第一天我吐得很厲害，此後兩三個星期，我完全沒有食欲，而且感覺極度疲倦，動一動就得使出全身的力氣。更明顯的是，我的皮膚變成薑黃色，看起來倒頗像佛陀！過去有人說，達賴喇嘛像黃金籠裡的囚徒，這一回我連身體都變成金色了。這場經診斷爲B型肝炎的病終於痊癒了，但我消耗了大量的西藏藥品……。我再次對吃感興趣，醫生叫我少吃油膩，減少核仁與牛奶的攝食量，同時我必須恢復吃肉。他們擔心這場病會對我的肝臟造成永久性的傷害，因而縮短我的壽命。我請教的多數印度醫生都持相同的看法，因此我只好心不甘情不願的放棄吃素。今天我除了靈性修養上的特殊需要，日常都吃肉。（《流亡中的自在》，頁二一六）如阿底峽、宗喀巴、達賴喇嘛等「大成就」者，在密宗來說應當是有「高深」的證量，所以能吃眾生肉；其實這是將自己貪口欲及雙身修法必須增強性能力的需求合理化，而將吃眾生肉說成「不捨眾生，具慧大悲」；這般不如理作意的行為與說法，不但毀了比丘戒及菩薩戒，而且還誤導眾生，讓眾生誤認為藏密喇嘛教乃是佛教，而被世人錯認為佛教是可以殺生的宗教。如此連　世尊都被他們羞辱的邪法，如何能說為佛法？

《楞嚴經》卷六說：

阿難！又諸世界六道眾生，其心不殺，則不隨其生死相續。汝修三昧，本出塵勞；殺心不除，塵不可出；縱有多智、禪定現前，如不斷殺，必落神道：上品之人為大力鬼，中品即為飛行夜叉諸鬼帥等，下品尚為地行羅剎。彼諸鬼神亦有徒眾，各各自謂成無上道；我滅度後，末法之中多此神鬼熾盛世間，自言食肉得菩提路。

《楞嚴經》同卷又說：

奈何如來滅度之後，食眾生肉，名為釋子？汝等當知：是食肉人縱得心開似三摩地，皆大羅剎，報終必沉生死苦海，非佛弟子。

目前流亡印度的藏人喇嘛，晚餐非吃牛羊肉不可；還自安慰說：「被吃掉的眾生早死早超生。」或說「無素可食」等藉口，這些都是欺人之語；如此違背聖言，還自稱爲釋子、爲佛弟子，實已應驗了 佛說：「**末法之中多此神鬼熾盛世間，自言食肉得菩提路。**」應驗佛言，藏密諸人都是神鬼之類眾生轉世投胎來人間，您說藏密諸人所說的違背世間常理與聖教之法，怎麼可以相信呢！

宗喀巴《密宗道次第廣論》又說求菩提要從欲塵大貪中求，如云：「**必須信解，由明妃欲塵貪爲道門中，求菩提者，無上部中俱緣眞實及自所修明妃**（與人合修雙身法的女人），**以笑等貪而爲正道。下三續部，唯緣所修智妃欲塵喜樂爲道。瑜伽續中既不可修二根交合**（密宗出家人不可與女人眞的實修），**故除彼外緣，餘執手或抱持觸喜樂爲道。**」（法尊譯，《密宗道次第廣論》，普賢錄音有聲出版社，頁三六）此是說：必須相信瞭解，一定要透過與明妃雙修的欲塵貪著，作爲求菩提心的道門。在無上部（密續分四部：事部、行部、瑜伽部、無上瑜伽部）要眞槍實彈與明妃共修，以笑續、視續、執手續或抱持續、二根相合續等四續來修。笑續是男女兩相微笑的意淫，視續是兩眼含情專心互視的意淫，執手續是相互牽手滿足淫欲，抱持續是兩人相互擁抱而求滿足淫慾，二根相合續是男女二根交合。其他三部也是一樣，但是瑜伽部則不能修二根交合，只能修其他三續；事實上，密宗的喇嘛們私底下都是與異性眞槍實彈常常合修的。

如此密宗邪門淫穢修「菩提心」之法，阿底峽、宗喀巴等都修學過，否則怎能算是圓滿次第呢？因此又犯了比丘戒及菩薩戒的重戒。宗喀巴之《廣論》還說：「能不違越諸勝者子所有制限。」又說：「如讚云：『由具念正知，不作意非戒，愼念無諂誑，犯罪不染尊。』」（《菩提道次第廣論》，頁五）明明已犯了邪淫的比丘戒及菩薩重戒，宗喀巴還說不違背大乘戒律，還說是犯罪不染尊，此處宗喀巴又多犯了一條大妄語戒。

《楞嚴經》卷八說：

如寶蓮香比丘尼持菩薩戒，私行婬欲，妄言行婬非殺非偷，無有業報；發是語已，先於女根生大猛火，後於節節猛火燒然，墮無間獄。

這就是佛經所錄：已持聲聞戒、菩薩戒而行淫以後，又說行淫無罪，結果是下墮無間獄的後果。

《楞嚴經》卷六說：

阿難！云何攝心、我名爲戒？若諸世界六道眾生，其心不婬，則不隨其生死相續。汝修三昧，本出塵勞；婬心不除，塵不可出；縱有多智、禪定現前，如不斷婬必落魔道：上品魔王，中品魔民，下品魔女；彼等諸魔亦有徒眾，各各自謂成無上道；我滅度後，末法之中多此魔民，熾盛世間廣行貪婬，爲善知識，令諸眾生落愛見坑，失菩提路；汝教世人修三摩地，先斷心婬，是名如來先佛世尊第一決定清淨明誨。是故阿難！若不斷婬修禪定者，如蒸沙石欲其成飯，經百千劫，只名熱沙；何以故？此非飯本，石沙成故。汝以婬身、求佛妙果，縱得妙悟，皆是婬根，根本成婬；輪轉三途必不能出，如來涅槃何路修證？必使婬機身心俱斷，斷性亦無，於佛菩提斯可希冀；如我此說，名爲佛說；不如此說，即波旬說。

《楞嚴經》已經很清楚明白的說明，婬道絕對不能成就菩提，而密宗諸人，膽敢以邪婬之法說成能證菩提，故意違背佛說，已成就謗佛謗法的惡業了。（應成派中觀的印順、呂澂等人，大力誹謗《楞嚴經》是僞經，是因爲他們的應成派中觀出自密宗，恐怕因爲《楞嚴經》大力預斥密宗的貪道邪淫，會影響到他們應成派中觀在佛教界的地位，因此而大力誹謗極勝妙的《楞嚴經》，如同他們極力誹謗其他大乘經典一樣。）

第五目　禪定與神通

阿底峽的《菩提道燈論》說：「福智爲自性，資糧圓滿因，一切佛共許，爲引發神通。如鳥未生翼，不能騰虛空，若離神通力，不能利有情。具通者日夜，所修諸福德，諸離神通者，百生不能集。若欲速圓滿，大菩提資糧，要勤修神通，方成非懈怠。若未成就止，不能起神通，爲修成止故，應數數策勵。止支若失壞，即使勤修習，縱然經千載，亦不能得定。故當善安住，定資糧品中，所說諸支分，於隨一所緣。意安住於善，瑜伽若成止，神通亦當成。」（《菩提道次第廣論》附錄）

阿底峽說：「福智爲自性，資糧圓滿因，一切佛共許，爲引發神通。」阿底峽錯會佛意了，認爲修定的目的就是要得神通，說有神通才能圓滿福智二資糧。其實修定的目的不是要得神通，有神通也往往不能圓滿福智二資糧，因爲神通也通外道，神通亦是三界中世俗境界故，與般若慧的實證無關。所以不可說有神通之人必定是證悟者，唯除菩薩示現神通是爲方便利樂有情，所以菩薩到三地即將滿心位時，也要圓滿四禪八定及五神通。但是一、二、三地，以及三賢位菩薩不一定要加修神通，因爲利樂有情還有很多法必須要優先學、優先證、優先集、優先修，因爲大乘的戒慧直往菩薩乃是在三地即將滿心時，才主修四禪八定、四無量心、五神通的，因爲這樣過失最少故。

在佛世時，有一位比丘尼人長得很漂亮，她是已證得俱解脫的大阿羅漢，已經取證四禪八定及滅盡定。因爲神通容易障礙解脫道的修證，所以她成爲阿羅漢以後仍不樂修神通；有一天，有強盜垂涎她的美色，綁架禁閉她，後來透過目犍連尊者等的幫助，才得脫困。由此典故就能讓我們知道：神通無關修證解脫，證解脫不一定要有神通。故阿底峽說想要修證佛法、想要利樂有情者，應該修學神通，是錯誤的說法。並且，宗喀巴、阿底峽等人一生努力修雙身法，是與欲界大貪相應而且永遠不離，與神通及止（禪定）的修證條件與基礎全然相違，所以禪定及神通的證得，都是遙不可及而永遠不可能成功的。在如此情況下而說禪定及神通的修證，都是自欺欺人之談，毫無意義。

神通可分爲過去生的業報所得及今生修習四禪八定與神通加行所得；神通又分世間與出世間兩種，世間通有五：天眼、天耳、神足、他心及宿命通，這世間五通，凡夫外道也有極少數人能修得或報得；而漏盡通純是出世間慧，只有佛門才有。神通之修學都是依禪定之高低而有所不同，依欲界定所得五通，不知初禪所得五通境界；初禪所得五通能知欲界定所得五通境界，但是不知道二禪以上所得五通境界；以此類推，上地能知下地，下地不知上地。五通之修學既然依禪定而生，而禪定是以意識心住於專一境性中，然後加修神通加行而出生，因此必須以意識的觀行而生五通；如依宿命通觀過去，依他心通觀現在，依天眼通觀未來，此神通力皆是意識種子剎那不斷在內相分作用，而得神力變化罷了。

漏盡通者不共凡夫外道，是依三乘菩提證得，是修慧所得。漏盡的意思是煩惱已經斷盡，功德已不再漏失。漏盡通是智慧而不是神通，小乘阿羅漢、中乘辟支佛、大乘菩薩阿羅漢、六地滿心以上菩薩都有漏盡通，捨壽後能取涅槃。初地滿心菩薩，若願取無餘涅槃，都有能力隨時斷盡思惑而在捨壽時取涅槃，但因菩薩十種無盡的大悲願所持，都故意留惑潤生，而入三界中繼續修證菩薩道，行自度度他、自利利他、自覺覺他的普賢行。

到佛地時已圓成一切種智，成就無上正等菩提，意識已轉生上品妙觀察智，末那識已轉生上品平等性智，同時前五識已成就成所作智，第八無垢識成就大圓鏡智；不但一念無明所攝的習氣種子漏盡，無始無明所攝過恆河沙數上煩惱亦已全部漏盡，以此圓滿三身四智，隨時隨處於十方世界轉大法輪，利益一切眾生，是究竟圓滿的漏盡通。

至於《菩提道燈論》中阿底峽說，神通可以圓滿福智二資糧，那是阿底峽自己妄想所說的；如果是真的，那些已得神通的外道，早就已圓滿福智二資糧，早就成佛了，現看他們為什麼不是佛？而且連我見都斷不了！所謂福智二資糧中的福德資糧，是說五蘊身心所受的正報或依報，譬如行善的人在下一生可以生欲界天，享受天福；經常布施的人下一生可以得豐富資財、眷屬圓滿等等，叫作福德；福德資糧是要透過菩薩六度的前五度來修習，不是單指禪定而已。福德的圓滿是指佛地才可說是圓滿，不是修神通就可圓滿福德。

至於智慧資糧，是說菩薩證得空性心如來藏後，能現前觀察空性心如來藏的體性而得到總相智；有了總相智之後，透過善知識的指導，再如實的細觀，如實的體驗空性心如來藏尚未瞭解之部分，稱之為別相智；總相智與別相智即是般若經說的般若智慧。菩薩證得般若智慧之後，善知識又開示我們說：如來藏內含藏無量無數的種子，這種子稱為一切種，菩薩修學一切種子的智慧而有所證了，稱爲道種智，這是諸地菩薩的智慧。佛地圓滿道種智時，稱爲一切種智，或稱爲一切智智。因此福智二資糧，是依六度萬行次第漸修來完成的，不是具有神通即可圓滿。

菩薩未悟前雖可修四禪八定，但也只能修其隨順（當在後面奢摩他章述之），不可以依照阿底峽的說法而冒然修神通，因爲未見道者修神通，其過失有三：一者，得神通的人，容易生驕慢心，定力雖然很好，但是慧力不足，定多慧少很難明心證眞，也很難眼見佛性。二者，得神通的人，只能觀外境界，對於第一義諦法很難信受，很容易生起誹謗正法之心。三者，修神通之人，多喜歡求有境界之法，喜歡追求境界；而心境界是無所有、無所依、無所住之如來藏空性心，故喜歡追求境界的人，很難與眞心本性相應。並且喜樂神通境界法者，也易與鬼神打交道，若自己性障深重、智慧淺薄者，容易與鬼神糾纏，甚至利用神通來干涉因果，如此情形都是障道的因緣，故菩薩未見道前不修神通，見道後也不適合修神通，須待三地即將滿心時福德智慧定力俱皆成就無礙，那時就可避免上述過失。事實上，密宗喇嘛們都不可能修得神通，因爲他們的法門實行都是與神通加行及神通修學的原理大相違背的；所以他們所謂的大神通證量，都是在死後才被弟子眾人利用宣傳手法而哄抬成功的，這些祖師活佛在死前都是沒有神通的，死後就傳出有大神通；這是密宗歷代所謂大修證、大神通者的慣例，想要尋找一位生時確定有神通的人，是永無可能的。菩薩於三地即將滿心之前，都不應當修神通；菩薩應於悟後進修到三地將滿心時才開始修四禪八定，於三地滿心前才修神通，然後以五神通及無生法忍來利樂有情；而阿底峽卻鼓勵凡夫學人努力求神通，那是背道而行。

再說阿底峽的神通其實是與鬼神相應的鬼通，《阿底峽尊者傳》（法尊法師譯）說：「常現身者，則有建立三三昧耶王、聖觀自在、聖救度母、聖不動尊、勝樂輪、喜金剛之六。尊者在印度時，每念三三昧耶王滿千遍時，定一現身，至藏之後，每日一現（是尊者自述）。聖觀自在及度母，隨念即現，凡有所爲，悉爲記莂。不動尊者亦然。其餘二尊，爲尊者密部之本尊，現身亦爲常事。尊者神通事迹甚繁。」（法尊譯，《阿底峽尊者傳》，普賢錄音有聲出版社，頁三三）在《廣論》第五頁中宗喀巴說：「（阿底峽）成就定學分二：共者謂由奢摩他門得堪能心；不共定學者，謂具極穩生起次第。此復三年或六年中，修明禁行（依照三昧耶戒應禁、應行之規定而修雙身法）。爾時遙聞飛行國中，諸空行母，謳歌之聲，心中亦有所憶持者。」由於阿底峽否認有眞實如來藏的存在，是未斷我見的破法者，乃未見道證悟之凡夫，所以不可能有漏盡通；在《阿底峽尊者傳》中，也從未提到阿底峽具有四禪八定的境界，而且他是修學無上瑜伽雙身法的人，所以不離欲貪，連初禪以上之神通境界也不可能有，所提到的也都是欲界與鬼神相應的定境；下界不知上界事，也難怪阿底峽所接觸的都是建立三三昧耶王、度母等等密宗所稱的「佛菩薩」，其實這些都是鬼神所化現者。阿底峽與鬼神互通糾纏，來世必定失於人身，淪入鬼神道，與諸夜叉、地神、山神、宅神及諸精魅仙人爲伍，輾轉互相牽絆，難復人身；此後不聞佛法，長劫處於黑暗長夜中，輪轉生死。

至於阿底峽所得禪定的最高境界，是如同《廣論》說的「堪能心」，按照鳳山寺日常法師的解釋，《菩提道次第廣論》錄音帶第四卷說：「我要想把那個心定下來，放在哪個上頭，它就聽我的話，叫堪能心。」依此句分析，日常法師的意思是：「我」就是末那識，「心」就是意識，末那識要意識做什麼，意識就做什麼。但這是理所當然的，一般凡夫就可作到的，與定無關。日常法師可以說是宣講《菩提道次第廣論》的權威專家，如果按日常法師的解釋，則可知阿底峽的禪定境界就是如此這般而已，連最粗淺之欲界定都還沒有修成。

在密的部分，阿底峽修「明禁行」，而能與鬼道空行母（鬼女）等溝通及交合。日常法師在同卷錄音帶中作如此解釋：「還有，他修一種法門叫明禁行，這明禁行是幹什麼呢？使得自己的三摩地，就是使得自己學的定很堅固，不被動搖，那是一種特別的方便，他專門修這個，說三年或六年，專門學這個，修得很有成就。」所謂「明禁行」者，不是如日常法師說的，使三摩地定堅固；明禁行是密宗的一種戒法，與定無關，只是規範雙身法中應禁、應行的軌範。密宗「別解脫戒」中之「明禁行」中有說明：「禁邪淫『尼、母、女、姊、妹、畜生』等。若其所緣對象爲事印、空行母，具足明顯堅固起分證量，故非邪淫。行人未證起分，強自修之，犯邪淫，墮金剛地獄。」按：「事印」即是事業手印，是說修學雙身密法之明妃，有時稱爲佛母；「起分」是觀想空行母之法，作爲修無上瑜伽雙身修法之準備。「明禁行」的意思是說：行淫的對象如果是比丘尼、自母、自女、自姊、自妹或畜生女，這些對象必須是具有事印或空行母的境界，並且要堅固起分的證量，如此行淫才不算犯戒。如果行淫的對象（自己的母親、子女、姊妹、畜生女、比丘尼），她們尚無起分的證量，勉強與之行淫則犯邪淫罪，要墮金剛地獄。而金剛地獄也是密宗祖師自行施設的，事實上不存在。

又說：「禁：非處行淫。行：有于佛堂中行者，有依此于壇城中行二灌、三灌者。明禁行：佛慢堅固、眞大力充，所作爲佛事業，故事處正相合。」「禁」的意思是不能在別處，要在佛堂中行淫，或在壇城中行密灌時行淫。明禁行：上師爲弟子行密灌，必須在壇城內佛像前與佛母先行淫，取得男精液、女淫液的混合液體，才能用來爲弟子灌頂，這樣才是「佛」所作的事業，因此所作的事與處所正相符合。在宗喀巴《密宗道次第廣論》中也說：「授明妃禁行者，謂第四灌頂後，將明妃手置弟子手，以自左手執彼二手，以右手持金剛置弟子頂。教云：『諸佛爲此證，我將伊（明妃）授汝（弟子）。』謂以諸佛作證。『非他法成佛，此能淨三趣，是故汝與伊，終不應捨離。此是一切佛，無上明禁行，若愚者違越，不得上悉地。』授與明妃禁行。」宗喀巴接著又說：「由具相明妃修行大樂三摩地，是一切佛無上明妃禁行。若有愚人違越如是欲塵修道，彼於現法無『上悉地』。」（《密宗道次第廣論》，頁三二五）此處所說「具相明妃」依畢瓦巴著《道果——金剛偈註》具六相之女：獸女、螺女、象女、紋女、眾相女、牛女，該書說：「彼無論爲何，其應具髮卷、眼媚、眉際無斷、口與息有麝香味，前有一特殊齒，乳堅實，臍上三豎紋，額上一豎紋，下身腴闊，蓮（私處）無鬚，豐頰，有龍腦花香，樂行能為壇城行止事等功德。若具此等功德，方為合適成就之所依。」（《道果——金剛句偈註》，頁二七六）以上所言是明禁行，以補日常法師所言明禁行內容之不足。至於有關修禪定的部分，其虛謬之處，當在本書〈別學奢摩他章〉再論之。

第六目 智慧與方便

阿底峽《菩提道燈論》說：「離慧度瑜伽，不能盡諸障。為無餘斷除，煩惱所知障，故應具方便，修慧度瑜伽。般若離方便，方便離般若，俱說為繫縛，故二不應離。何慧何方便，為除諸疑故，當明諸方便，與般若差別。除般若度外，施波羅蜜等，一切善資糧，佛說為方便。若修方便力，自善修般若，彼速證菩提，非單修無我，遍達蘊界處，皆悉無有生，了知自性空，說名為般若。有則生非理，無亦如空花，俱則犯俱過，故俱亦不生。諸法不自生，亦非他及共，亦非無因生，故無體自性。又一切諸法，用一異觀察，自性不可得，定知無自性。七十空性理，及本中論等，亦成立諸法，自性之空性。因恐文太繁，故此不廣說，僅就已成宗，爲修故而說。故無餘諸法，自性不可得，所有修無我，即是修般若。以慧觀諸法，都不見自性，亦了彼慧性，無分別修彼。」（《菩提道次第廣論》附錄）

阿底峽所說的前三偈，要斷煩惱、所知二障，必須具方便與智慧，在六度中除慧度外，餘五度皆爲方便，當在本書稍後〈上士道章〉再說。阿底峽爲了成立諸法不生的理論而說：「遍達蘊界處，皆悉無有生，了知自性空，說名爲般若。有則生非理，無亦如空花，俱則犯俱過，故俱亦不生。」阿底峽認爲蘊處界諸法皆悉無有生，他從四個方面來觀察：諸法有生、諸法無生、諸法亦有生亦無生、諸法非有生非無生；阿底峽把上四句全破了，說「有生非理，無生如空花，亦有生亦無生也不對，非有生非無生全都無有生。」所以阿底峽認定蘊處界諸法皆悉無自性生，無自性生即是無生。無自性就是一切法空，阿底峽說一切法空就是空性、是智慧。這是因爲阿底峽未證空性實相心，所以才誤解空性之理，而成爲無因論，成爲惡取空、斷滅空之人。

其實蘊處界諸法一定要依空性心阿賴耶識而說有或說無。實相心阿賴耶識是蘊處界諸法生成之因，阿賴耶識也是蘊處界諸法說爲無生之因——將有生之蘊處界攝歸無生之阿賴耶識心體中，則蘊處界諸法是阿賴耶識心體中的一部分，故蘊處界諸法亦是無生。若蘊處界諸法不攝歸阿賴耶識心體，而是單依蘊處界自體來說，則是有生有滅之法。而阿賴耶識眞實有，內含無量無數的業種及有漏有爲法種、無漏有爲法種等，透過業種及各類法種等之種子不斷現行運作，而有蘊處界諸法之生出，所以從阿賴耶識所含藏之種子運作，或從蘊處界自身來看，蘊等諸法則是有生。再從阿賴耶識如來藏自體的立場來看，蘊處界諸法是阿賴耶識如來藏所生，是阿賴耶識之一部分，與阿賴耶識不一不異，而阿賴耶識從無始以來即無生，故蘊處界諸法亦說爲無生，所以大乘經中依此而說一切法無生。因此依於阿賴耶識而說蘊處界諸法非有生亦非無生，如此才是中道觀。但阿底峽是中觀應成派六識論者，不知蘊等諸法之所依的阿賴耶識，也不相信有阿賴耶識心體如來藏存在，讀了大乘經所說的一切法無生語句以後，單單從蘊處界等一切法的生滅性，以自意所思所想來說一切法自性空，其實是虛妄想、是惡取空、是斷滅空，落入增益執中，不是有智慧的人所說也。

阿底峽說：「諸法不自生，亦非他及共，亦非無因生，故無體自性。又一切諸法，用一異觀察，自性不可得，定知無自性。……爲修故而說。」阿底峽這幾句偈頌是以緣起性空之理，破外道的自在天創造一切法，及內道有宗，而自己卻也陷入外道法之中，成爲無因論、斷滅論，他自己卻不知道。阿底峽說：一切法非自生、非他生、非自他共生、非無因生，此四生都是無自性，所以諸法是無自性生，無自性生即是無生，也就是說沒有此四種生的意思。因此阿底峽只認定諸法是無自性生，不必有根本因，單靠種種緣就能出生，是如幻如化的**無因有緣**而生；所以一切法無單獨自性，是種種緣的和合生；一法或多法都是一樣，都沒有自體可得，故無自性。這就是從月稱、寂天傳下來的中觀應成派「**緣起有、自性空**」的理論。

在聖　龍樹菩薩的《中論》卷一中有提到：【**諸法不自生，亦不從他生，不共不無因，是故知無生。……如諸法自性，不在於緣中；以無自性故，他性亦復無。**】但是聖　龍樹菩薩此兩偈頌之前提，已說明「八不」的主體空性心如來藏，依空性心如來藏所生出來的諸法與如來藏不一不異，所以說：一、**不自生**：諸法不能由自己出生自己，否則諸法都應一分爲二，諸法中的每一法都應同樣有二體，一爲能生之法，二爲被生之法；或應諸法都能自生，則兒應自生，不應從母親生，此已說明諸法都同樣來自同一個本源如來藏。二、**不從他生**：

諸法固然不從自生，但亦不從他生，都應從自己所依附的如來藏心體中出生；否則自己的識陰六識等法在今夜眠熟暫滅以後，明日應可以從其他有情的如來藏中出生而成爲另一個色陰所有的六識心，則天下大亂矣，然而天下不曾如是大亂，故知諸法必定從自己所附屬的如來藏心體中出生，絕不從他而生。三、**不共生**：自己的諸法一定是從自己的如來藏中出生，不必與他人的如來藏合作才出生自己的識陰六識，故說諸法不是自他共生，這也表示自己所有的諸法只會從自己的如來藏中出生，故亦不是由眾多如來藏中共同所生。四、**不無因生**：諸法之出生固然必需有種種緣，但是還得要有因，不是單單憑藉眾緣就能出生而不必有因；是說諸法藉緣而出生時必定另有其因，此因即是有自體性及其他種種自性的如來藏心體，諸法是以如來藏爲因而藉緣生出的，所以聖　龍樹菩薩說「不無因」。五、**是故知無生**：諸法由如來藏爲因所生，諸法攝歸如來藏而與如來藏不一不異，而如來藏從無始以來本自無生，所以諸法也是無生。六、**諸法自性不在緣中**：諸法都是有生之法，故無自體性，有自體性之法只有如來藏；以現象界來看，諸法似乎都有自性，但諸法都不能無因唯緣而自己存在，故說無自性；必須是依如來藏所顯示出來的無生體性，諸法才能有自性可說，所以說諸法的存在及運作時的自性並不在眾緣中，是在如來藏中，若無如來藏的常恆及種種自性的支援，即使仍有眾緣，諸法也無法存在，故說諸法「**不在於緣中**」。七、**諸法無自性亦無他性**：既然諸法的自性不在自體，也不在他緣，而是在如來藏中，故說諸法無自性；既然諸法都無自性，就表示諸法亦無他性，故也不可能眠熟斷滅之後又自行出生。因此諸法不自生、不從他生、不共生、不無因生，諸法無自性，也無他性，是依如來藏識爲因，眾緣和合而起，後時也由如來藏爲因，由眾緣的離散而壞滅，故虛妄不實。此聖 龍樹菩薩有名的四句：**不自生、不從他生、不共生、不無因生**所說，必須有如來藏識爲因，才能全部符合，否則就必須如應成派中觀一樣曲解 龍樹的《中論》偈。因阿底峽否定第八識如來藏，在他未證空性心如來藏識的情況下，任他如何想像也是想不出來的，正是因爲不知 龍樹的《中論》偈說的都是眞實如來藏的法性故。

（此四句不生，將在第八章第三節第五目中再申論之。）

聖 龍樹菩薩又接著寫了一偈：【**因緣次第緣，緣緣增上緣，四緣生諸法，更無第五緣。**】（《中論》卷一）此四緣正好破斥應成派中觀無因論的緣起性空理論。蘊處界萬法是依父母及四大爲緣而幻生幻滅，然須依「**因**」空性心如來藏；

由如來藏爲因，藉著無明等眾緣，方能有此蘊處界萬法之緣起緣滅；若離空性心如來藏因，尚不能生起蘊處界，何況能有蘊處界所生萬法？因此聖　龍樹菩薩四緣當中，首句就道出第一個緣——**因緣**。所謂因緣就是如來藏心體以及如來藏內所含藏的七識法種及能生諸果的業種，這些法種及業種等皆依如來藏而有，由於有這些法種及業種等不斷運作，才能有一切法從如來藏心體中生出，否則即無蘊處界等一切法。換句話說，沒有如來藏則沒有一切法，因此如來藏即是一切法之總因。同樣的，其他的**次第緣**、**所緣緣**、**增上緣**亦皆以如來藏爲所依而有，這個道理將在本書〈毗鉢舍那章〉中再論之。所以中觀應成派所說不依如來藏爲因，而說一切法單憑眾緣就能生起的緣起性空說，是無因論、惡取空、斷滅空，理由在此。

阿底峽又說：「**故無餘諸法，自性不可得；所有修無我，即是修般若。**」無因論者的修習無我，必定無法斷盡我執的，因爲必定恐懼落入斷滅空中故；縱使眞的不恐懼落入斷滅空中，能斷盡我執而滅盡蘊處界全部，但這樣的「無餘涅槃」豈不是成了斷滅空？又哪來眞性可言？既無眞性實存，哪來般若可得呢？而且眞性本來無我，眞性本是不生的，是本然清淨圓滿的，根本不須如阿底峽所說要「**修習無我**」才能成就，然而阿底峽的「**眞性**」卻是要修成的；縱使他眞的修成了眞性，卻是滅盡蘊處界我以後才出生的眞性，則這個眞性仍然是有生之法，而這有生之「**眞性**」卻是滅盡蘊處界後的空無、斷滅空，怎能說是眞性？縱使眞的能修得眞性出生，將來當然不免緣滅而成爲空無，因爲是修而後有的緣故。故說阿底峽不是實證眞性、空性心的人。

第七目　修無分別

阿底峽《菩提道燈論》說：「**三有分別生，分別爲體性，故斷諸分別，是最勝涅槃。如世尊說云：分別大無明，能墮生死海；住無分別定，無分別如空。入無分別陀羅尼亦云：佛子於此法，若思無分別，越分別險阻，漸得無分別。由聖教正理，定解一切法，無生無自性，當修無分別。**」（《菩提道次第廣論》附錄）什麼是分別？阿底峽只知其一，不知其二。分別的道理有深有淺、次第差異很大，前五識對五塵的分別，第六意識對法塵的分別，第七末那識對意識及法塵的分別，第八阿賴耶識對末那識心行的分別，以及對根身、業種、壽算、山河大地、四大的分別，差別萬端，並非阿底峽所能知道。而阿底峽說不生三有要斷諸分別，其實是要斷除諸分別之識，不是如同阿底峽所說的保留六識而斷除語言分別；若阿底峽改說為斷盡諸分別的六識，則從定性二乘人來說是正確的，前六識願意永遠自我斷滅以後，意根就會接受而在捨壽時一同滅盡；七識全斷，捨壽時即入無餘依涅槃，從此就不會再有分別。但是不生三有，是二乘人的目的，阿底峽既然自認為不是二乘人，即不該認同二乘人灰身泯智的行為；而且二乘人所斷的我見與我執，都不是阿底峽所能做到的，因為他既要維持雙身法的四喜大樂，當然不能斷我見與我執，否則雙身法就無法繼續再修了；可是阿底峽一生都沒有放棄雙身法的修持，所以他是連我見都斷不了的，不該再高攀二乘人的實證。對大乘菩薩來說，一定要「**分別、生三有**」，大乘法的持戒、得定、修慧，最終實證一切種智、四智圓明，歷經三大阿僧祇劫中，世世都必須要在三有中受生，也都必須要有分別心繼續存在來分別法義的正邪，分別法義的是否實證圓滿，才能成佛；故大乘人必須有分別心世世存在才能證道，諸佛、菩薩說法，乃至諸佛利樂一切眾生永無窮盡，都必須以分別心行之，是故分別心絕對不能斷除，是故必須世世受生而生三有。由於有分別才有世俗智慧之產生，有世俗智慧的眾生才能學佛，學佛以後實證般若乃至一切種智，也都要有分別心繼續存在，故能分別的自性並不是阿底峽所說的大無明，反而是智慧能出生與保持的原由。但阿底峽與寂天、月稱、佛護等人一樣，同以意識覺知心一念不生、不起分別作爲悟境，作爲般若的實證，就認爲心中起分別時就大無明，這是嚴重誤會大乘佛法無分別的眞義。

第八阿賴耶識本來就住無分別定中，此無分別定才是眞正的無分別；此無分別定，從來不分別六塵中的一切法，而且這無分別定的境界相，不是修行以後才得，而是一切眾生各自的第八識如來藏本來就已經有此無分別定；證得第八識的無分別大定，才能使意識覺知心擁有般若大智慧。

又意識心入定，還是有分別，因爲意識心本來的體性就是時時對六塵中的一切境界起分別，除非是在眠熟等五位中暫時斷滅而不生起。所謂意識心入定，於境界不起攀緣，不起貪等煩惱，才稱爲意識心入定；但是入定以後仍然能對定境中的內容了了分明，了了分明即是已經分別定境中的六塵或法塵境界了，故定中仍然是有分別。如果意識心入定後就完全不起分別，那就是癡呆相，對於修定、修慧都是一無是處。

《楞伽經》卷四說：【復次，大慧！自心現妄想，八種分別：謂識藏、意、意識，及五識身。】所謂「識」即是分別的意思，經說「識藏」即是空性心如來藏爲無始虛僞惡習所熏而與七識俱，此空性心如來藏在三界內運作時，有其遠離六塵見聞覺知的分別性，既能了知意根及意識心的心行，能了知妄心意根的作意，也能了知身根四大種的變化，也能了知業種異熟果報的次第等，能作如是等種種六塵以外的種種分別。

又經中說「無分別中能廣分別」，此中無分別及廣分別的心，都是指空性心如來藏，如來藏能作六塵以外的種種分別，因此說如來藏無分別心能作廣分別；而祂的廣分別，並不是凡愚七識心所能知道的；菩薩證悟後，悟後起修，發起道種智以後，才能對如來藏的廣分別有一些較深入的瞭解，這是究竟佛地才能全部了知的智慧。

爲什麼又說空性心如來藏是無分別呢？《金剛三昧經》說：【菩提性中無得無失、無覺無知、無分別相，無分別中即清淨性。】這是說空性心如來藏本體，本來自性清淨無染，從來都離六塵中的見聞覺知，故從來不分別苦樂、美醜、長短、方圓、人我、生死、染淨……。因此眾生不論有沒有開悟，如來藏這個無分別心是與能廣分別的自性，無時無刻都同時顯現著，無時無刻和合運作而沒有間斷，除非眠熟或悶絕等五位中。只是眾生開悟前被煩惱所障礙，不知道此無分別心在什麼地方，才會因愚癡無明而認爲有分別的覺知心是眞我，因此而輪轉生死；阿底峽就是這樣的人，他說：「**佛子於此法，若思無分別，越分別險阻，漸得無分別。**」他的意思是說：學佛的人只有六識「有分別心」，沒有第八識「無分別心」，要透過「佛法」的修習而把六識「分別心」轉變爲白癡一般的「無分別心」。這是因爲阿底峽沒有證得空性心，不知道六識「分別心」與第八識「無分別心」是同時存在、同時顯現、同時運作的道理，才會妄想把有分別的覺知心修行轉變成無分別的白癡心。但是他的想法永遠都不可能實現，因爲分別心是永遠都會有分別的，不可能修成永遠都無分別的眞心；而無分別心如來藏是本來就無分別的，不必他去修行而把有分別的自己轉變成無分別。不論眾生有沒有學佛，都同樣是有分別的意識與無分別的如來藏同時存在及共同配合運作的，這是中觀應成派的阿底峽所不知道的，但是宗喀巴卻援引阿底峽的論著來爲自己的六識論撐腰，並非有智之人。

《楞伽經》所說的「**意**」是指意根，又稱第七末那識。末那識對意識作分別，祂自己對法塵只能作少許分別，祂的分別慧功能不很好。譬如眠熟無夢時，意識斷滅了，忽然有打板的聲音在法塵中出現了，末那識警覺法塵有重大變動，自己卻無法了知那是什麼，於是就作意而使如來藏流注意識種子，生起意識來作詳細的分別，才會知道是打板的聲音，才知道應該起床了。或如在定中，末那識時時注意法塵的動靜，法塵一有大變動，馬上就使意識出定，以便分別是什麼大變動、該不該回應。如是菩薩對末那識的分別心，也是不該斷除的；如果斷了末那識的分別性，即會使得末那斷滅了，則入無餘依涅槃，一切法就都不存在了。若方便說所謂的末那識入定，是說末那識決定接受意識心的覺觀分析，使得意識依附心一境性中安住，暫時不受六塵所影響，看似末那也入定而不攀緣，但實際上末那是不與定相應的，仍然是在遍緣一切法的。又意識於境界不攀緣，也要取決於末那識對六塵執著的減少；如果末那識對六塵的執著不能減少或修除，必定會繼續攀緣外境，因此意識也不能入定。假使末那識的俱生我見、俱生我執不能修除，意識心也是無法證得滅盡定的；但是這些都要靠意識心如理作意的配合共同運作來修除愚癡無明、修除執著以後，才能做得到。所以修定者，不是要把意識分別性修除而變成無分別心，如果是這樣修定的人，則他一定是癡癡呆呆的人，既不能知道如何入定、出定，也不會知道自己在定中定外做了什麼事，所以修定並不是如阿底峽所說的方法；而無分別定是第八識本來就有的法界大定，不需要像阿底峽一樣把意識來住入無分別的癡呆狀態中。若是想要證無分別定，是要參禪尋覓從來無分別的阿賴耶識心體所在，自然就能證得無分別定而成就無分別智，則應該有分別心意識繼續修行而尋覓無分別性的第八識心，這才是眞正的大乘成佛之道。欲修成佛之道者，則意識的分別心不應如二乘人一般的灰身泯智；二乘人得要把意識、末那斷除才能成辦入涅槃，違背大乘成佛之道的行門。但是意識心的種種行爲，都要靠末那識的支持及配合運作，才能存在及運作；而末那識一定要繼續保持不斷，才能世世受生、繼續學佛，直到三大阿僧祇劫以後成就佛道，所以末那識的少分分別性及少分的法執，在成佛以前是不該如二乘聖人般的修除滅盡。

第八目　道位次第

阿底峽《菩提道燈論》說：「如是修眞性，漸得暖等已，當得極喜等，佛菩提非遙。」（《菩提道次第廣論》附錄）如上已知密宗應成派中觀的所謂「空性」，即是一切法空，這其實不能說爲「空性」，應當說爲「空相」。「空相」者是說有相法的五蘊空、十八界空、一切法空，即是《心經》所說的「**是諸法空相**」。而「**空性心**」只有一法，只指如來藏本識而言。而密宗否定如來藏之法，卻說想要證得眞正的空性心，那是緣木求魚。

又阿底峽說：「**如是修眞性，漸得暖等已，當得極喜等。**」以其未證悟實相的身分來說，他這是顚倒說。煖等四加行位的證得只是六住位菩薩，只能說是順解脫分與順決擇分圓滿，此時只能說已經具備了證空性心的條件而已，必須再依善知識臨門一腳幫助，才能觸證空性心如來藏。證空性心後，還要歷經十住、十行、十迴向位圓滿才能登見道通達位之極喜地。入地後還要地地增上，至十地、等覺位、妙覺位圓滿，才說圓滿佛菩提。所以從菩薩證空性心開始計算，到成佛還要大約二又三分之二阿僧祇劫的時間次第進修乃能圓滿。又阿底峽所說的修眞性，是暗喻雙身修法中的六識知覺性；「漸得暖等已」，是說拙火已經開始生起，生起次第即將圓滿時；「當得極喜等」，是暗喻即將獲得雙身法中的淫樂喜悅，「等」字是暗喻初喜乃至全身遍樂的第四喜。然而佛菩提之路是很遙遠的，不是藏密以外道雙身法的意識境界所能到達的，也不是藏密以雙身法的身樂覺受可以成佛的，故即「身」成佛的說法是荒誕不經的，因爲成佛是在心而不在身；假使以雙身法的樂空雙運意識境界，再努力進修無量無數的阿僧祇劫以後，仍然只是意識境界的身樂覺受，從來不能涉及實相境界，不能涉及實相心的心境界，永遠都進不了三賢位中，何況入地，更別說是成佛了！

聖 彌勒菩薩在《現觀莊嚴論》中，曾提到加行四法——即**煖法**、**頂法**、**忍法及世第一法**。四加行在佛法修學次第上，佔有很重要的地位，在未證空性心—未開悟明心—之前，學人必須先成就此四法，否則無法趣入佛法大門，不可能成爲三賢位中的第七住位菩薩。密宗上師、仁波切、格西、喇嘛、「法王」等人，任意解釋此四法，以自設的四種加行法來取代眞正的四加行，都違背聖彌勒菩薩論中所說正理，都不可能獲得煖等四位成就。譬如《密勒日巴全集》中，密勒日巴解釋說：「所謂四加行：十萬大禮拜、十萬上師咒、十萬金剛薩埵百字咒以懺悔、十萬供養曼陀羅或曼達。」（百字明咒的意義也是雙身法）白教上師陳健民說：「四加行的內容，一個就是歸依、一個就是禮拜、一個就是百字明、一個就是供曼達。」又《大樂光明——金剛乘大手印》所說的四加行：「一．歸依、發菩提心，從此成爲佛子、大乘行者。二．供曼達，這是累積福德資糧的方法。三．觀想金剛薩埵及念誦百字明，這是清淨業障的方法。四．上師相應法，這是獲得上師加持的方法。」宗喀巴《歸依發心儀觀行述記》中說四加行：「一．歸依發心，二．金剛薩埵百字明或三十五佛懺，三．供曼陀羅，四．上師瑜伽。」上師瑜伽則是每天觀想上師與自己交合，或是觀想上師與明妃在自己頭頂上的虛空中交合，所出不淨物從自己頭頂灌入中脈頂輪，然後下降至海底輪引生淫根的樂受。

以上所舉密宗的四加行，都是以佛法的名相爲外表，骨子裡都圍繞在雙身修法上轉，正是假名佛法的外道。眞正佛法的四加行，是修學者開悟破參前最重要的知見與修行方式，因爲修習四加行圓滿後，因緣成熟一念相應明心證眞，學人就可以證入眞見道「**唯識性**」中，進而悟後復能現觀修證相見道而了知「**唯識相**」中的種種法的相貌，因而證解確實有阿賴耶識的存在，因現觀而知道一切法都是阿賴耶識所生，了知萬法唯識的眞義。「**萬法唯識**」，就是講阿賴耶識能生顯一切萬法的意思，也就是說三界一切萬法都是由眞心如來藏阿賴耶識所生所顯；但是密宗古今上師都不實修親證阿賴耶識，往往以觀想中脈內的明點取代阿賴耶識心體，應成派中觀更是極力否定阿賴耶識的眞實存在，當然不可能實證阿賴耶識實相心，更不可能現觀一切法都是八識心王和合運作而從阿賴耶識心中出生，就不可能了知「萬法唯識」所述的眞實義理，所以他們都是唯識學的門外漢，卻空言懂得唯識學、卻極力貶抑唯識學；若是眞懂唯識學的人，都是雙具虛妄唯識的七轉識內容及眞實唯識的第八識內容，都能現觀七轉識的虛妄，也都能現觀第八識的眞實與如如性，怎會否定第八識？又怎會以觀想所生的明點來取代第八識？故說密宗都是不懂唯識學的凡夫外道。

四加行有四個層次：**煖位**、**頂位**、**忍位**、**世第一法**，四位修習圓滿就可證得「**所取空**」及「**能取空**」，我見就斷除了，已經成就聲聞初果的見地，成爲聲聞解脫道中的初果聖人，這時也具足了大乘見道資糧，待一念相應時即能親證法界實相阿賴耶識如來藏，如實轉依就可得入第七住的不退轉住菩薩眞見道位；如是親證實相的見地，三乘菩提中的疑見全部斷已，以後縱使有大名聲惡知識籠罩或勸說，也都不會再退轉此見地。

要修習四加行成就而無礙於參禪的進展，必須具備五個條件：一、**護法勇猛心**，護持正法無所畏懼；二、**捨心**，在正法團體布施、護持不斷；三、**功夫**，有動中的基本定力；四、**正知見**，有正確的禪法知見；五、**無慢**，漸除障道慢心等性障。以上五個條件得要在日常生活的身口意行中不斷熏習，使心與解脫相應，熏習圓滿時稱之爲「**順解脫分**」。然後繼續加功用行，就能證得「**所取空**」及「**能取空**」，此是爲「**大乘眞見道明心證眞**」作準備，這階段的過程就是明心前的四加行。

四加行又稱爲四善根，隨順正法的熏習，趣近見道的成就，在疑惑中得決定心，具足正知正見、具足擇法眼，能決擇諸方善知識是否已斷我見，能決擇彼等所說法義是否能使人確實斷除我見，所以四加行又稱「**順決擇分**」。四加行的修習，必須在五蘊、十二處、十八界相空中取「**四尋思**」，即思惟「**名、名義、名義自性、名義自性差別**」；四尋思若能觀行徹底，則得「**四如實智**」，確實斷除我見，親證聲聞初果或大乘通教初果。

四加行的觀行，可分四個階段作觀行。一、**創觀**：就是首次觀察之意。是觀照到能取的七轉識，以及所取的名、義、自性、差別，都是所生法，虛妄不實；並經由聞法而知悉五蘊之名、義、自性、差別，都是由阿賴耶識所變現的，也都是人爲施設的假名。如是觀行，就會發起般若的聞慧與思慧，對如來藏眞實的體性，及五蘊、十二處、十八界的虛妄有初步的瞭解，因這樣的現前觀察，依「**明得定**」而發「**下尋思**」，現觀所取六塵皆是所生法，無常空，非眞實有，思慧生起了，與大乘見道有一分相近了；如同鑽木取火時，煙尚未起時已有熱煖之相，稱爲「**煖相**」。二、**重觀**：就是再次深入觀察的意思，對末那的遍計所執性設法瞭解，對於所執取六塵境界的名、義、自性、差別深入思惟所取的六塵境界都是緣起性空，體會到一念不生之靈明覺知心是假的，是意識心，是緣生法，依「**明增定**」而發「**上尋思**」，如是再次深入現觀「**所取一切法空**」，如此觀察四尋思到達頂點，是世人所能了知的最究竟觀察，稱之爲「**頂相**」。三、經過創觀及重觀，就會**依「印順定」發起「下如實智」**，有下如實智就有「**順決擇分**」，印證決定能觀的五蘊不是眞實有，隨順於此而不動搖，已經確認能取的六識心都是所生法，都是無常空，故知五蘊、十二處、十八界諸法中，並無一法是眞實常住的我；但是尚未找到眞心故，所以無法印持能取心七轉識確實是空，故於此能取空的觀行只能成爲順樂忍，是爲「**忍相**」。四、證印順忍後，**再深入觀察能取的六識心與所取的六塵境界的自性差別**，深入確認能取與所取皆是無常故空；譬如睡眠無夢時，六識斷滅，對五塵境及法塵境不知不覺，因而印證能取的六識是虛妄不實，因此能取的六識是空；再深入觀察所取的六塵境界，證實六塵確實要依五色根、意根、外六入才能出生與存在，深入觀察，無所不至而了了能知所取一切境界皆空而不實。由此觀察前六識、六塵都沒有常恆不滅的自性，因此從日常生活中就可證知覺知心的意識不能到未來世，因而**證得能取與所取皆空**。

之後再作更深入的觀察，六識的生起有三個條件：有生滅的**五色根**、**六塵**、**末那識**，其中若有一條件不具足，六識就不能生起；譬如眼根壞了，眼識就不能生起；其他五識也是一樣。因此六識的生起是依他起，有依他性就會依他滅，不是自在性。又五根對五塵而有法塵，意根對法塵而生意識，意識對法塵詳細了別之後，意根生起遍計所執性，也就是我執，因此意根的我執也是間接依他起，非自在性。因此，在忍位中對所取空已了知接受，接著就印證受、想、行、識都是無常性，於此位中，心心無間而不曾懷疑自己所觀察之「能所取俱空」，如此依「無間定」發起「上如實智」，就能雙雙印證所取能取都是空，而成就世間凡夫異生位第一無上之法，故名「**世第一法**」，我見確實已經斷除了，三縛結已不再存在了。以上四階段觀行圓滿，已證初果而不會再落入蘊處界我之中，已近眞見道的緣故就可以修學大乘禪宗的法門，參禪求證法界實相，直到因緣成熟時一念相應而破參開悟的時節到來；一旦破參而確定不移了，就成爲不退轉的七住菩薩，入大乘眞見道位。

阿底峽說：得「煖」等已，可證得初地等，這是錯誤的說法。依據《成唯識論》的開示，證得能取與所取二空後，還在六住滿心位，尚須明心悟眞，成爲第七住菩薩；然後眼見佛性，成就世界身心如幻的現觀，則圓滿第十住位；再歷經親證實修十行、十迴向位應有的功德與現觀，如是三十心圓滿才能登地。然後從初地入地心開始，地地增上十地無生法忍智，如此地地增上，歷經二大阿僧祇劫才能成佛。因此佛菩提的路，於一般凡夫來說是非常遙遠的，但是如果按照佛菩提道次第漸修，復有眞正的善知識指導，而不是依止假名善知識，不走錯路、歧路、迴路，依大善知識所開示戒慧直往超劫精進的別教法道，還是可以快速到達佛位；若依密宗的修法而不捨，始終都在色身的樂觸上用功而說即「身」成佛，唯有下墮三塗的機會，連欲界都超脫不了，更談不上證解脫、證實相，來世也將失去人身，無數阿僧祇劫以後仍然不能成佛。

阿底峽說：「如是修眞性，漸得暖等已，當得極喜等，佛菩提非遙。」如果按照密宗的道位次第與行門來說，佛菩提果是絕對無法到達的。如何說呢？當菩薩明心悟眞之後，悟後發起般若實相智慧，進修般若別相智圓滿，復修學親證諸地無生法忍而直到佛地，必定要修學唯識道種智，唯識道種智才是眞正的增上慧學，道種智圓滿時名爲一切種智，證得一切種智了才算是圓滿佛地的一切智智。而密宗諸師否定三轉法輪的唯識諸經，說唯識諸經是不了義，妄說是鈍根人所學，譬如宗喀巴《密宗道次第廣論》第八頁如是說：「此諸補特伽羅之道，即是趣向一切種智之大乘也。波羅蜜多大乘，其道總體唯有爾許。此就見解分別有二，謂中觀師及唯識師。然彼二師非可說其乘有不同，故乘唯一。由於實義有盡未盡，故知前是利根，後是鈍根。此般若波羅蜜多乘，正爲中觀師宣說；其唯識師，爲彼所兼攝庸常之機耳。」由此可知密宗宗喀巴等人根本不懂大乘法義內涵與道次第，也誤會中觀與唯識分位差別的正義，由於藏密歷代諸師（覺囊派部分祖師除外）無法實證中觀與唯識，宗喀巴承襲邪見且自己錯解、生慢，對於唯識師不屑一顧，瞧不起唯識師，說之爲鈍根；他說大乘成佛的根據是一切種智，又說波羅蜜多大乘的修學目的——道的總體也是唯有一切種智；但是他不知道中觀修學到最徹底時只是般若的總相智與別相智，無法成就一切種智，當然不能成佛；更何況連眞實的中觀都無法親證的宗喀巴，否定了本識如來藏以後絕無可能親證如來藏而發起中道觀行的境界，如此胡言亂語，如何能知中觀圓滿後所應修的唯識種智妙法？他也不知唯識師所修的唯識正理，乃是中觀成就以後才能實修的一切種智，他不知唯識師所修證的正是成佛所憑藉的一切種智；諸地菩薩都是純依一切種智而修，修的都是如來藏所含藏的一切種子的智慧，就是無生法忍的智慧，名爲道種智；道種智修學圓滿了，就是佛地的一切種智。種智之學唯有利根者乃能親證之，此非凡夫異生與愚昧的二乘聖者所知，乃至亦非大乘別教中初悟淺悟者所能知，然而此等修學種智而智慧深妙的諸地菩薩，在藏密凡夫外道宗喀巴的眼中卻是鈍根者，眞是顚倒至極的世間狂妄異生也。

宗喀巴將一切種智所依的如來藏否定了，就永遠都無如來藏所含藏的一切種子可修證了，當然無法成佛，但他卻仍想成就佛地的一切種智。而且宗喀巴所宗的應成派中觀，是無因論、一切法空的斷滅空者，他又恐懼滅盡蘊處界以後成爲斷滅空，因恐懼墮入斷滅空中，所以再度執取五蘊爲眞實不壞之常住法，建立雙身法第四喜樂觸的即「身」成佛外道妄想理論，故是兼具斷見與常見的外道邪見，遠離般若波羅蜜多大乘道，因此永遠也無法證悟空性心，故無法觀察唯識性，無法進入大乘見道位中，無法親證中道觀行的眞實理。因此，宗法「藏密應成派中觀」的宗喀巴，對中觀實無所證，對唯識學亦因嚴重誤會而毫無所知，更何況對成佛之道的內涵與次第能夠瞭解？因此之故，他只好瞎編淫穢不堪的《密宗道次第廣論》來替代唯識增上慧學，專在色身相應的淫根樂觸上廣作文章。宗喀巴當然知道「應成中觀」這個過失必墜入無因論的斷滅見中，只好回頭建立意識心，說是常住的，以免落入 佛所訶責之外道斷滅空中；這樣一來，其違 佛所說，高舉本質爲印度教性力派的外道見，妄說爲「秘密金剛乘」，以之高推爲更勝於大乘者，如此建立意識的常住說，才可以使藏密雙身修法樂空雙運的樂觸境界得以成立，因爲樂空雙運不但是色身境界，也是意識的境界，所以宗喀巴仍然對樂空雙運極爲愛樂，認爲是究竟法，妄說是修成報身佛的究竟法，其實都是我見等一念無明及無始無明妄想。

第九目　密咒乘

阿底峽的《菩提道燈論》說：「由咒力成就，靜增等事業，及修寶瓶等，八大悉地力。欲安樂圓滿，大菩提資糧，若有欲修習，事行等續部。所說諸密咒，爲求師長灌頂故，當以承事寶等施，依教行等一切事，使良師長心歡喜。由於師長心喜故，圓滿傳授師灌頂，清淨諸罪爲體性，是修悉地善根者。初佛大續中，極力遮止故，密與慧灌頂，梵行者勿受。倘持彼灌頂，安住梵行者，違犯所遮故，失壞彼律儀。其持禁行者，則犯他勝罪，定當墮惡趣，亦無所成就。若聽講諸續，護摩祠祀等，得師灌頂者，知眞實無過。燃燈智上座，見經法等說，由菩提光請，略說菩提道。菩提道燈大阿遮利耶吉祥燃燈智造論圓滿。」

（《菩提道次第廣論》附錄）

密咒乘是阿底峽最終目標，陳玉蛟（後時出家名爲如石法師）著《阿底峽與菩提道燈釋》如是說：「所謂『咒力』，總而言之，一切陀羅尼的儀軌都是『事續』。由於唸誦陀羅尼等咒——一切密續典籍所出密咒的能力，將可獲得悉地。問：陀羅尼儀軌是什麼呢？答：就是『息增等』及懷、誅八種儀軌。『修寶瓶等八大悉地』指：寶瓶、捷足、寶劍、遣使、遁地、隱身、如意樹和國政。『等』字指：眼藥、小丸、飛空、降穀雨、製成白芥子現種種身、占圓光而生神通、神變等間接攝受及治罰事業悉地。由唸誦和禪定修成所有這些悉地——息災、增益、懷柔、誅殺以及世間八大悉地以後，就能迅速不費力地圓滿福德與智慧兩種資糧。」

持咒是密宗特色之一，不論祈求、供養、法會、入壇、研討、吃飯、穿衣、生病、沐浴……都要誦咒；咒語之多，不可勝數。密宗持咒的目的不外乎二種：一是修定，一是求加持感應。但是想要透過持咒來得深定是很難之事，因爲有咒音及口行的干擾；不離語言文字相故，就算得定，也是初淺的定。密宗持咒表面上是求佛菩薩的加持感應，實質上是求鬼神的保護、降福、消災等比較多，如度母咒、瑪哈噶拉咒、黑魯迦咒、蓮花部咒、金剛部咒、大白傘蓋佛母長咒、蓮花生大士咒、宗喀巴大師名稱咒、長壽三尊陀羅尼、尊勝佛母咒、金剛手陀羅尼、具密妙吉祥陀羅尼、三怙主陀羅尼、六字大明咒、不動如來陀羅尼、十一面觀音陀羅尼……，多得不勝枚舉，大多是與羅刹、夜叉等鬼神相應之咒，是由鬼神假冒佛菩薩的相貌來感應。若與鬼神打交道，首先要給鬼神好處，鬼神才會造作類似降福消災延壽等表相情形出來，實際上根本沒有眞的作用，只是看來似乎有消災降福的模樣；因此「菩提道次第廣論團體」，經常要作「廣大供養」、「火供」、「祈求」、「誦經」等等法會，利用咒語與鬼神溝通，得到鬼神的加持幫忙，讓世間生意越作越大而成爲商業性財團，但是卻離 佛陀正法的修證越來越遠，因爲對於世間法的貪愛染著已經更爲嚴重，當然離道更遠。

其實　佛說的「**咒**」，又稱「**陀羅尼**」，又稱「**總持**」，是代表一部或多部「**經**」的總綱，只要持咒而念不忘失，就表示心中對一部或多部經有「**總綱憶持**」之功德，以此「**總持**」念不忘失的正見加持，以求減少修學佛法的障礙，護法諸天及諸善神也都會因此而護持，不令發生意外，以利增長道業之善淨因緣提早成熟；或者有一些咒與佛、菩薩、護法神等願力相應，因持咒而得到感應加持，一生便得見道而實證般若之理體—實相心如來藏—就能證入中道的現觀境界中。因此若要持咒，就得要持眞正佛菩薩說的咒語：如大悲咒、楞嚴咒等，千萬不能持唸密宗裡面與鬼神相應的密咒，以免鬼神相應以後產生負作用卻無法遣去，所謂「請神容易送神難」，精神病院中的所謂「學佛人」，半數以上是這一類人。而且這樣的持咒也只是在事持的部分，眞正的持咒乃是要在理持的修證上用心；能夠如理而持，此持咒的圓滿乃是九地菩薩修學的無生法忍四無礙辯功德，也就是九地菩薩能證、能解、能知、能修大乘諸法的**總持**，由此緣故而證得四無礙辯之廣大功德，以此「於法、於義、於辭、於樂說」普皆無礙之總持門功德，而能無私無我的廣利眾生普雨法雨，成就力波羅蜜多，如此才是眞實圓滿持咒者；但藏密的持咒卻是與此理持完全相反，都是在世間法上用心。

密宗透過密咒語來修息災、增益、懷柔、誅殺四法，及修寶瓶等八種及八大悉地。息災謂息滅橫死、疾病、時疫、魔害、傳染等災害。增益謂增長壽命、形色、威光、勢力、功德、財寶及所求等事。懷柔謂懾服與勾召眷屬，加深彼此的情執。誅殺謂以五種不淨物供養而祈禱鬼神加禍於敵人的詛咒儀式。八大悉地謂八種世間成就，在上述《道燈釋》中說有兩類，一是寶瓶等八種，一是眼藥等八種。密宗說，如此修習之後，就能很快的圓滿福智二種資糧。有了悉地，就有了欲樂而想要進修四部密續，即事部、行部、瑜伽部、無上瑜伽部。宗喀巴《密宗道次第廣論》第三十七頁說：「若須觀待眾多外事，乃是事部之機。若待外事內定等分非待極多外事，即是行部之機。若於外事內定二者，以定爲主，待少外事，是瑜伽部之機。若不觀待外事，能生無上瑜伽，是無上瑜伽部之機。此依解釋名義而說，謂由外事增上故名事續，事定等行故名行續，重內瑜伽名瑜伽續，較此瑜伽更無過上，故名無上瑜伽續也。」「外事」謂沐浴、清潔等外在舉止；「內定」則謂內心之三摩地。修四部之前一定要求師長灌頂，灌頂中，所謂密宗的祕密就在其中。密宗的秘密有兩種：法性秘密及緣起秘密。前者謂覺知心與覺知心所知的空，這二者之間雙運之「解脫道」；第二種祕密是說，藉男女合修雙身法之淫觸爲緣，而觀樂受空無形色所以是空，所以樂受與空不二，誤以爲這樣長住於淫樂中就是報身佛的解脫樂，其實與外道五現涅槃中的第一種完全相同，即是密宗貪欲爲道之法，佛教研究學者們稱之爲左道密宗。

至於灌頂之法有多種，或用觀想，或以實體，悉皆不離男女兩性之貪欲上。阿底峽又說：「初佛大緒中，極力遮止故，密與慧灌頂，梵行者勿受。倘持彼灌頂，安住梵行者，違犯所遮故，失壞彼律儀。其持禁戒者，則犯他勝罪，定當墮惡趣，亦無所成就。」阿底峽如是說：修行人不能受密灌與慧灌，因爲密灌與慧灌是實體男女兩性合修之淫道，與修梵行背道而馳；如果修梵行的人接受密灌與慧灌，將會違背三昧耶戒，就成爲他勝罪，必定墮地獄。但是還有補救辦法，讓修梵行的人可受密灌與慧灌，所以阿底峽最後補充說：「若聽講諸續，護摩祠祀等，得師灌頂者，知眞實無過。」他說：修梵行者如果要受實修男女雙身法之密灌與慧灌，必須要「知眞」才無罪。但是密宗諸師從古以來，未曾有人知眞，所謂「知眞」即是證悟如來藏而了知如來藏眞如性也；但是密宗所謂的知眞，卻是知道「雙身法是眞正成佛之道」，與佛法中所說的了知眞實法—

法界萬法的根源—完全無關。如是，密宗諸師所受之密灌與慧灌皆有過失，而且是地獄之罪，因爲他們否定第八識故將永遠不可能證眞的緣故，因爲他們廣修雙身法而師徒亂倫、親屬亂倫應下地獄的緣故。以上所述是有關阿底峽《菩提道燈論》約略平議，至於密宗之其他怪誕之事，後當再議之。

第三章 《廣論》道前基礎之平議

第一節 法殊勝之平議

《略論釋》引宗喀巴致仁達瓦書，並說：「《現觀莊嚴論》所說應修次第，尚不易知，一讀《炬論》，即能了解。論中所云餘軌式，指共通乘及小乘。云勝者，以無著至金州大師，龍樹至大智鶌，諸善巧皆備，故非餘軌之所能逮。能知《炬論》之三殊勝，亦即於廣中《朗忍》，無不具足。」（《菩提道次第略論釋》上冊，四十三頁）上文中所說阿底峽所造《菩提道炬論》（即菩提道燈論）的殊勝，即是《菩提道次第廣論》的殊勝。《廣論》文中，宗喀巴說：「此論教授殊勝分四：『通達一切聖教無違殊勝、一切聖言現爲教授殊勝、易於獲得勝者密意殊勝、極大罪行自趣消滅殊勝。』」（《菩提道次第廣論》，第八頁）但是《廣論》眞的具有這四種殊勝嗎？我們將在此章節中給予平議。

第一目 《廣論》所言與聖教相違

前章已舉例辨正說《菩提道燈論》不切實際，處處與聖教相違；而《廣論》依《菩提道燈論》而造，當然也不切實際，也是處處與聖教相違。依《菩提道燈論》及《廣論》三士道的內涵，就都已經把聖教修學次第顛倒了。譬如《廣論》把末轉法輪唯識經的增上慧學—究竟佛所依憑的一切種智—說爲不了義，代之以金剛乘雙身法的樂空雙運第四喜；把次轉法輪的般若經說爲最究竟最了義之學，把初轉法輪阿含經所說的「本際」說爲空相，謗爲非實有的施設名相，再把貪道淫穢的密咒說爲無上法。爲了顯示法的殊勝，又妄說是依於聖 彌勒菩薩的《現觀莊嚴論》而說；但《現觀莊嚴論》並沒有說佛道次第是由下士而中士、而上士、而金剛乘，並且《現觀莊嚴論》解釋般若道次第時，聖 彌勒菩薩處處講說眞實四加行之見道，及悟入眞如實法，乃本來無生現成之義，例如「由下下等別，許爲九種相，經說無數等，非勝義可爾；佛許世俗中，大悲等流果，不可說性中，不可有增減，則所說修道，何斷復何得？如所說菩提，此辨所欲事，菩提眞如相，此亦彼爲相，初心證菩提，非理亦非後。」、「證彼無間因，具多福德相，垢盡無生智，說爲大菩提，無盡無生故，彼如次應知。」（彌勒菩薩造頌，索達吉譯，米滂仁波切注疏，《慧光集－現觀莊嚴論注疏》，寧瑪巴喇榮三乘法林佛學會出版，頁二六－二七、二九。）至於《廣論》三士道及金剛乘的內容，更與　佛說的解脫道與佛菩提道次第及內容完全違背，很明顯的，《廣論》處處與聖教相違，全書只是凡夫外道的妄想所說，目的是假借顯教經論的名義，公然以密宗金剛乘的邪法來取代佛門中的正法。

《廣論》第九頁說：「達彼一切悉無違者，謂於此中解了是一補特伽羅成佛之道，此復隨其所應，有是道之正體，有是道之支分。此中諸菩薩所欲求事者，謂是成辦世間義利，亦須徧攝三種種性所化之機，故須學習彼等諸道。如《釋菩提心論》云：『如自定欲令，他發決定故，諸智者恆應，善趣無謬誤。』釋量亦云：『彼方便生因，不現彼難宣。』自若未能如實決定，不能宣說開示他故。」

《廣論》說，成佛之道即是與聖教無違的三士道，其中有正體、有支分，菩薩爲了利眾，就必須瞭解二乘各個根機的不同，所以菩薩必須學三士道。又引《菩提心論》說：「如果要使眾生發起堅固信解，智者自己要先善於無錯誤的了知引生的內容及方法。」又引《釋量論》說：「引導眾生的種種善巧方便，自已若無修證，是很難向眾生宣說的。」以上是宗喀巴所說。

《廣論》三士道的主要內容：「下士道是生起歸依心，中士道是生起出離心，上士道是生起菩提心，再來是修空正見，最後入金剛乘。」但是縱觀其內容的確是與聖教相違，說明如下：

一者，找遍 佛說的經教，從未有「三士道次第」之名、法，假使聖 彌勒菩薩曾宣說「三士」之名，內容也與《廣論》所說完全無關；聖 彌勒菩薩所說的三士，不是如《廣論》所說的修學佛法的道次第，本章第四節中當會說明。

二者，《廣論》之道次第很明顯的劃分成三個階段，先修人間善法的下士道，修完下士道再修中士道的解脫道，修完中士道再修上士道的菩薩法，按次第修習不能越級。但事實卻不是這樣的，眞正的佛法不是把人天乘、小乘、大乘的學習切割得一清二楚，眞正的佛法只有一乘，即 佛所說的「一佛乘」，就是指佛菩提道，而佛菩提道就已經包含人天乘的世間善法及二乘的解脫道。世間人天善法、解脫道、佛菩提道的修習，可以同時進行：一方面行世間善法，一方面降伏煩惱求證解脫道初果乃至其餘三果，另一方面又同時於外門廣修菩薩六度波羅蜜，進求親證法界實相眞實心如來藏。證得眞實心後才算進入佛法內門，進入佛法內門以後還是要繼續行世間善法，繼續除煩惱，繼續廣行菩薩道，直至成佛。學佛雖然有其次第，但這個次第是以證果的先後而分，學佛人先要斷我見證初果，再次求證菩提眞心，然後按照菩薩位的各階段次第增上，福德與智慧都究竟圓滿時才能成就佛果。其中，法的親證因個人根器的不同而有同有異，次法資糧的修集更是因爲根器及種種因緣不同而千差萬別。菩薩法道又有迴心、直往的差別，直往當中又有戒慧直往、戒定直往的差異；迴心者，又有聲聞不定種姓未斷我見前發心迴向大乘道者，又有證得初果後發心迴向大乘道，復有證得二果、三果乃至證得四果阿羅漢而迴心大乘者；四果當中又有證慧解脫而迴心者，或證俱解脫而迴心者，又有證得三明六通的大阿羅漢迴心者；亦有先修解脫道智慧之出離法要者，然其往世人天善法之世間福德欠缺，後迴入大乘而補修人天善法的福業者；復迴心大乘的二乘行者，由於十住位中菩薩外門六度的修證資糧之成就與否，而迴入初住、二住、三住位，乃至六住位來修大乘法，其中所修情形次第乃是有種種無量差別，不勝枚舉。哪有像《廣論》所述：「**先修人間善法的下士道，修完下士道再修中士道的解脫道，修完中士道再修上士道的菩薩法，按次第修習不能越級。**」如果按照《廣論》所述三士道的次第修習，光是世間善法，無量劫也無法圓滿，何況中士道？故說《廣論》三士道，不是學佛的道次第，乃是宗喀巴的虛妄想所成。

三者，《廣論》所說，沒有五蘊、十二處、十八界爲依，也沒有第八識阿賴耶識爲主體的緣起性空，違背阿含解脫道聖教的因緣觀、緣起觀的法則；《廣論》所說乃是斷見外道的無因論者，同時又把雙身法的意識境界說爲常住法，故又成爲常見外道法；但佛法遠離斷常二邊，故其所述斷見論、常見論，非佛法離斷常之中道義。

四者，《廣論》所說菩提心並不是入金剛乘的前行準備，因爲藏密的菩提心乃是誤會的菩提心，並且大乘法的修學是不需要入金剛乘的；而且入了金剛乘，所學所修都是意識境界，所謂的金剛乘乃是取自印度教外道性力派的雙身淫樂修法，以喇嘛們修雙身法時的性器官堅固不軟而說爲金剛，自我高抬爲金剛乘，其實乃是欲界最低下的法，連出離欲界都沒辦法，何況能進入色界境界；修金剛乘行者都永遠無法證得初禪乃至四禪的色界定，解脫道中所斷的我見也都無法斷。連二乘解脫道的斷我見都沒有實證，何況更殊勝於二乘的大乘法明心見道。又自生妄想而以觀想所得的明點當作是如來藏空性心，連如來藏空性心四種能遍一切的道理都不清楚，誤會空性心如來藏大矣！若以《廣論》所說而修而行，一定無法稍知如來藏而進不了大乘法中，更何況證得菩提心如來藏。假設大乘學人依《廣論》所說而入金剛乘修學以後，反而會毀壞大乘菩薩戒，毀戒後絕對不能成佛，還得因爲犯了重戒而墮落地獄受苦無量，後在三惡道流轉生死極多劫，受苦無量。

五者，《廣論》所說要證得至高無上的「空正見」，其實《廣論》說的「空正見」乃是斷滅無因論的一切法緣起性空，因爲他們所說的緣起性空乃是依據蘊處界的斷滅而施設的，仍不能脫離世俗法；二乘菩提所說世俗諦一切法空的「空正見」，是基於信受佛語，知有無餘涅槃的本際不滅，非斷滅境界，這不是密宗靠意識思惟想像所得的非有非無的假「實相」中觀；更不是藏密雙身法樂空雙運的「空正見」意識常見境界。藏密所說的「空正見」只墮於空邊，乃是斷滅空，非眞實空，連二乘菩提的蘊處界空相之法都無法正知，更何況佛菩提道的眞心實相的空性心；他們認定爲最高修證的樂空雙運第四喜「報身佛」境界，則只是常見外道意識境界，純屬欲界中的有漏貪著境界，故其所說的「至高無上」的「空正見」乃是虛妄想的邪慢。

六者，佛第三轉法輪唯識諸經是增上慧學，乃「**上上根器**」的久學菩薩才有能力修證，乃是地上菩薩所必修者，三賢位菩薩也只能隨善知識的因緣而熏習而已，凡夫及阿羅漢愚者連聽聞都不懂，更何況修學；障重尚慢如宗喀巴者，則唯有誤會一途。因此唯識種智增上慧學，絕非《廣論》所說的「**不了義鈍根所學**」者，反而是已悟得如來藏的證悟菩薩才有資格修學的勝法，故《廣論》所說乃顛倒至極的破法邪說。

七者，金剛乘更是貪著淫穢，與聖教背道而馳之法。假借佛法名相，實行凡夫外道法，貪著欲界低下淫樂境界，與聖教解脫出離法相悖離，故金剛乘乃徒增邪見、無明、煩惱、惡業的愚癡行者所樂、所修。

所以菩薩修學成佛之道的大法，如果按照《廣論》之三士道次第修學，一定不會知曉大、小乘解脫果如何修成，也不知小乘聲聞人入無餘涅槃之本際是什麼，更不知大乘道眞正入門在何處，也不知道菩薩悟後起修如何增上的道理。如此不知、不解、不證佛法，如何能如《菩提心論》與《釋量論》所說「與大眾宣說」呢！如果按照《廣論》之三士道次第修學，必定違背聖教，輕者遠離正法，重者成就謗法、毀戒之重罪，行者自身未蒙其利而先受其害，所以不該依止《廣論》而修學。

佛宣說正法，分為五時三教而次第說法，方便誘導學人從阿含教漸次進入大乘教，**五時為華嚴時**、**阿含時**、**般若時**、**唯識時**、**法華時**；三**教是阿含教**、**般若教**、**唯識教**。華嚴時是始教，頓說整個佛法次第；法華時是圓教，包含《大般涅槃經》的見性成佛，收歸佛法究竟圓滿的諸佛境界，故圓教又名終教。若以三教來說，是從《阿含經》開始，即是第一時教；《阿含經》講的是四聖諦、八正道、十二因緣等二乘的解脫道，讓眾生瞭解斷見思惑煩惱可以出離三界，捨壽可以入涅槃；同時，《阿含經》也說，二乘入涅槃不是所有的法都滅掉，佛說滅掉十八界進入無餘涅槃中，還有一個「實際」不滅；這個「實際」是各個眾生無始以來本來就存在，是不生不滅的，涅槃則是依祂的不生不滅而施設的。因此，無餘涅槃中不是像宗喀巴所認定的一無所有；藏密外道恐懼入涅槃後成為斷滅境界（此即阿含中 佛說的於內有恐怖），因此藏密才不得不回頭反認生滅性的意識為常住法，正好落入我見中。但是，二乘的解脫只是作個自了漢，只是得阿羅漢或辟支佛果位而已。二乘人雖然知道無餘涅槃中有「實際」，但是無智觸證「實際」，所以沒有般若智慧，故雖已是聖人而仍然被 佛陀稱為愚人；愚人雖能得到解脫、出離三界，故非凡夫而是聖人，但是仍有很多深細煩惱隨眠還沒有斷除，所以還不是佛，不究竟故。於是，佛到了第二時教，再轉第二法輪而宣講《般若經》，讓眾生了知：當行自利利他的菩薩法道才能成佛。這就是第二時教佛菩提道的般若期，教導大眾迴心大乘，一方面繼續修證解脫而利自身，同時也要熏修及實證佛菩提智，具有自他兩利之實相智慧證德，佛菩提道就是函蓋解脫道與菩薩行的六度四攝。眞正的菩薩行，是於內門廣行六度四攝，此時必須要有一個基本的基礎前提，這個基礎前提就是先要觸證空性心如來藏，菩薩證得空性心如來藏以後才能開啓般若智慧，繼續進修增上而趨向相見道位的般若智慧見道圓滿；菩薩以實相般若智慧來行內門的六度四攝，將會有事半功倍的效果，轉依法界實相的智慧必能符合因果的正理，功德無量無邊故，必定事半功倍。因此 佛第二轉法輪時期開演大乘了義法時，主要是宣講《般若經》。《般若經》主要說的是蘊處界一切法空相與空性心如來藏，加以濃縮則成爲《金剛經》，再加以濃縮則成爲《心經》；此《心經》所說的空性心名爲非心心、無心相心、無住心、不念心、菩薩心、金剛心……，菩薩證悟此心以後，依據《般若經》中開示而現觀諸法空相中同時有一法不空，此一法就是「眞實如來藏」，也就是《阿含經》講的無餘涅槃中的「實際、本際」，佛於《般若經》中處處提到「非心心」、「無心相心」、「不住心」、「菩薩心」、「眞如」、「法身」等等名相，這些名相都是如來藏的別名，總說爲第八阿賴耶識，或說爲如來藏。

阿賴耶識心體無形無相，其相是空，而心體內含藏著無量無邊的習氣種子及有漏無漏諸有爲法的各類種子；種子有其功能差別，是有自性，不是只有語言文字的名相施設，所以阿賴耶識心體說爲空性心，是空而有性——由於心體空無形色而有自性的緣故。菩薩觸證空性心，般若智慧種子頓時現起，從此菩薩才算眞正的踏入大乘佛門，開始眞正的學佛。這時菩薩證空性所得的般若，只是總相智而已，對於阿賴耶識的體性只有粗淺的認識，必須悟後轉入相見道位，起修見道位所攝的後得無分別智，即是別相智，對阿賴耶識的體性冉作更深的現觀瞭解與親證；從菩薩觸證空性到悟後起修別相智完成，這個過程就是佛第二轉法輪宣講《般若經》的內容，若能圓滿親證《般若經》所說內涵，即成爲十迴向位滿心的菩薩，學佛的第一大阿僧祇劫到此圓滿，即將進入初地了。

如是可知，《般若經》雖然說是大乘了義法，但是仍不究竟，其上還有更深細、地上菩薩所必修的道種智要學，若不修道種智，不能欠第圓滿具足道種智而改名爲一切種智，菩薩就不能成佛；於是到了第三時教，佛又第三轉法輪，宣講唯識方廣等諸經，鋪陳菩薩成佛之道應知的一切法要；菩薩若圓滿道種智，就是佛地的一切種智已經證得了，此時究竟成佛，又稱爲一切智智的親證者。因此，《解深密經》說，唯識諸經是無上、無容、最究竟了義的菩薩大法，沒有其他法可以超越唯識諸經所開示的增上慧學。開經偈說的「微妙甚深無上法」，指的就是般若及唯識方廣諸經的菩薩增上慧學；菩薩修學增上慧學，親證法界實相如來藏中所含藏的一切菩提道種子的般若種智，以此深妙種智來說法，廣度一切眾生，成佛所需福智莊嚴修學圓滿時，不但自己成佛，也利益一切有緣眾生將來能畢竟成佛，這就是解脫道與佛菩提道二道並行、別無他法的約略說明。總之，無始以來沒有不證一切種智的究竟佛，一切種智則是實證第八識如來藏所含藏一切種子的智慧，正是佛法中最究竟、最終的智慧，宗喀巴的《廣論》卻加以否定，顯然不是正確的佛法，反而是破法者所說的外道知見。

《廣論》第九頁又說：「阿逸多云：『諸欲饒益眾生，由道種智成辦世間利。』勝者母中亦云：『以諸菩薩應當發起一切道，應當了知一切道，謂所有聲聞道，所有獨覺道，所有佛陀道。如是諸道亦應圓滿，亦應成辦諸道所作。』」此意是說：既然「三士道」與聖教不相違，那麼菩薩就要如同聖 彌勒菩薩說的，要修「道種智」來利益眾生；或如《般若經》說的，要修三乘道並圓滿成辦三乘道。

但是問題來了，「**道種智**」並不是如日常法師依《廣論》的內涵，而於本文前章《現觀莊嚴論》一章中所解釋的：「**道種智是一切法的差別相**」。所謂「**種智**」就是阿賴耶識中所藏種子的智慧，種子又稱「**界**」，又稱「**功能差別**」，由於功能差別的不同，而產生了種種界限，例如眼識只能見物而不能聽聲等等。當菩薩證得空性如來藏時，稱爲眞見道，此時所得的般若智慧只是「**總相智**」；菩薩悟後深入思惟觀修，而於一切境中現觀空性心如來藏的一切法性，逐漸瞭解空性心如來藏體性較微細的部分，稱爲相見道，此時所得的般若智慧是「**別相智**」；別相智圓滿時，即是十迴向位滿心的菩薩，已具足般若智的總相智與別相智故。然而總相智與別相智都是 佛第二轉法輪大、小品《般若經》所說之般若，還沒有到達修證道種智的階段。所以學人一定要先證悟空性心如來藏爲前提，才讀得懂大、小品《般若經》到底說些什麼；《般若經》並非只拿來唸誦，或是誦後作迴向給某人病體早日康復而已。雖然誦經有功德，但是與證經、解經、持經、行經、說經等功德相比，其功德不大，主要還是要觸證經中所說的空性心，觸證之後才能全盤瞭解《般若經》的內容，然後轉依空性心而運行經中之理於生活中，生起自受用功德以後，還要生起他受用功德，爲眾生宣說經中妙義，利益無邊眾生，如此才是大功德。

菩薩證得總、別二相智圓滿後，進入初地入地心，再起修佛菩提道的種子智慧，修證的內容即是如來藏中所含藏一切種子的智慧；一切種智修學尚未圓滿時，就是諸地菩薩未圓滿的一切種智，稱爲道種智；從初地直到成佛之前，這期間要斷煩惱習氣與所知障，此時所得的智慧，稱爲菩薩道種智。無生法忍道種智只有地上菩薩才有，是　佛三轉法輪唯識方廣諸經所說的智慧，是修證初地菩薩無生法忍乃至十地無生法忍之八識心王一切種子的智慧，是斷分段生死及變易生死的智慧，亦是終能成就四種涅槃之智慧，即是唯識諸經所說的唯識學，即是大乘法中的增上慧學。綜觀整本《廣論》，卻都不提、也不修菩薩所修的道種智內涵，而《廣論》中卻又說要修學道種智，豈不是違背聖者　阿逸多（彌勒）菩薩所說：「**要修道種智以利益眾生**」之言？更何況宗喀巴不承認有阿賴耶識（宗喀巴否定阿賴耶識，當在「別學毗缽舍那平議」中詳說），若一切法空而沒有阿賴耶識來收藏一切種子，又哪來道種智可修呢？道種智所修證的種子內容，都含藏在阿賴耶識心體中，若如宗喀巴一樣的否定了此心，連此心都沒有的話，哪來的智慧來證得種智，又如何能修證阿賴耶識心體中含藏的一切種子，而說能修道種智的智慧？所以宗喀巴乃是虛應掩飾，竊取大乘經論中的佛法名相，套用在自己所雜集邪見的《廣論》中，用以欺瞞學人，使人誤以爲密宗也是佛教的修行法門而進入密教中轉學雙身法；《廣論》以三士道爲掩飾，而將隱語所說的雙身法止觀行門編排在後半部，原因就在這裡。

再說，《廣論》說要修、要證、要圓滿成辦三乘道，除菩薩道外，餘聲聞道、緣覺道，也是《廣論》所說的支分。他既然說一定要證得聲聞道、緣覺道，要瞭解支分，才能修密宗道，問題又來了：二乘人要趣入無餘涅槃，一定要如《阿含經》說的，以信有「本際」而趣入涅槃作爲前提；《阿含經》說的「本際」就是空性心如來藏；而《廣論》主張一切法緣起性空，沒有如來藏本際存在，否定如來藏，因而使二乘人入無餘涅槃成爲斷滅空，違背 佛所說涅槃是眞實、是常住不變的聖教，所以《廣論》所說是不符佛說。至於二乘人如何斷煩惱，如何眞正般涅槃，這將在本書〈中士道之平議〉中細說，此處暫時不述。並且，

《廣論》說，要先證得聲聞道、緣覺道、佛菩提道，才能修證密乘，如今現見宗喀巴、阿底峽、寂天、月稱、佛護……等古今密宗諸師，都沒有斷我見，當然更不可能斷我執，聲聞教中的初果第一關就已經無法通過了，顯然他們都沒有自己所設修學密乘的資格；更何況《廣論》所說內容乃是集戲論之大成者，盡是邪見虛妄想，如何能修證聲聞道的解脫果？接著緣覺道的因緣觀，也是一樣要依十因緣觀所說的本識阿賴耶識心體實有，才能觀行成就，要認定名色等一切法都是由本識如來藏出生的，必須以這個知見基礎來修證因緣觀，否則必定無法成就十二因緣觀〔編案：詳見《阿含正義》書中舉證細說〕，藏密諸大派如宗喀巴等，他們否定了本識阿賴耶識心體的存在，當然也是不可能成就因緣觀的，因此，依他們自己規定的標準，當然也沒有資格修證他們自設的密乘。至於佛菩提乘的修證，一定得先親證如來藏心，才能通達般若總相智、別相智，才能進而修學道種智而成就一切種智；但藏密宗喀巴等人，卻極力否定如來藏本識的存在，顯然是還沒有進入佛菩提道的見道位；他們極力否定本識的存在，連信位都不滿足，對於證悟菩薩最基礎的般若總相智都還不能修證，何況是別相智與一切種智的修證？依照他們的說法，顯然他們更沒有資格修學他們所創設之密乘。因此說，他們為了高抬自己而宣稱「必須先修證聲聞道、緣覺道、佛道圓滿了，才有資格修學祕密乘」，其實正是為自己施設絆腳石，也成為他們否定自己不當說法的例證，因此緣故，宗喀巴於《廣論》所說的修證次第乃是虛妄想的戲論，當然不攻自破，處處敗闕顯露、自相矛盾，卻完全不知道自己是在處處否定自己，還印在書中四處講說，可見他們都是極愚癡的一群人。

《廣論》第十頁說：「眾多趣入無上瑜伽曼陀羅時，亦多說須受共不共二種律儀。共者即是菩薩律儀，受律儀者，即是受學三聚戒等菩薩學處。除發心已如其誓受學所學處而修學外，雖於波羅密多乘中，亦無餘道故。又金剛空行及三補止，金剛頂中，受阿彌陀三昧耶時，悉作是云：『無餘受外密，三乘正妙法。』受咒律儀須誓受故，由見此等少有開遮不同之分，即執一切，猶如寒熱偏相違者，是顯自智極粗淺耳。」無上瑜伽即是雙身法，是追求最大淫樂、遍身淫樂，也是追求每日十六小時長時間淫樂的欲樂享受法，在西藏喇嘛教宮殿中的喇嘛們就是這樣「精進」「修行」的。宗喀巴如是之意是說：「要趣入無上瑜伽，也必須受菩薩戒，及受學菩薩學處；而無上瑜伽與菩薩戒只有少許開遮不同而已，如果你要強行分開就如同寒與熱兩極相背，那就表示你的智慧粗淺。」《略論釋》

解釋說：「如顯教遮貪瞋癡，而密法乃以貪瞋為用；又如顯教斷酒肉，而密法用酒肉；又如下士道以得人天果為足，中士道以出離為足，上士道乃以菩薩為足；初觀似有不同，實乃應機而有差別，非佛語有相違也。」（《菩提道次第略論釋》上冊，四十四頁）如上說法其實是強詞奪理，若智慧高者就可起貪、起瞋、愛飲酒、貪食肉、貪邪淫，那麼菩薩何必努力清淨自心？受菩薩戒又有何用？菩薩的慈悲喜捨又在哪裡？他教人要多受戒而多犯戒，反而不如俗人中不受戒而不犯戒者；他還推說是稍有開遮不同而已，事實上乃是根本不同、全盤不同，那都是自欺欺人。處於這種邪淫外道的無量邪見之中，還要把完整的佛菩提修學次第，強行劃分為三士道，改變了佛菩提道的次第與內容，用外道的貪欲法來取代眞正的佛法，處處與聖教相違，怎能說與聖教無違呢！

宗喀巴說：「要趣入祕密乘，就要先受菩薩戒，進入密教後再受密乘的三昧耶戒。」但是菩薩十重戒與密乘三昧耶戒處處相違，正如寒熱兩極不相容，這是宗喀巴等所有密乘古今祖師都曾注意到的，才需要編造歪理來自圓其說。受菩薩戒者不殺、不食眾生肉，密乘的三昧耶戒卻要殺、要食眾生肉；菩薩戒中不邪淫，三昧耶戒卻一定要邪淫，而且要大大的貪淫，要二六時中皆修雙身法，追求遍身最大樂受，以及一整天、一整月、一整年、一生的全身最大樂受；菩薩戒中不飲酒，三昧耶戒卻規定要飲酒等等（詳細內容於本書〈上士道章〉中再評論）。受了菩薩戒後再受三昧耶戒，決定會破菩薩戒；破菩薩重戒而不如理如法作懺悔，決定會下墮地獄，這是《菩薩優婆塞戒經》、《梵網經》等多部戒律經典都這樣說的。如果學人受了菩薩戒，就決定不能入祕密乘；反之，如果要入祕密乘，就不該受菩薩戒。因爲菩薩戒是清淨的，密乘的三昧耶戒卻是極度染污與執著的，兩者根本不能相容。宗喀巴卻想要自圓其說：「**由見此等少**（稍）**有開遮不同之分，即執一切，猶如寒熱徧相違者，是顯自智極粗淺爾。**」但是爲何是顯自智極度粗淺，他卻以不通邏輯的說法來自圓其說：寒熱可以同時同處存在，不知這個道理的人是極度愚癡。假使極寒、極熱可以同時同處存在，那麼一切人都可以在北極極寒處同時領受到極熱的熱風了（編案：但即便如此也是同時領受到寒與熱，如同善惡業的果報皆昭昭不昧而不能相抵，所以世間不乏有福報的畜生、鬼神）；但是密乘的行者卻會相信宗喀巴的說法，都無智慧加以抉擇。這分明是宗喀巴打妄語，欺騙眾生之語，也是籠罩而引君入甕之語，有智慧的人絕對不會相信。

《廣論》第十一頁說：「如佛母中云：『所有去來現在佛，共道是此度非餘。』是趣佛陀道之棟梁，故不應捨。」《廣論》十一頁接著又說：「若於其上更加密咒諸不共道，灌頂、三昧耶律儀、二種次第及其眷屬，故能速疾趣至佛陀。」宗喀巴引《般若經》說：「過去、現在、未來諸佛，所修的共同道，就是六波羅蜜，除此之外別無他法，所以不應該棄捨。」宗喀巴如果允許六度、十度波羅蜜多是諸佛所共，別無他法的話，就不必添加密咒及灌頂等等貪道淫穢之法，因為六度、十度波羅蜜多，就是趣佛陀道之棟樑，「**是此度非餘**」，他卻還要再加上密咒及雙身法，豈不是多餘？何況密乘法是貪道淫穢之邪門外道，落在意識境界中，連最基本的聲聞道所斷的我見都不可能斷，也全都與般若實相智慧無關，還說「能速疾趣至佛陀」，眞是說謊不先打草稿。

第二目　《廣論》不是聖言也不是現為教授

很多密乘中人認為：只要熟讀《廣論》，從下士歸依、業果，到中士苦集門、十二因緣，到上士菩提心、六度四攝、奢摩他、毗鉢舍那，直到勸請入金剛乘，認為這個就是最圓滿的聖教，而且相信如此而行就可以解脫乃至成佛。那眞是大錯特錯了！熟讀《廣論》者，如新竹鳳山寺的日常師父、達賴喇嘛、印順，乃至宗喀巴自己，都是我見未斷者，他們連二乘聲聞的初果修證都弄不清楚，都同樣落入意識境界，都被三縛結緊緊的繫縛著，如何談解脫呢？如何圓滿聲聞道而趣入他們所謂的祕密乘呢？如果你眞的熟讀《廣論》，你將會發現，《廣論》處處違背聖言，依之修學，豈只不能斷我見、證初果，最後必定下墮惡趣深坑，因爲處處是毀壞佛教正法的行門與理論，因此《廣論》絕對不是殊勝教授。至於什麼是殊勝教授？套句宗喀巴自己所說的話：「一切聖言現爲教授者，總之能辨諸欲解脫，現時久遠，一切利樂方便者，是即唯有勝者至言。已能開示一切取捨要義，盡離謬誤者，獨唯佛故。」意思是說：「**不論現時未來，只有佛說的經教才是現前正確的教授，因爲只有佛能無錯誤的開示，才能讓眾生證得解脫果。**」所以只有　佛說的經教以及諸大菩薩依　佛說的經教所造的大論，如《瑜伽師地論》等等，才是殊勝教授；依宗喀巴的說法，他所寫的處處違背　佛陀聖教的《廣論》，當然是不該被遵循的。

《廣論》第十二頁說：「諸契經及續部寶勝者聖言，是勝教授；雖其如是，然因末代諸所化機，若不具足定量釋論及善教授，於佛至言自力趣者，密意莫獲。」契經是 佛說，當然是寶勝者聖言，也是殊勝教授；續部諸「經」諸論，則是密宗祖師誤會 佛說以後自創的，不是寶勝，也不是聖言，當然也不是殊勝教授。《廣論》這段話想要誣蔑諸大菩薩的論，卻正好成爲針對藏密阿底峽、宗喀巴自己而破；自己未依 佛說來證得空性心如來藏，而以否定 佛說的如來藏來造書立論宣說假佛法，於佛法中另立獨創的己見：如無因論之緣起性空，如認爲第三轉法輪諸經爲不了義，如續部密法的雙身法說是即身成佛之法，都是密乘自創之邪法，因而形成誹謗正法重罪，永遠也證不到諸佛的眞實密意。

佛所說三藏（經藏、律藏、雜藏）十二部經法，透過三轉法輪示現於人天：初轉法輪爲眾生宣說四聖諦及緣起法，應知苦、應斷集、應證滅、應修道；世間以苦、集互爲因果，出世間以滅、道互爲因果。透過修三十七道品及觀修十二因緣法，教導眾生解脫之道。首先應斷三縛結—我見、疑見、戒禁取見—成爲初果聖人；次淡薄貪、瞋、癡，成爲二果聖人；再次斷五種下分結—欲界貪、瞋恚以及更深細的我見、戒禁取見、疑見—成爲三果聖人；最後斷五種上分結—色界貪、無色界貪、掉舉、我慢、無明—成爲四果阿羅漢。二乘人若證四果得解脫，捨壽能入無餘涅槃；但是二乘人害怕滅盡蘊處界全部，入無餘涅槃會成斷滅空，因此 佛在《阿含經》中已說有本際不滅，例如大眾部《阿笈摩》中說有「**根本識**」仍存，上座部中說有「**有分識**」，化地部中說有「**窮生死蘊**」，一切有部《增壹阿含》中說有「**愛**、**樂**、**欣**、**喜等四阿賴耶**」仍然存在而常住不變；所以入無餘涅槃並不是一切法空，不是斷滅空，還有涅槃中的實際獨存不滅，這是初轉法輪 佛對眾生所說的四阿含諸經教證。

佛說四阿含諸經時，已隱說有「**涅槃本際**」，所以無餘涅槃不是斷滅空，亦說涅槃是「**眞實**、**常住不變**」，已證四果的阿羅漢等人都可以放心滅盡十八界的自己而入無餘涅槃。宗喀巴否定了涅槃的本際如來藏，卻說他能證得聲聞道，與 佛在四阿含諸經中的說法相反，是自欺欺人之說。阿羅漢雖已證得涅槃，但 佛在《法華經》卷一又譴責說：【**是諸比丘、比丘尼自謂已得阿羅漢，是最後身，究竟涅槃，便不復志求阿耨多羅三藐三菩提，當知此輩皆是增上慢人。**】實際上無餘涅槃是阿羅漢們不能證入的（詳見《邪見與佛法》一書的說明），而且無餘涅槃也不究竟，佛說還要求得菩薩所證的本來自性清淨涅槃，以及佛地所證的無住處涅槃，阿耨多羅三藐三菩提才是究竟，才是眞實證入無餘涅槃。於是佛在初轉法輪的阿含聲聞教宣說完畢以後，再大開法筵，次轉法輪宣講大、小品般若諸經，顯說四阿含期所隱說的「**涅槃本際**」就是空性心眞如，也就是眞心阿賴耶識。六百卷的《大般若經》並非只拿來讀誦而已，不是性空而唯有名相，而是要實修實證的，眞實去觸證眞心阿賴耶識；觸證後，般若智慧從此開展，才算眞正進入大乘佛門中開始學佛。

但是，這時菩薩只得般若之總相智與別相智，尚有深細奧妙之增上慧學一切種智無生法忍還未知未證，於是 佛再宣說方廣唯識諸經，如《解深密經》、《楞伽經》、《如來藏經》、《維摩詰不可思議解脫經》等等，解說八識心王種子的智慧，此時謂之末轉法輪：第三轉法輪。是第三時教的唯識教。

上說 佛三轉法輪諸經教典，的確深妙難懂，尤其末法眾生根器贏劣，於 佛正法難修難證，於是有諸大菩薩示現，根據 佛說著書立論，詳解三乘菩提道，譬如《瑜伽師地論》、《攝大乘論》、《顯揚聖教論》、《百論》……，廣利眾生，讓眾生有緣者可以藉此等論著而契入經教，證得菩提，得解脫果乃至成佛。

因此所謂聖言者，即是 佛說的經教及諸眞悟菩薩不違 佛說的論著。而言教授者，應函蓋所有佛、菩薩的經、論，才是聖言現爲教授。而《廣論》及《菩提道燈論》卻非如是，《廣論》十三頁說：「**由此教授，能攝一切經論道之樞要，**

於從親近善知識法乃至止觀，此一切中諸應捨修者即作捨修，諸應舉修者即以擇慧而正思擇，編為行持次第引導，故一切聖言皆現為教授。」十四頁又說：「如是若能將其深廣契經及釋，現為教授，則其甚深續部及論諸大教典，亦無少勞現為教授，則能發起執持彼等為勝教授所有定解，能盡遮遣妄執彼等非實教授，背棄正法諸邪分別、罄無所餘。」《廣論》及《菩提道燈論》所說從親近善知識到止觀的所有過程中，從未提及 佛三轉法輪諸經之主旨及諸菩薩大論之修證內涵，譬如生死流轉之因、五蘊十八界等一切萬法之根本、涅槃之本際以及三乘解脫之修證、菩薩地地增上乃至成佛之無生法忍，都未曾宣講，都是以自己施設的理論來扭曲 佛及諸菩薩的意旨。

而《廣論》下士道說要生起歸依心，究竟要歸依什麼心？中士道說要生起出離心，什麼心才是出離心？上士道說要生起菩提心，眞實菩提心又在哪裡？……等問題，想必宗喀巴自己也不知道，他所尊崇的阿底峽也一樣不知道。又《廣論》別學奢摩他，宗喀巴只會抄錄《瑜伽師地論》中的止觀內容，他自己卻無眞修實證的禪定功夫；又毗缽舍那是宣講欲界觀行的法門，宗喀巴卻將它錯當成般若；又《廣論》所言之毗缽舍那，只在破他宗卻不立自宗，實質上則是以不立一法爲自宗，成爲無因論外道宗旨，仍然是立宗，而且是建立邪宗；《廣論》又否定萬法唯心之阿賴耶識，又不知末那識就是意根，一味加以否定；又把無因論之緣起性空當成正教授，落入斷見本質中；又《廣論》所說的般若，完全不是《般若經》說的中道實相般若，都是意識思惟所想像的般若。尚有其餘種種不如經教正理之處，可說是不勝枚舉。因此《廣論》及《菩提道燈論》絕非聖言現爲教授，而是以密宗自己的妄想邪法作爲教授。《廣論》更把違 佛所說的貪道淫穢的密續作爲正教授，引導密宗內的所有學人趣向惡趣，您說《廣論》會是勝教授嗎？絕對不是，反而乃是低劣的欲界異生法，卻自我高推是「勝教授」，何其荒唐。

第三目　《廣論》所言不可能獲得聖者密意

《廣論》十四頁說：「若不依止善士教授，直趣彼等，難獲密意；設能獲得，亦必觀待長久時期，極大勤勞。若能依止尊長教授，則易通達，以此教授，能速授與決定解了經論扼要。」此處《廣論》所說恰與事實相反，如果依止《廣論》所謂的「**善士教授**」，不論花了多長久時間，費了多大的精神勞力，還是永遠得不到聖者密意。而且他所謂的「密意」根本不是佛法實相的密意，乃是藏密的雙身淫樂法無上瑜伽秘密，乃是要配合宗喀巴另外一本書《密宗道次第廣論》的說法而修的，但這個雙身法的祕密只是世間法中的祕密，不是佛法中不可為人明說的祕密藏（如來藏）的祕密；而且到了現在，密教已經沒有什麼祕密可言，已經被 平實導師以《狂密與眞密》四輯全部舉示出來，並公佈在網站，讓有智學子能夠知道藏密是世間法貪淫、亂倫的本質。相反的，佛法的密意乃是「**法界的實相、萬法的根源、因果的所依**」，乃是諸佛告誡不可明說的密意，眾生如果按照 佛說的解脫道及佛菩提道次第修學，將會很快的斷我見，復修大乘見道所應有的法要與次法，當因緣成熟時，一念相應慧現前，也就是證得空性心如來藏，頓時就瞭解諸佛的密意：《阿含經》所說的「**涅槃本際、生死本際**」，《般若經》說的「**非心心、無心相心、金剛心、不念心**」等等密意，即是如來藏空性心。便能實證聲聞道的初果，也能實證大乘教第七住位明心證眞的不退轉住。

新竹鳳山寺「菩提道次第廣論團體」的法師及高階學長們說：「當你讀通了《廣論》，你就等於懂了三藏十二部。」這眞是欺騙大眾，也是自欺之語。鳳山寺所屬的「廣論團體」學人若已精讀了《廣論之平議》，確實瞭解《平議》中所說，並且比對過三乘經典了，到這個時候，不論您是《廣論》的初學者或久學者，都應當生起疑問，反問那些法師及高階學長們：「你們既然通達《廣論》，就應當是找到了聖者密意；除非你們承認尚未通達，所以尚不知聖者密意在何處。然而《廣論》第九頁舉出《釋量論》不是說過『彼方便生因，不現彼難宣』嗎？既然未找到聖者密意，怎能隨便宣說呢？這豈不是未得言得、未悟謂悟而成為大妄語了嗎？」

第四目　學《廣論》極大罪行不能消滅

《大乘方廣總持經》說：【爾時佛告彌勒菩薩摩訶薩言：「阿逸多！此大乘方廣總持法門，非我獨說，過去未來及今現在十方世界無量諸佛亦常宣說。若有眾生於佛所說，言非佛說，及謗法、僧，而此謗者當墮惡道，受地獄苦。」】宗喀巴等藏密的邪說，佛於此經早就破之。宗喀巴等人把唯識諸經說為非佛說，說是後人為了度眾方便才創造、集結而成，把佛所親說並且是最究竟、最了義的成佛唯一所依憑的唯識增上慧學說是不了義法；而把密續中的貪道淫穢欲界雙身法，從印度教性力派的雙身法學來的淫欲享樂法，假冒說為 毗盧遮那佛所說，說是無上法，其實是連聲聞道的我見都斷不了的貪淫凡夫意識境界；如此顛倒事實，已構成謗佛及法、僧，**而此謗者**，佛說**當墮惡道**，**受地獄苦**。

宗喀巴在《廣論》中的種種說法，實質上已經成就謗佛、謗法之業，怎麼可能如修慧法師編述之《宗喀巴大師應化因緣集》一百七十頁所說：「**宗喀巴大師於己亥年**（一四一九．世壽六十三）**十月二十五日成佛後，上升覩史陀天內院彌勒菩薩座前，法名曰妙吉祥藏；大師未來示現八相成道的佛號，名曰獅子吼如來應正等覺**（廣如『經』中授記云）。」無因論斷滅見與常見外道之凡夫，我見未斷之人，又是誹謗正法之人，捨壽後早已在無間獄中承受果報了，怎能修成佛位呢？修慧法師說宗喀巴已修成佛位，卻只能在 彌勒菩薩座下當菩薩，全都是自欺欺人之談；以外道法取代眞正佛法的宗喀巴，我見具在，而且是欲界法中的大貪者，竟然可以成佛，這也是佛門中的千古奇談；修慧法師註記說「廣**如『經』中授記云**」，指的又是哪一部經？也沒看見是哪一部經，應該只是藏密上師創造的密續僞經所說的。再者，若修慧法師所述屬實者，那宗喀巴已於 彌勒菩薩之前就成佛了，但是 釋迦牟尼世尊明明授記當來下生 彌勒尊佛為下一尊佛，顯然兩者授記的說法有出入，一定有一個是錯誤的；佛乃如實語者，不可能錯，那當然就是古今許多藏密行者及顯教夤緣藏密的愚癡凡夫如修慧法師者，不知藏密底細，虛妄高推藏密以籠罩眾生，亦同時誹謗 釋迦牟尼佛之授記，眞是可憐又愚癡。

《大乘方廣總持經》又說：【爾時無垢焰稱起王如來法中，有一比丘名曰淨命，總持諸經十四億部，大乘經典六百萬部，爲大法師。言辭清美，辯才無礙。利益無量無邊眾生，示教利喜。爾時無垢焰稱起王如來臨涅槃時，告彼比丘淨命言：「未來世中汝當護持我正法眼。」爾時淨命受佛教已，於佛滅後千萬歲中，守護流通諸佛祕藏；於此方廣總持法門受持讀誦深解義趣，於彼世界八萬城中所有眾生，隨其願樂廣爲宣說。爾時有一大城名曰跋陀，往彼城中，爲八十億家隨其所樂而爲說法；是時城中八十億人獲淨信心，一億人眾住菩提道，七十九億人住聲聞乘而得調伏。爾時淨命法師復與十千比丘眾相隨俱往，修菩提行。爾時跋陀城中復有比丘名曰達摩，於大乘經方廣正典受持千部，獲得四禪；唯以方廣空法，化彼城中一切眾生，不能以善方便隨欲而說；作如是言：「**一切諸法悉皆空寂**，我所說者眞是佛說」。彼淨命比丘所說雜穢不淨，此比丘實非淨命而稱淨命，何以故？而此比丘所受諸華，不持供養而自受用，塗香末香亦復如是。淨命比丘愚癡無智，不能知我久修梵行；彼既年少，出家未久，我慢無信，多諸放逸；是諸人等無所知曉，謂是淨命持戒比丘。爾時達摩以其惡心謗持法者，身壞命終墮於地獄，經七十劫具受眾苦。滿七十劫已，墮畜生中；過六十劫後值遇香寶光佛，於彼法中發菩提心，於九萬世猶生畜生中。過九萬世已，得生人中；於六萬世貧窮下賤，恆無舌根。】

此段經文本是 世尊以自己在久遠劫前，身爲達摩比丘時的造業痛苦經驗，用來警惕後世學人不可重蹈覆轍之語。達摩比丘不知有本識如來藏常住不變，說「一切諸法悉皆空寂」，即是無因論的斷滅空，與阿底峽、宗喀巴、當今的達賴與印順、日常法師等無因論者否定第八識而說「一切法緣起性空」的說法一樣，違背了四阿含諸經中所說**依第八識而說諸法的緣起性空**，都已成爲謗法者；又說他們的錯誤說法即是 佛所說，陷 佛於不義，又成爲謗佛者。無量世前的達摩比丘以瞋心故，毀謗大乘菩薩僧淨命比丘（即是現在的 阿彌陀佛），又成就謗僧之罪，命終下墮無間地獄，以地獄長劫而歷經七十劫的尤重純苦；再經畜生道六十大劫受苦，才輾轉回到人間，又是貧窮下賤恆無舌根，只能當一個啞巴，如是長劫承受無比大苦。

反觀藏密中觀應成派的阿底峽、宗喀巴，現今之達賴喇嘛及在臺灣新竹鳳山寺的「菩提道次第廣論團體」的僧眾們，以及印順派的諸多四眾們，汝等已經步入當年達摩比丘之後塵，自己卻不知道。世尊開示往世親歷的經驗給我們知道，讓我們可以藉古鑑今，然而眾生愚癡，無明所障，聽而不聞、讀而不信，復入歧途火坑，眞是可憐。從《廣論》所說無根本因的一切法空，否定第八識如來藏的存在；又妄稱無因論的一切法空爲 佛說，不知 佛陀是以根本因如來藏爲前提來說蘊處界等一切法空；《廣論》此說又復誹謗寫作唯識論的諸多地上菩薩聖僧（見《廣論》〈毗鉢舍那章〉對諸大菩薩的誹謗）。如此謗佛、謗法、謗僧之誹謗三寶重罪，乃是極重惡業，是不通懺悔的無間地獄罪，已成就未來無量世的地獄純苦無間果報惡業，何其堪受啊！如今逝者已逝，無法挽救故不須再說；然能救其慧命而尚在人間者，譬如臺灣的中觀應成派繼承者印順徒眾，以及鳳山寺「菩提道次第廣論團體」僧俗四眾，都應謹愼善思及檢查：「讀《廣論》後，如其所述而說而行者，是不是已成就誹謗三寶之重罪了？」亦應謹愼善思及檢查：「如上所述之惡行，因讀《廣論》後所造極大罪行惡業是不是自行消滅了？」

若是具福、具慧者，當有警覺，這時即應努力懺悔惡業，轉而護持正法，並期望早日觸證空性心如來藏，才能深入經藏，並多研討諸經典加以驗證之，深入體驗《金剛經》、《心經》等等般若經，復隨大善知識熏習種智諸法，有能力出世救護已被誤導而繼續深入歧途的眾生；以此功德彌補惡業，轉惡染業種為善淨業種，如此方是正途。

第二節　從善知識處聽聞正法

《大乘本生心地觀經》卷三說：

鈍根小智聞一乘，怖畏發心經多劫，不知身有如來藏，唯欣寂滅厭塵勞。眾生本有菩提種，悉在賴耶藏識中；若遇善友發大心，三種鍊磨修妙行；永斷煩惱所知障，證得如來常住身。菩提妙果不難成，真善知識實難遇，一切菩薩修勝道，四種法要應當知：親近善友為第一，聽聞正法為第二，如理思量為第三，如法修證為第四；十方一切大聖主，修是四法證菩提。

這段經文是說，小乘人聽聞唯一佛乘的行門，知道發起勝義菩提心以後，經歷很多劫的修行，對此心生怖畏，不敢發起大乘菩提心迴入大乘法中；對於修學成佛之道要歷經三大無量數劫，還要發願生生世世廣度眾生，因爲太辛苦而心生畏懼；更因爲無法親證自己五蘊身中有如來藏識常住不變，只一心要趣向空寂的無餘涅槃，厭倦世世受生在三界中不斷攝受六塵的辛勞。然而眾生本來具有成佛的菩提種子，這些種子都在自己的如來藏阿賴耶識中，等到有一天遇到善知識，並信受聽從善知識的教誡，而發大願力誓度眾生，透過身口意的磨練，努力修證大乘法的種種勝妙行，最後斷盡了煩惱障及所知障，證得如來地的常住法身而成佛。修證菩提妙果是不會很難成就的，難就難在眞善知識難值遇。因此，一切菩薩若想要修學勝妙大法的成佛之道，佛說有四種法是學佛人必須知曉的：「**第一要親近善友，第二要聽聞正法，第三要如理思量，第四要如法修證。**」親近善友是此四法之首要，善友即是善知識；有了善知識，後三法才能依之而行，所以親近善知識就顯得特別重要了。如果親近惡友，一開始就被誤導了，哪來正法可聽聞？隨後所思量的都是惡法，不可能如理思量，又如何能修證勝妙菩提呢？但是，藏密學人都自認爲已經親近善知識了，卻不知道那些所謂的「善知識」都不知道自己正是惡知識，正在誤導學佛人隨著他們走向學佛的岐路及破壞正法之路。所以，辨別眞假善知識，是非常重要的前提。

第一目 所謂善知識

學佛者聽聞正法、建立正確知見，是很重要之事。而正法要從何處聽聞？當然是從善知識處！所謂善知識者，是指過去、現在諸佛及大乘勝義菩薩僧，以及三藏十二部經律論等，都是善知識，這是以廣義來說；但是部分大藏經中往往收錄了許多未悟或悟錯的古人所寫的論著，應該將其排除在善知識以外。至於狹義來說，善知識是指七住位以上——已經見道、開悟破參，乃至已經有道種智的地上菩薩。這些賢、聖菩薩不但斷我見，並已悟得空性心如來藏，已入實相中，他們都能爲大眾開示大乘實相法義，宣說第一義諦妙法，能令眾生觸證空性心如來藏，能助眾生生起般若智慧而遠離不如理作意的思惟與觀行，故名爲善知識。因此，眞善知識必須有如下條件：一、自己已悟明眞心，乃至已眼見佛性而不退轉者。二、自己已明心、見性，並且願意幫助學子建立求悟的信心者。三、自己已明心、見性，並且能演說禪法與知見，以幫助學子悟入者。四、自己已明心、見性，並能教導學子參禪的功夫者。五、自己已明心、見性，並經常能接受學子的諮詢或攝受學子者。六、自己已明心、見性，並能觀察學子得度因緣而隨緣度化者。七、自己已明心、見性，並能發大願心助人得悟者。八、自己已明心、見性，悟後起修，慧力層層增上，並能幫助學子同樣悟後起修者。如以上所說即是善知識！禪宗初祖達摩祖師曾經說：【若不見性，即不名善知識；若不如此，縱說得十二部經，亦不免生死輪迴，三界受苦，無出期時。】《六祖壇經》也說：【是善知識有大因緣，所謂化導令得見性；一切善法，因善知識能發起故。三世諸佛，十二部經，在人性中本自具有，不能自悟，須求善知識指示方見。】所以開悟明心是善知識之最基本條件，否則就不是善知識。

至於未悟言悟的人，或者自己未悟而向大眾宣說「不要求悟，也不可能有悟這回事」的人，或者以定為禪的人，或者教導眾生一念不生的意識境界為悟的人；或者自己未悟而不能宣說第一義諦法，只能以常見外道法代替的人；或者勸請趣入藏密金剛乘修習無上瑜伽雙身法的人，或者宣說無如來藏為所依之一切法緣起性空的人，都是惡知識。雖然現在離佛世已遠，惡知識漫山遍野，但還是有已明心、見性之在家、出家大乘勝義菩薩僧在解說佛法—或以文字立論，或講經說法—故眾生還是有正法可聞熏；只要眾生正法緣成熟，就可遇見，就可追隨此等善知識修學正法。但是值此五濁惡世，假名善知識充斥，講邪說、修邪法的道場林立，各個宣稱是佛說、是大菩薩說，誤導眾生於不義——學人與邪師共造趣入三塗之業。學佛者豈能不小心謹慎如法選擇眞善知識乎！

《華嚴經》卷四六說：【善知識者出興世難，至其所難，得值遇難，得見知難，得親近難，得共住難，得其意難，得隨順難。】有善知識出世弘法，本不容易；已知有善知識出世，但又不知道在何方？已知道在何方，但要能到善知識住處很難；已知道善知識的住處，但想要能與善知識見面也很難；雖然見到了，但要知道他是否是自己所要尋求的善知識也很難；知道所見到的人確實是善知識了，但想要親近隨學也很難；設使能親近了，但要能與善知識共住學法也很難；能與善知識共住而學法了，但要得到善知識的勝妙意旨更難；得到勝妙意旨而開悟明心了，但是要能隨順善知識的教誨，如實轉依增上，又更加的困難。《華嚴經》中說求得善知識有這麼多難處，但有時候，善知識卻是遠在天邊、近在眼前，那就要看學人自己是否有慧眼能識英雄了，更要看有沒有善根福德因緣而值遇、親近、隨學、實證了。

《瑜伽師地論》卷二五說：【云何名善友性？謂八因緣故，應知一切種圓滿善友性。何等爲八？謂如有一安住禁戒，具足多聞，能有所證，性多哀愍，心無厭倦，善能堪忍，無有怖畏，語具圓滿。】文中所說的善友即是善知識，圓滿的善友本身必須具備八種功德。一、**安住禁戒**：身口意三業，善於守護各種律儀，無有缺失。二、**具足多聞**：對正法之深妙法已經多聞勝妙，已深廣增長自身道業，並能善於宣說各種善妙法接引學人同能親證。三、**能有所證**：已證得空性心，並能宣說第一義諦法。**四**、**性多哀愍**：具大慈悲心，能拔眾生苦，能予眾生樂，能體現菩薩種性根器來利益眾生。**五**、**心無厭倦**：爲大眾宣說第一義諦法，不辭辛勞，不怕困難；爲護眾生法身慧命而破邪顯正，勇無畏懼，更無厭倦。六、**善能堪忍**：心能安忍於眾具匱乏，亦能安忍於眾生無明所障，極難救拔，於諸眾生而不捨；更能堪忍正法見地，不爲邪說邪法所轉，住不退地。**七**、**無有怖畏**：處大眾中，善說法要；面對邪說，摧邪顯正，俱皆勇猛，心無怯弱。**八**、**語具圓滿**：宣說正法，滔滔不絕；實智權智，俱能開闡；法與次法，普皆兼顧；爲眾說法，語無障礙。

又《廣論》二十四頁，引《經莊嚴論》中 彌勒菩薩所說善知識應具備十法，如《廣論》所節錄《經莊嚴論》的說法：「於此中所說知識，是於三士所有道中，能漸引導，次能導入大乘佛道。如《經莊嚴論》云：『知識：調伏、靜、近靜、德增、具勤、教富饒、善達實性、具巧說、悲體、離厭應依止。』」二十七頁又說：「圓滿伴相，八分之一為下邊際。」我們來看這一段 彌勒菩薩在《經莊嚴論》中所說的是什麼意思，簡略而說這十法，前面三種是戒、定、慧三學；「德增」是說師德應高於學人；「具勤」是說利他勇悍剛決；「教富饒」是說對三藏要多聞；「善達實性」是說現證空性心如來藏及通達法無我；「具巧說」則是指說法善巧；「悲體」則是不顧利養，慈悲為體；「離厭」是說能堪忍宣說之苦勞。以上十法都包含在《瑜伽師地論》八法當中，不論十法或八法都是善知識必須具足的圓滿功德相。因此 彌勒菩薩於《經莊嚴論》中的十個條件中有一個「善達實性」，亦即能夠善於了知通達法界實相之體性，因此對於法界實相第八識如來藏必須親證而能現觀，進而能夠進修別相智乃至聞熏種智，才能通達；不是藏密應成派中觀的無因論——否定第八識而說的一切法空，此點宗喀巴雖在《廣論》後面，依於 彌勒菩薩論中文字上又再補充說：「達實性者，是殊勝慧學，是謂通達法無我性，或以現證真實為正。此若無者，說由教理通達亦成。」因此宗喀巴囿於彌勒菩薩論中的「**善達實性**」的文字，故不得不承認要以「**現證眞實**」爲正，但是他卻不承認第八識如來藏眞實存在，其乃是自相矛盾者。再者，宗喀巴又在後面論文說：「**此若無者，說由教理通達亦成**」也就是說：「**若無，通達教理亦可**。」以此掩飾其未證實相的事實。而宗喀巴又說：「**圓滿伴相，八分之一爲下邊際**。」因此如果要當《菩提道次第廣論》之「善知識」則很簡單，只要具備十法中之八分之一即可，也不必明心、見性，如此善知識其實是假名善知識，怎能引導眾生眞實進入佛法大門呢！因此他只是貪緣彌勒菩薩的《經莊嚴論》的論文，用是取信於人，使人誤以爲他說的法是正確的，實際上卻偷斤減兩而不肯遵照論文中的聖教實行。

再說，宗喀巴如此要求善知識應具的條件，但他自己是否爲善知識？從他自己引用之十法加以觀察之，即可了然：

一、宗喀巴持藏密的三昧耶戒，嗜吃眾生肉而不戒殺，每日八個時辰要與母親、姨母乃至畜生女等努力行雙身法而犯邪淫，未證言證號稱「即身成佛」而說大妄語；這樣要大貪、要大瞋、要飲酒助性者，已嚴重毀破菩薩戒、聲聞戒了！故說他持戒非但不圓滿，而且早已毀破十重戒而成就地獄種性了。（編案：

宗喀巴等藏密行者，如此行爲根本是嚴重破戒者，實質上沒有圓不圓滿可說。〕

二、宗喀巴喜愛雙身修法，規定藏密行者每日長時修無上瑜伽淫樂之法，此不離欲界貪愛，根本不可能得證色界初禪離生喜樂地，仍繫縛於欲界中，故說他定力不圓滿。〔編案：宗喀巴等藏密雙身法實行者，乃無慚愧法，與畜生無異，根本連粗淺的欲界定都不可能生起，連不圓滿都說不上，根本沒有禪定的一絲一毫實證。〕

三、宗喀巴否定了空性心如來藏，把蘊處界的緣起性空之空相當作般若，則知他未證空性心，故無般若慧；再者，因執著意識細心爲貫通三世的主體，故我見未斷，連二乘初果的解脫智慧都沒有，只是一個異生凡夫而已，有何智慧功德可言！

四、宗喀巴相對於他的弟子來說，算是「德高望重」〔編案：實際上宗喀巴無德可言〕；但以他破戒又不能稍離欲界貪，亦無正法的親證見地，又公然否定三乘佛法根本所依的第八識，乃是破壞佛教正法者，決不是佛門中人，更不是有德之善知識，不具「德增」故。

五、宗喀巴勤於修密宗道無上瑜伽雙身修法，故說其「**具勤**」乃是勤於欲界貪的異生法，不是勤於正法中的解脫道及佛菩提道，乃至不是勤於世間五戒十善等善法，絕非 彌勒菩薩所說的「具勤」。

六、宗喀巴不懂初轉法輪阿含諸經之解脫道，又錯認二轉法輪般若諸經為無因論的一切法空，更否認三轉法輪唯識方廣諸經教導的增上慧學，認為三轉法輪諸經乃方便說，不知唯識種智諸法乃是究竟深妙法，他連最基本的解脫道斷我見的正知見都不具備，當然不可能具有「教富饒」的條件。又藏密無上瑜伽的雙身法乃是師徒亂倫、親屬亂倫、師兄姊亂倫的惡行，是廣造不善之業，此乃虧損福慧法財的大惡業，使行者速趣未來世匱乏極苦、墮三惡道之果，如此邪教導乃「教匱乏」，非「教富饒」，因此不能說宗喀巴是「教富饒」。

七、宗喀巴連最基本的我見都未能斷，否定根本心如來藏，離眞心如來藏而說一切法緣起性空，又建立意識心貫通三世，既是斷見外道，也是常見外道，連二乘斷我見的解脫智都沒有，故未證三乘人無我；因為他否定了空性心如來藏，那就更不可能證得空性心，連般若中觀總相智（根本無分別智）都沒有，當然談不上通達地上菩薩法無我的無生法忍智。又他於教理亦不通達，乃是抄錄諸佛菩薩的經論文字，並全盤錯解而前後矛盾，因此也不符合他所說的「**此若無者，說由教理通達亦成**」，所以十法中的「善達實性」功德，他也是絲毫都無。

八、宗喀巴善說邪法，讓眾生聞之隨學而同造亂倫邪淫的大惡業，說者學者同墮惡趣，故可說是善巧說染惡法，非善說淨善法。他於解脫道該有的最基本斷我見智慧都沒有，如何「具巧說」？他連佛菩提道與解脫道的智慧都俱缺，唯有惡慧邪說，非諸佛菩薩在經論中所說的「**心善解脱功德，巧説法要莊嚴**」，而是「**惡慧巧說迷誑人故**」。

九、密宗道不戒殺，反而鼓勵殺生，嗜食眾生肉；為了修學雙身法的持久不洩，嗜食眾生的紅肉（牛、羊肉），故不具慈悲心之體性；又藏密上師愛修「誅法」，派遣鬼神誅殺破斥密教邪法的人，或者誅殺冒犯上師的人，更謊言說誅殺對方乃是「為救眾生而殺眾生，為度魔惡而殺魔惡」，還要用虛妄想的遷識法來「超度對方、超度亡魂」。此不具慈悲體性，乃是虛妄想，有智者思惟：「若其誅法有用，宗喀巴等藏密喇嘛上師，直接用誅法將父母及所有眾生直接殺死而超度之即可，何必如此辛苦度眾？」故說此乃藏密謊言託詞的說法，非具悲體之菩薩行者。

十、宗喀巴不遺餘力宣揚藏密喇嘛教，不辭辛勞將外道雙身法取代　佛的三乘菩提正法，努力毀破　釋迦世尊所宣說的正法，當然是具足離厭正法，卻不具足厭離邪法、惡法、染法，又具足欲界最低下的貪欲，鼓勵密宗信徒廣造師徒亂倫、親屬亂倫的惡業，如此不具 彌勒菩薩所說厭離三界染惡之法，永不能成就解脫的出世間法，不具離欲果故。

從上所述，知道宗喀巴等藏密喇嘛如此這般的說法與作法，依照他所引用的 彌勒菩薩開示善知識的十法定義，正好完全相違，能說他是善知識嗎？更何況聖 彌勒菩薩在《經莊嚴論》卷五中，自始至終都在指示佛弟子如來藏第一義正理，例如：【如是種子轉，句義身光轉，是名無漏界，三乘同所依。】無著菩薩更明說：【如是種子轉者，阿梨耶識轉故；句義身光轉者，謂餘識轉故；是名無漏界者，由解脫故；三乘同所依者，聲聞、緣覺與佛同依止故。】宗喀巴曲解聖 彌勒菩薩論中所說宗旨，用經論中之文句加以曲解，來附麗己說，讓眾生趣向修學藏密雙身法邪法，如此捨金山而取爛銅朽鐵之片段，其人所落之處昭然可見。

第二目 如何選擇善知識

現今有很多人都會說：「我在某某佛教團體，我是佛弟子，我在學佛。」實際上是眞的在學佛嗎？其實不盡然！他們大多只不過是造世間善業或熏習一些表相佛法的佛學常識而已，不算是眞正的學佛，是還在外門流轉的前方便中。又如現今一般社會慈善團體、外道、民間的鬼神信仰等等，也都在勸善、行善，但頂多只能說是公益慈善事業，屬世間有漏善法，實質上都不能算是眞正的學佛。爲何如是說呢？學佛眞正的目的乃是成就佛道，是要具足了知法界的事實、因果的根源正理，三界一切善法、惡法、染法、淨法……都依據因果的根源——第八識如來藏而有。故親證法界的實相——第八識如來藏，乃是學佛最重要的基礎，也是成就佛道最重要的一個前提，故需要發起證悟實相之大心，若沒有發菩提心、證菩提心的清淨善行，最多只是歿後生到欲界天享受，消耗此生行善所得的福報而已。典型的例子，譬如慈濟「功德」會（編案：依其本質其實應該稱爲「慈濟**福德**會」，有福德而無功德故）團體，上至堂頭和尙，下至信仰他們的一般大眾，都在行世間有漏有爲之善法，對於解脫與成佛之道悉皆茫然無知；對於法界的實相都無法觸及，又被邪見誤導，以致否定第八識而皆不能證得，證嚴法師更主張「**意識卻是不生滅的**」，公然違背　佛說「**意、法爲緣生意識**」的聖教；慈濟上下都是未斷我見、未證得菩提心而行善，永遠不能現觀三輪體空，故必生執著，因此都是有漏有爲性的欲界善，如同佛門中之門外漢，不能進入佛法殿堂之中，仍屬於外門流轉的佛門凡夫，故不能說是眞正在學佛，頂多乃是通外道法的人天善法，屬於成佛之道的前方便中廣修資糧而已，還沒有資格說是眞正的學佛者。但若如證嚴法師在書中暗示自己是地上菩薩的大妄語業，以及倡議意識常住不滅，違背聖教而公然與佛語相違，則已不是單純的人天善法了，而是兼具破法及大妄語業了。

再說鳳山寺的「廣論團體」，比之於這些行世間善法之慈善團體則更是等而下之，他們表面是說造善業，其實是以寺院名義在做 佛所禁止的出家人買賣營謀的賺錢事業，使得與他們所經營項目同性質的民間數種買賣行業受到擠壓；是與世間諸百工行業爭利，表面是說利益眾生，其實是在損惱眾生；像他們這樣的團體，學人跟隨著努力做義工，結果是共同成就破壞出家戒的三塗之業，未來世將承受破戒共業之不可愛異熟果。又「廣論團體」之研討《廣論》，並無眞修實證佛法之處，只能算是一般社會上的讀書會，不能算是在學佛；而《廣論》內涵對佛法之錯解，更是將佛道次第扭曲顚倒，處處引眾生入邪見陷阱，若學人無簡擇慧，又迷信宗喀巴之虛假名聲依之而修，那就會陷眾生入萬劫不復之無明深坑永無出期。鳳山寺「廣論團體」又以開店賺得之錢財，提供給專弘《廣論》之深重邪見團體而廣弘傳之，共同成就誤導眾生之共業；而學人最初乃是欲發大願、欲學佛道，結果卻因《廣論》之無明邪見及邪教導而誤入歧途，此乃世上最冤枉的事情。所以學人自己應該要有簡擇的智慧，要善選眞善知識，善選法義正確的佛教團體，才能學到眞正第一義諦的佛法，這才是此生學佛最重要的事。

學人尋覓眞善知識時，首先要破除自己不如理思惟的心防，伏除慢心，以智慧爲前導來簡擇，不可以著相，著相者必定不能找到眞善知識。因此，簡擇善知識須注意六點：一、**善知識沒有性別之分**，善知識只有大丈夫性（菩薩性）；世間法上色身所現或男或女，只要明心、見性便可離男女相，便能爲眾生宣說第一義諦法，此即是大丈夫性。因此，學人選擇善知識時，切不可以執著男女相。二、**善知識相貌沒有美醜之分**，美或醜是世間法才有的主觀分別相；只要明心或見性，便是莊嚴相，依止眞心如來藏的本來清淨法相才是眞正的莊嚴相，因此學者選擇善知識時不可著於外表美醜相。三、**善知識沒有世間貴賤之分**，有些善知識從來不貪名聞利養，一向安忍於貧賤工作，但卻是菩薩示現，學者不可不知。**四、假善知識大多伶牙利齒，善於辯說世間法**；縱然講得三藏十二部經，因未證悟故，頂多也只能依文解義而已，甚至錯解經義；有些眞善知識雖拙於口才，但凡有所說卻都是第一義諦法，學人應以智慧辨別之。**五、有大名聲或有大道場，卻不一定是眞善知識**，因未悟錯悟之「大師」，所講的都是戲論、世間法故；有些眞善知識可能默默無聞，不爲名聞利養，有緣弟子才能親炙其法教而承受法益。六、**善知識不一定現聲聞出家之比丘、比丘尼相**，現聲聞相的法師不一定是善知識，因未證悟故，所說的法非第一義諦法；他們身現聲聞出家相，但心卻未必已出家，執著於世間法，只能稱爲凡夫僧；而現在家白衣相、菩薩出家相（童子、童女相）或少數現聲聞出家相的勝義菩薩僧，有些是已悟得眞心，有些是已眼見佛性，更有的是地上菩薩摩訶薩，能爲大眾宣說少分或多分勝妙之第一義諦法；其中雖有許多人示現在家身相，其中也有地上菩薩摩訶薩，卻都是身未出家、但心已出家，與其他以在家相而出家的證悟者，同稱爲大乘勝義菩薩僧，都是　佛的眞子；聲聞僧就算是初果乃至阿羅漢，仍都不是　佛的眞子，因爲他們都不敢也不能荷擔　如來的成佛之道弘法家業故。

禪宗初祖達摩祖師說：【若見自心是佛，不在剃除鬢髮，白衣亦是佛；若不見性，剃除鬚髮，亦是外道。】《華嚴經》中善財童子五十三參，其中有四位已知確定是一生補處菩薩外，餘四十九參中僅有六位是現聲聞出家相的菩薩，而現在家相的出家菩薩（童子、童女），甚至現外道相的菩薩，則有四十四位之多。〔編案：第五十參有兩位菩薩。〕所以學者一定要打破「現聲聞相的出家法師才是善知識，現白衣在家相的出家、在家菩薩不懂佛法」的錯誤觀念，是故不可以表相來衡量善知識，若執聲聞出家相爲善知識者，當其遇到這四十八位現在家菩薩相的大善知識，則會大失佛道增上之利益，如此之人名爲愚癡障重者。

時值五濁惡世末法之際，爲了大乘了義正法法脈不斷，銜佛之命再來人間，爲了度眾方便，而有大乘勝義菩薩僧以白衣示現於人間，宣說第一義諦法乃至種智之法，並廣作法義上之辨正，只爲救護被誤導的學子回歸正法。而「菩薩」二字並未寫在臉上故，福德因緣不具足的眾生縱使遇見了，也只視同路人，輕易放過於大菩薩座下受教之機緣。而既得利益之諸大山頭的法師們，深怕名聲、利養、世間表相地位受損，紛紛起而作無根誹謗，謗爲「邪魔外道」，甚至藏密喇嘛們公然揚言修「誅法」欲誅滅之，豈知鬼神道之「誅法」勢力，怎能得近聖位菩薩之左右呢！聖位菩薩及正法的護法神眾之威德廣大，豈是藏密所軀山精鬼魅、夜叉羅刹等所能接近，更何況想要加害誅殺。藏密如此虛妄想的作爲，益顯菩薩之大威德力絲毫不可侵犯，因此反而愈發勇猛。但那些所謂能修「誅法」的喇嘛們都已造下破壞三寶的大惡業，自招苦果卻不自知；隨其從學者更無辨別慧力，盲目隨從而一起跟進，共造地獄之業，眞是可憐憫之人也。

因此，修學佛法者想要尋覓眞善知識，應先在 佛前發菩薩清淨大願，才能與善知識之悲心相應，如此才有因緣能親遇眞善知識，遇見後才易得善知識之攝受。發菩薩清淨大願之後，還要親自在 佛前祈求值遇大乘了義究竟正法之緣早日成熟，發願文如下供作參考：（錄自正覺同修會〈正覺發願文〉）

（胡跪叉手唱唸一遍：）

微妙甚深無上法　百千萬劫難值遇

我今見聞得證悟　願解如來究竟義　（起）

南無本師　釋迦牟尼佛　（三稱三拜）

（胡跪叉手唱唸：）

願我修學大乘理，不遇聲聞緣覺師，願我得遇菩薩僧，受學大乘第一義；不久見道證眞如，隨度重關見佛性，隨我導師入宗門，親證三乘人無我。

願具妙慧勇摧邪，救護佛子向正道，普入大乘第一義，受學究竟微妙理；
願隨導師學種智，通達初地法無我，修除性障起聖性，發十無盡大願王。
願我依佛微妙慧，善修菩薩十度行，無生法忍增上修，地地轉進無障礙；
乃至究竟菩提果，不捨眾生永無盡，願我世尊恆慈愍，冥佑弟子成大願。
南無釋迦牟尼佛，南無十方一切佛，南無大乘勝義僧，南無究竟第一義。

（每遍就地一拜，三遍圓滿）

發願文中所說之「**見道**」即是親證空性心如來藏，此見道為進入佛門一窺堂奧的最基本條件。「**重關**」即是《大般涅槃經》說的十住菩薩眼見佛性。「**導師**」即是能教導眾生明心、見性，修學第一義諦，更能在悟後指導進修別相智乃至種智的大善知識。「**入宗門**」即是進入佛法實證大門，正式開始學佛，此為內門廣修六度萬行之始；未明心之前不能言真正學佛，只能說是隨順而行世間善法，屬外門修的相似佛法，修集見道應有的資糧。「**人無我**」即是依如來藏所生的五蘊身心，都是無常空的空相。「**種智**」即是地上菩薩應學應證的道種智。「**法無我**」即是深觀如來藏更細膩之法無我相，以及現觀如來藏輾轉所生無量法之無我相，現觀一切法都是依第八識如來藏心所生所顯，外於如來藏即無一法可說；不唯可以確認見聞知覺性之人無我性，亦可證驗八識心王及蘊處界百法之法無我性，通達以後即可證得初地菩薩一分無生法忍智。「聖性」即是初地以上菩薩的聖者心性，乃大乘修道位之聖種性，此聖位菩薩已經性障永伏如阿羅漢，可取證無餘涅槃而不取證，故意留惑潤生來行菩薩道利益眾生，因見道所斷二障異生性永除故，分證五分法身，非凡夫、阿羅漢愚人及賢位菩薩所能思議。「十無盡大願」即是十迴向位滿心，即將入初地心的菩薩，所應發起的盡未來際都不暫捨之十項大悲願，發此十無盡大願來成就初地菩薩所需的增上意樂。「無生法忍」即是證得二種法無我後能安忍不退，此乃地上菩薩所證增上三學之智慧功德。學人若能理解其中的義理，並經常於　佛前作如是發願，在心中以至誠心眞實發起願文中的心向以後，必蒙諸佛菩薩攝受加持，此生想要值遇善知識，絕對不難。

第三目　聽聞正法

什麼是正法？則要先知道：什麼是四悉檀？悉檀的意思是應眾生根器不同及法界實相的事實展現，來述說如何成就佛法的唯一宗旨——親證法界的實相，乃至成佛，而施設有四種成就佛果的層面說法，以此來讓眾生明白，稱爲四悉檀。四悉檀具足時，即能具足從不同層面來宣說佛法的宗旨。一、**世界悉檀**：佛爲眾生宣說世界之成住壞空、五蘊之生住異滅、三界六道有情生死流轉及不得解脫之因、眾生五蘊運作與差別，乃至語言文字、社會制度等等，皆有所由，乃是眾緣而起，因緣假合之法，凡此種種皆屬世界悉檀。二、**對治悉檀**：眾生欲求出離三界，但是困於種種煩惱所纏，無法出離；「**大醫王**」佛陀乃施設各種善巧方便，應病予藥，令眾生能對治煩惱障難，因此離障解縛而證得三乘解脫果，稱爲對治悉檀。三、**爲人悉檀**：人類等諸有情眾生之根性八萬四千，佛陀善觀眾生根器，隨各人心性之差異而施設及開示各種不同之修行法門，乃是爲人悉檀。四、**第一義悉檀**：不在一切語言文字等表面意思來論議，直接以第一義實相之理指示，令眾生依之而能眞實契入大乘空性心如來藏理體，悟後而得之般若中觀總相智[1]及別相智[2]之法智忍、法智、類智忍、類智，乃至親證地上菩薩無生法忍之道種智[3]，及究竟佛地之一切種智[4]，大乘所謂**正法**即是專指此第一義悉檀而說，其他三種悉檀攝屬「**次法**」的部分，用以助益正法的圓滿。

至於三界有爲之法，如人乘之五戒及天乘之十善法，以及二乘蘊處界緣起性空之法，雖都是三藏十二部所攝，但都只是大乘菩薩法之支分。人、天善法，是教導眾生持五戒、行十善業，譬如慈濟之布施、行善，未來世可得人天善報，然此皆爲欲界輪迴生死之法，並非究竟，故非第一義法；二乘相空之法，乃是從究竟佛法中析出之方便說，以度畏懼生死、速求解脫之人，令其此生或近世得證解脫，得證有餘、無餘涅槃，以此化城引此心小慧劣之人，增其信心，期能發菩提願，迴入大乘成佛之道。如是二乘涅槃證已，亦迴心大乘者，即不畏生死，此乃方便引導而迴心菩薩法道，終究必將成就佛道，所以二乘相空之法，也只是方便權教之法，仍非第一義諦法。只有不共二乘之大乘菩薩道法，方依法界實相而說、而修、而證，是故唯有菩薩法才能證空性心如來藏故，唯有菩薩法才能眼見佛性故，唯有菩薩法才能證得種智故，唯有菩薩法才能究竟成佛故，所以說唯有大乘不共二乘的菩薩法，才是第一義諦法。

佛護、月稱、安慧、寂天、阿底峽、宗喀巴……等密教行者，師承中觀應成派思想，否定第一義諦法，否定一切法之根本因——空性心如來藏，竟說一切法無因唯緣而起、一切法只是緣起性空，執無因唯緣論之緣起性空法爲究竟，因而墮於二乘凡夫所執之相空，無法實證空性。但是 佛說二乘聖人捨壽入無餘涅槃時仍有「本際」，「本際」即是《阿含經》中隱說的空性心如來藏，即是入胎而住時能造名色之識，因此阿羅漢入無餘涅槃時獨存此識，非同斷滅。而佛護、月稱、安慧、寂天、阿底峽、宗喀巴……等人，說無有空性心如來藏，若依此說，則無餘涅槃中即等同斷滅，無異斷見外道。如此不知、不解、不證二乘無餘涅槃之本際，又執著入無餘涅槃時無有本際，只是空無斷滅之相，又執著二乘法的蘊處界相空爲究竟，如此已墮於斷滅見一邊之中，竟說是已證中觀而不落兩邊的中道觀行，眞是可笑之極；又因爲恐懼墮於斷滅空故，回頭再將生滅法的意識建立爲常住不壞法，妄說意識是持一切善惡業及無漏有爲法種子，說是結生相續之識，故又兼具常見外道見。宗喀巴爲了圓滿他成佛之人夢，又將藏密邪法整理成了《密宗道次第廣論》，以怪誕淫穢之外道閨房貪慾法名爲「金剛乘」，說爲大乘菩薩道，論中所說全屬欲界粗糙低劣的意識境界，墮於世俗凡夫異生的亂倫境界中，卻妄說是證得報身佛，妄想常抱女人行淫而永享淫樂，妄認此粗俗之淫樂境界即是報身佛之果報境界而名爲報身佛境界，如此竟然也敢說是佛法，只是自欺欺人罷了。《法華經》說：「唯一佛乘，無二無三。」不可能會有所謂的「金剛乘」是眞實佛法而　佛陀竟然不曾宣講於經中。所以，只有唯一佛乘之法，聲聞、緣覺都是從唯一佛乘之中分離出來利益不同根器的學人；眞實佛法中沒有一法可以分離出來成爲所謂的「金剛乘」，所以「金剛乘」中所謂的佛法，都是外道性力派的邪法，都不是佛法，只是密教中人取自外道而虛妄冠於佛法之上，本非佛法、絕非佛法。是故第一義悉檀才是正法的根本，也就是空性心如來藏及其含藏之深妙法；這只有在眞正的大乘菩薩道佛法中才有，二乘法中無，更非藏密「金剛乘」所能臆想之法。今觀藏密所有的「佛法」中，與羅漢道、緣覺道、菩薩道全部相違背，故知全部不是佛法。

如此觀之，《廣論》之下士道：從念死無常、三惡趣、歸依到業果，都只屬於世界悉檀之部分，都是世間法，都不及第一義諦。《廣論》之中士道：四聖諦及十二因緣法算是屬於對治悉檀，仍不是第一義諦；而且《廣論》之中士道所說法義，也與羅漢道、緣覺道的正法相違，仍認定意識是常住法故，與常見外道相同，並不是眞正的解脫道。《廣論》之上士道：其中所說的六度、四攝內容，仍是外門修習之相似佛法，也都是世間法，與菩薩所修的六度、四攝相違，當然也不是第一義諦。至於《廣論》的後二章所說奢摩他及毗缽舍那，表面上似乎是世間法中的四禪八定止觀，但其內涵都只是常見與斷滅見法，並不是正法；

實際上《廣論》的後二章所說的「奢摩他及毗鉢舍那」，乃是依據藏密雙身法而述說的，乃是配合宗喀巴另外一本《密宗道次第廣論》而說的，乃是雙身法初喜到第四喜中所謂的世間淫樂覺受境界，宗喀巴美其名爲「奢摩他及毗鉢舍那」，是欺瞞不知情的密宗學人，以此方便引導密宗學人漸漸走入雙身法的邪淫境界中，這個部分將在本書後文中說明，此處暫時略過不談。至於《廣論》所謂之「金剛乘」，更不能列入四悉檀中，因爲那都是外道邪淫、大虧倫常之邪法故，都不符合佛法宗旨。由此可知，《廣論》之三士道及「金剛乘」均非第一義諦法，因此說《廣論》是外道邪法。

當學者瞭解何謂止法之後，要如何聽聞正法？聖 彌勒菩薩說：【正聞法略有四種：一、遠離憍傲，二、遠離輕蔑，三、遠離怯弱，四、遠離散亂。遠離如是四種過失而聽法者，名正聞法，當知廣說有十六種，亦如菩薩地中當說。】（《瑜伽師地論》卷二十）《瑜伽師地論》卷三十八〈本地分中菩薩地〉中說：

往法師所，無雜染心、無散亂心，聽聞正法。云何菩薩無雜染心聽聞正法？謂聽法時，其心遠離貢高雜染，其心遠離輕慢雜染，其心遠離怯弱雜染。由六種相其心遠離貢高雜染，由四種相其心遠離輕慢雜染，由一種相其心遠離怯弱雜染。謂聽法時應時而聽、慇重而聽、恭敬而聽、不為損害、不為隨順、不求過失，由此六相，其心遠離貢高雜染。又聽法時恭敬正法、恭敬說法補特伽羅、不輕正法、不輕說法補特伽羅，由此四相，其心遠離輕慢雜染。又聽法時不自輕蔑，由此一相，其心遠離怯弱雜染。菩薩如是無雜染心聽聞正法。云何菩薩無散亂心聽聞正法？謂由五相：一者求悟解心聽聞正法，二者專一趣心聽聞正法，三者聆音屬耳聽聞正法，四者掃滌其心聽聞正法，五者攝一切心聽聞正法，菩薩如是求聞正法。

論中**法師**二字的意思，是指一切出家、在家的弘法者，凡是實證三乘菩提而能為人演說正確佛法的人都是法師；若是教人執著於五陰、識陰等法的人，即使身披僧衣，也仍然不是法師，反而是 佛陀所斥責的愚癡人；譬如 佛告比丘：【若於色，說是生厭、離欲、滅盡、寂靜法者，是名法師；若於受、想、行、識，說是生厭、離欲、滅盡、寂靜法者，是名法師。是名如來所說法師。】（《雜阿含經》卷一）眞正的法師，是指**教授正法之師**；是為人講解「蘊處界都是無常、當厭離、應滅盡、應離欲、證『寂靜法』」的人，才是眞正法師，不論他是在家身或出家身。若違背 佛說五陰無常的正理，公然主張意識心是不生滅法的人，都不是法師；由此緣故，佛護、安慧、月稱、寂天、阿底峽、宗喀巴、達賴、印順及證嚴等人，公然主張意識不生滅，教人不可斷除意識，教人不要對意識生厭、滅盡，只想把與六塵相應而不寂靜的意識保持不壞，不想滅盡意識的白我執著，不想取證寂靜法的本識如來藏，都是公然違背佛語聖教的凡夫愚人，當然不是法師。

以上《瑜伽師地論》的意思大約是說，學者要以什麼心態來聽聞正法，聖彌勒菩薩說有四種，由四種再細分爲十六相。一、要遠離驕縱高傲的雜染心，有六種相：隨應時節因緣而聽，要懇切慎重的聽，要心存恭敬的聽，不是爲了想要減損破壞而聽，不是只爲了隨順己師而聽，不是爲了尋求說法者的過失而聽。二、要遠離輕蔑傲慢的雜染心，則有四種相：對正法要有恭敬心，對說正法的法師要有恭敬心，不輕視正法，不輕視說法之師。三、遠離膽怯懦弱的雜染心，有一種相：不妄自菲薄而輕視自己。具以上十一種相，是爲無雜染心。四、無散亂心者有五種相而聽聞正法：爲求開悟或求解脫的希求心，住於不二念的專一心，用耳聆聽的直心，去除邪執的清淨心，用攝持一切的決定心來聽。菩薩聽聞正法時，應具此十六相來聽聞正法。

第四目 如理思量

遇到善知識，聽聞其宣說佛法之後，應當詳細思惟審量，他說的法是否符合　佛所說的第一義諦法？若不符合第一義諦，則應思量是否符合二乘解脫之法？或者只是人天善法？或者是藏密混合了鬼神淫穢法而名之爲金剛法？如同他們年節時所跳的金剛舞，就清楚的顯示都是在迎請鬼神前來，實爲招禍卻妄謂祈福！或者是以佛法名相來包裹外道之法？或者是只修福而不修道之法？或如鳳山寺「廣論團體」是假借佛法之名而行商業營謀賺錢之法？或者以一念不生之粗淺定境爲究竟之法？或者以覺知心意識作爲三世生命相續之法？或者是常見、斷見之法？或者是藏密慾貪淫穢之法等等。然而學人會遇到如上所述的假名善知識，都是依於學人過去世所修、所種的種種因緣，而得遇不同層次的假名善知識。今生既然又遇上了，就當以定力慧力及正知見去思惟簡擇，除了符合　佛所說之三乘菩提者以外，其他都非眞善知識，是屬於修學佛法者的惡知識，若遇到了就要趕快捨棄遠離之；並且還要在佛前多作懺悔、發願、迴向，以減少累劫怨親債主之障礙，並且祈求諸佛菩薩之加持，能親遇眞善知識。然後不斷祈求尋覓，直到找著眞善知識並且能依止隨學第一義諦正法爲止。

從善知識處聽聞或讀誦善知識所解說正法之後，就要在行住坐臥當中如理思惟，或在靜坐中如理思惟。「**如理思惟**」在學法過程中是很重要的事，透過思惟可以使我們深心建立起正確的正法知見。如果只是聽聞或讀誦，不加以如理思惟，雖然有一些功用，也只不過是知識而已，不能成爲智慧的受用，思慧不成就故。當透過如理作意的思惟，從思惟的過程及所得到的結論，那才是自己的東西；換句話說，經由如理作意的思惟可把善知識所說的法「消化吸收」而成爲自己的法，成就思慧，這樣才是眞的在學法。

從善知識處聽聞正法之後，於正法應如何思惟呢？《瑜伽師地論》卷三十八〈本地分中菩薩地〉中有說：

云何菩薩於法正思？謂諸菩薩，獨居閑靜，隨所聞法，樂欲思惟，樂欲稱量，樂欲觀察，先當遠離不思議處，思惟彼法。恆常思惟，無間加行，殷重加行，而無慢緩；是諸菩薩勇猛精進，思惟法時，於其少分，以理觀察而隨悟入，於其少分但深信解。凡所思惟但依其義，不依其文；如實了知黑說〔編案：亦作「默說」〕、**大說，正能悟入最初思惟。既悟入已，數數作意，**

令得堅固。

此段文義分**八點**來說明：一、菩薩聽聞正法之後，要獨自到閑靜的地方，把所聽聞的法要，以好樂心來深入思惟，以好樂心來比量簡別，以好樂心來詳細觀察；在思惟之前，要先遠離不思議處；不思議處是指朝不應當思惟之方向去思惟，亦即是要有正確的知見、不要有迷悶錯亂之心的意思，也就是前面所說「於善知識處所聽聞成就之聞慧」爲前提。二、要經常思惟正法，正思惟時要努力不間斷，要懇切慎重，要精進不懈怠；如此，於法所未知義才得以如實了知，於法已知義則更堅固不壞失，這樣才是勇猛精進之菩薩。如此也顯出如理思量法義的重要性。三、在思惟法義時，以自己少分的慧力，如理觀察，深入瞭解法義；在觀察過程中，不藉外緣，隨此一分思慧成就而得悟入法義內涵之所指，使能更爲深入的整理而心得決定。**四**、對甚深法理，能知自己此時之慧力不足，而不能通達，但於少分思慧的功德受用，而得以深信正解「**此是眞實，此正法是佛所言、所行**」，如此於聞所未聞法安忍信受，才不生誹謗，遠離衰患，無諸過失。**五**、思惟正法要依義理眞實的內涵而生信解，不可依文字表面的意思來錯解，如此依於四依之原則，於 佛之密意才有因緣能悟入。六、

對於　佛在初轉法輪二乘阿含經隱覆密意而默說的「入胎識、取陰俱識」及二、三轉法輪顯說、廣說、大說的「第八識、如來藏、阿賴耶識、非心心、無心相心……」，要能如實了知而建立正見。七、菩薩因緣成熟一念相應時，就能悟入善知識所開示法界實相正理的最初思惟而實證之，就能證得過去所未證得的大乘無生忍。此處所說「大乘無生忍」的意思是：證得空性心的本來無生，並能安忍於空性心如來藏的本來無生，比之於七轉識的虛妄性，了知如來藏本來無生性淨涅槃，於此見地能忍不退。八、菩薩於見道證得大乘無生忍後，需要再數數作意，進而多方觀察了知，如是數數驗證而心得決定，因此觀察驗證之一分轉依功德，使之堅固不退轉。以上爲聖　彌勒菩薩所說的如理思量正法，在此如理思量成就之後，就能進而如法修證。

第五目　如法修證

《六祖壇經》說：【努力自見莫悠悠，後念忽絕一世休。若悟大乘得見性，虔恭合掌至心求。】其意思是說：「如果要親見成佛之性，就要自己努力去修，不可以悠哉悠哉的一天過一天，浪費時間與生命；萬一無常到來時，下一念忽然斷絕而不再生起了，這一生就完結了，再也沒有機會修學佛法了。如果想要悟明大乘而能夠親見眾生本具成佛之體性，就必須要虔誠恭敬合掌一心來祈求獲得善知識的攝受。」

當學者已選擇簡別了正確的善知識，就要對善知識生起信心，確信善知識能教導我修習大乘第一義諦法。更要對自己生起信心：我今生有緣覓得眞善知識，今生就一定要努力修行，進而能夠破參開悟、明心證眞。開悟破參並非嘴巴講講而已！首先，學人要在解脫道上斷除三縛結，三縛結就是身見結、戒禁取見結、疑見結；三縛結斷了，取證聲聞初果之功德，從此不認識陰及其變相爲眞實，證得此分功德後，去參禪時才不會總是落入意識心中，才有機會悟入大乘法道所說的眞心如來藏。其次，要廣植見道所需之福德，例如：在正法團體受三歸、持五戒，隨時隨地以淨物供養三寶，經常作布施，護持正法不遺餘力，發菩提心受菩薩戒等等。然後，要對過去、現在的怨親債主多作懺悔及功德迴向。再來，要向佛菩薩祈求加持，並勇發菩薩大願心。最後，要除慢心、妒心、私心、瞋心……等障道惡習惡性，若不勤除性障者，終究亦會退失正法；並且還要做的是無時無刻在動中勤修定力，如《楞嚴經》卷五〈大勢至菩薩念佛圓通章〉說：【都攝六根，淨念相繼，得三摩地，斯為第一。】此說是修定力，不是意識所緣的定相、定境。不斷從善知識處聽聞熏習正法，如理思量，如法修行，就會有「一念相應慧現前，不假方便，自得心開」因緣成熟的一天。

而如法修證也是需要依循前面所說親近善友、聽聞正法、如理思惟所得的正知見與見地，而能夠依教奉行、法隨法行，自己能夠確實地在日常生活中去觀察體驗，能夠在四威儀中如實的觀察體驗五陰十八界的虛幻不實，並能現觀所證之眞心如來藏的本來性、清淨性、如如性、眞實性、涅槃性……等諸多法性，如是能夠數數的觀察體驗而受用之，以此轉依二乘斷我見的解脫功德，或者轉依大乘明心證眞的三德，依此功德法的清淨無漏性，而修除自我七轉識的染著有漏之體性，如法而修除七轉識的執著貪染有取性，如法而證得自心如來藏的人、法無我性，如法而證得地上菩薩的無生法忍智，如法而分證五分法身，乃至近三大無量數劫而得證究竟佛地的無邊功德。如此之行，乃名之為「**如法修證**」，方名之為「**法隨法行**」，故 佛說：【十方一切大聖主，修是四法證菩提。】亦即十方一切大聖主在因地時都是具此四法而證得大菩提果的。

因此，從親近善友乃至到如法修證，都不是古今藏密諸師所說的那樣；都必須是依據法界的事實，依據萬法的根本—第八識—而修而證。若是依據藏密所說無上瑜伽雙身法而修而證，那樣的如「法」修證，其結果只有下墮三塗而已，對於斷我見、親證菩提都完全沒有希望，更何況入聖位乃至成就佛道。

1 總相智，謂般若智慧的總相，乃粗知第八識的無分別性、清淨性、眞實性、如如性、涅槃性，是根本無分別智。

2 別相智，謂般若智慧的別相，乃深入現觀第八識的各種中道性及其與成佛之道的關聯，是後得無分別智。

3 道種智，是諸地菩薩所修證之如來藏一切種子之智慧，是大乘修道位所修之唯識種智妙法，故名道種智。

4 一切種智，是經由十地修道而將如來藏一切種子具足了知而圓滿了，是佛地之智慧。

第三節　閒暇與圓滿

第一目　閒暇

【《親友書》云：「執邪倒見，生旁生、餓鬼、地獄，無佛教，及生邊地懱戾車，性為騃啞，長壽天，於隨一中受生已，名為八無暇過患，離此諸過得閒暇，故當策勵斷生死。」】（《廣論》頁五九）《親友書》是聖龍樹菩薩寫給禪陀迦國王的一封信，勸國王要修善去惡，信中有提到八無暇。在大正藏中收錄《龍樹菩薩勸誡王頌》：【邪見、生鬼、畜，泥犁法不聞，邊地蔑戾車，生便癡瘂性，或生長壽天；除八無暇過，閑暇既已得，爾可務當生。】

學佛要有閒暇的福德，《親友書》中說有八種身是無閒暇，生在這八種無閒暇中的任何一種，則不能學佛，虛度一生光陰。此八種是：

一、**執邪倒見**：不相信有前後世，不相信有因果，更不相信有因果的所依、萬法的根源—**第八識如來藏**—本來就在，不相信有三寶，不相信末法時期仍有正法住世，對於有正法就有證悟之機緣這回事不肯信受，或者具斷常二外道見者，具四倒者……等，皆是執著四倒邪見者。

二、**生於旁生道**：旁生普皆愚癡，故無法修行，除非生於龍族中，又值遇善知識開示，則可學正法，可受八關戒齋、菩薩戒等，始非無暇。

三、**生餓鬼道**：餓鬼乃時時爲飢渴所逼，覓食難得，心心念念都在覓食上作意，難生修法向道之心。

四、**生地獄中**：地獄眾生受苦不斷，逃避痛苦都來不及了，哪有閒暇修法。

五、**無佛教之世**：法滅時期，無佛出世，無了義究竟正法住世，唯存表相佛法於世，雖有佛法之表相及名，卻無佛法修證之實，因爲大眾普皆遠離實修實證之正行，因正法滅故，不能修學佛法。

六、**生邊地蔑戾車**：比丘、比丘尼、優婆塞、優婆夷，謂之四眾；若無實證正法之四眾遊行說法處，謂之邊地；若是生在邊地，如果還有少數在家居士說法，尚不構成無暇；如果是邊地再加上蔑戾車，就構成無暇；蔑戾車是指下賤之地，種性下賤故，無正法可聞。

七、**性爲騃啞**：癡呆謂之騃，盲聾瘖啞謂之啞；此是指有人出胎時即無耳根的勝義根，成爲生聾者；如果出胎後已聽聞正法，因受外力影響而成瘖啞盲聾者，則非無暇，在某些方面反而是學法之助力。

八、長壽天：《親友書》說爲無想天及無色界天，無想天爲色界四禪天中的第四天，無想天天人若不中夭，其壽命長達五百劫；生命存在期間全無意識，壽命將盡時意識方現起，一現起隨即結束此一期生命，所以不可能修行。無色界有情壽命，不中夭者，短如一萬大劫，最長可達八萬大劫；此境界之生命存在期間雖然有意識，但極微細，且不動其心，恆常安住定境中，因此也不能修法。

以上說八無暇，反過來就是具足閑暇。

修學佛道者，當遠離此八無暇，應具足見修道的次法福德，成就閒暇以修正法。然宗喀巴等藏密喇嘛所傳之邪見，必定使得眾生後世趣入此八無暇的處境中，離佛法的實證愈來愈遠。《廣論》所說之應成派中觀見，乃是標準的「**執邪倒見**」，具足斷常二見，爲其趣入無暇者之一因。宗喀巴等藏密喇嘛廣修雙身法，甚至母親、阿姨、親了之間都可以合修，師徒亂倫更是平常事，乃至畜生女亦用以實行雙身法，如此無慚愧法，與畜生相應，失去人之格思，後世必生於畜生道中，此是趣入無暇者之第二因。藏密行者修諸羅刹、夜叉等鬼神相應法，喜樂鬼神相應的境界與感應，貪著鬼神喜樂的男女淫液屎尿等供養，妄想死後往生「烏金淨土」的羅剎、夜叉境界，此乃趣入無暇者之第三因。藏密喇嘛妄稱成就報身佛，宗喀巴等應成中觀派者更誹謗菩薩藏，成就誹謗正法之大惡因，此乃速入無間地獄，乃趣入無暇者的第四因。藏密四大派中無有佛法可聽、可聞、可修、可證，只有一些用佛法名相包裝的外道法，生前就已經屬無佛之世，死後更是長劫入三塗而無佛法可聞，屬趣入無暇者的第五因。藏密實修雙身法的行者，對於三乘菩提之解脫功德與智慧功德俱缺，對於三乘菩提修證亦無喜樂，所造所修屬異生種性，乃種性下劣而生邊地蔑戾車的無暇者，此第六因。藏密行者若誹謗正法而入地獄，正報受完以後還有餘報，必定多世癡呆且盲聾瘖啞，此乃趣入無暇者的第七因。若在藏密修行甚淺，且不喜雙身法，也不依上師的邪教導而造誹謗等惡業，其性障微薄，喜樂禪定等境界，若改依顯教行門，知見具足而修得禪定，然不斷我見而證得四空定或者無想定，死後往生長壽天，亦是趣入無暇者，此乃第八因。

第二目　圓滿

學正法者，除了要遠離八種無暇外，尚須具備十種圓滿；如《瑜伽師地論》卷二一〈本地分中聲聞地〉說：【云何自圓滿？謂善得人身、生於聖處、諸根無缺、勝處淨信、離諸業障。】此五種是自圓滿。又說：【云何他圓滿？謂諸佛出世、說正法教、法教久住、法住隨轉、他所哀愍。】此五種是他圓滿。依根本論〈聲聞地〉所說，自圓滿有五項：

一、**善得人身**：人身是說生在人同分中，若丈夫身，男根成就，不受拘繫；或得女身而能不受拘繫，名爲善得人身。

二、**生於聖處**：聖處是指中國，佛法所說的中國乃指有善士四眾遊行說法之處，亦即有了義正法弘揚之處，能聽聞了義正法故，名爲中國。此處眾生善根淳厚，如《大乘寶雲經》卷四：【中國眾生利根聰哲、諸根明了智者稱嘆，堪受所說善不善法，深解意趣，堪爲諸佛甘露法器。】

三、**諸根無缺**：乃是此人心性不是愚鈍者，也不會固執不化而愚癡重者，且信、進、念、定、慧五根具足無缺者，名之爲諸根無缺。或者說沒有身心殘障，如耳根不具則不能聞法，身根、耳根等功能良好健康，並沒有瘖啞盲聾等業報所遮障，因爲沒有這些缺損與遮障，才是對善法能夠精勤修習而無礙的基礎。

四、勝處淨信：對諸佛所說正法、正戒律能深信，具足清淨的信心者皆勝處淨信，因爲對於 佛所開示正法、正戒律生淨信，因此能夠出生世出世間白淨之法，這是因爲淨信爲前行故，使得所行白淨之法必定符合 佛所開示正法、正戒律，依此能除一切煩惱垢穢污濁的緣故。

五、離諸業障：不作不行害母、害父、害阿羅漢、破和合僧、於如來所惡心出血等五無間業，遠離五無間業故；因爲五無間業的造作增長，在現法中絕不可能證得涅槃及行菩薩道。

他圓滿也有五項：

一、諸佛出世：菩薩經過三大阿僧祇劫，圓滿福智二資糧，獲得最後上妙身，安坐無上勝菩提座，現證無上正等菩提，是爲佛出世而得親遇。

二、說正法教：佛出世爲弟子宣說正法，依四聖諦宣說眞實苦集滅道，及所謂契經、應頌、記別、諷誦、自說、因緣、譬喻、本事、本生、方廣、希法、論議等十二部，使正法學士聞後得以出離。

三、法教久住：在佛世，或在佛涅槃後，或在正法期過後，正行未滅、正法未隱，名爲法教久住。

四、法住隨轉：有力證正法者，證得正法後，如所證隨轉，能令學人隨順教授教誡，如是名爲法住隨轉。

五、他所哀愍：「他」是指施主，施主對行者起哀愍心，惠施隨順淨命或衣服飲食等諸坐臥器具資具等。

第三目　思惟暇滿身難得

且引《廣論》本身所說善言來警惕《廣論》的修學者，《廣論》頁六　：「**我今獲得如是妙身，何故令其空無果利；我若令此空無利者，更有何事較此自欺、較此愚蒙而爲重大？曾數馳奔諸惡趣等無暇險處，一次得脫；此若空耗仍還彼處者，我似無心，如被明咒之所矇蔽。**」有善根者，應當作如是思：暇滿人身如此難得，我卻得到了；得到了如是妙身，如果還是空無利益的話，那麼我此生就是白來了；白來此生還不要緊，如果跟到了假善知識或惡知識，修習三惡道之法，譬如惡知識教我營利事業之法，惡知識教我鬼神相應的金剛舞，並教我以不淨物供奉鬼神，惡知識教我無上瑜伽貪愛邪淫男女雙修之法，惡知識教我食眾生肉妄說為慈悲之法，惡知識教我無因論之緣起性空法而落入常見外道見中，惡知識教我外道修習明點氣脈等無關佛法之外道法，惡知識教我虛妄觀想起分之妄想法，惡知識教我以意識為常住不滅之常見法，惡知識教我以一切法空為證空性之法，惡知識教我常見、斷滅見為中觀之法，惡知識教我學佛不須證得實相即能成佛之法，惡知識教我只要背熟《廣論》即能成佛之謬理；而自己卻無心了知其邪謬，被明咒所矇蔽，那豈不是很冤枉？

龍樹菩薩說：**【人身難得法難聞，猶如盲龜遇浮孔；既獲若斯希有身，宜應勤心聽正法。】**（《龍樹菩薩為禪陀迦王說法要偈》）茫茫大海當中，有一隻瞎眼的烏龜，百年才浮出海面一次；剛好碰到一塊小浮木，小浮木上剛好又有一個小孔，而盲龜的頭又剛好鑽過小木孔上來呼吸，這種機率幾乎是小到不可能遇到的，但是現在卻遇到了。在久劫生死中，能得人身又能聽聞正法的機率如同盲龜遇浮木孔，人身難得今已得；得人身已，不一定能聞正法；正法難聞，如今既得既聞，就要好好珍惜，慎選眞善知識，聽聞正法，如理思量，如理修證，很快的就可以證得法界實相得無生忍，就可安穩而不墮三惡趣。並且進一步趣入第一義諦，證得無生法忍。生生增上修，地地增上學，最後成佛，這才是眞正增上生與決定勝。

現代所謂「學佛人」，由於過去生的善根具有八閒暇、十圓滿，才感得今生有學佛的機緣；但這也是「學佛人」的不幸，感生在末法時期。世尊已預記末法時期，魔王將會派遣很多魔子魔孫，變現爲比丘身、比丘尼身，或變現爲白衣居士身，以弘揚佛法之名，行破壞佛法之實；眾生又無擇法慧，任憑魔子魔孫勢力擴大，乃至支持魔所化現之說法師，以邪法籠罩整個佛教界。現在的佛教界正是這種現象，眾生大多缺乏正知見而無簡擇慧故不能覺知，仍繼續追隨、支持破法的表相大師。學佛人具有暇滿人身，卻生於末法時期，雖然是不幸，但是卻有不幸中的大幸：時值正法即將斷滅之時，正好有正覺同修會之出現，由導師 平實菩薩續佛慧命，宣說正法；短短的幾年中，會中已有三百多位在家、出家弟子破參「開悟明心」，能作獅子吼。此後仍將會有更多獅子吼菩薩出現人間，來摧邪顯正、正本清源，讓三乘菩提的實修實證重現人間，使得眾生具足正知正見，將一群又一群的魔子魔孫逐出佛教界、趕回他化自在天，讓正法命脈於人間永續流傳，直到末法最後五十二年，專迎 月光菩薩的到來。

第四節　道總建立

第一目　《廣論》三士道之名

《廣論》頁六六─六七說：

如是所成有情利義，略有二種，謂現前增上生，及畢竟決定勝。其中依於成辦現前增上生事，盡其所說，一切皆悉攝入下士，或共下士所有法類。殊勝下士者，是於現世不以為重，希求後世善趣圓滿，以集能往善趣因故。《道炬論》云：「若以諸方便，唯於生死樂，希求自利義，知彼為下士。」決定勝中略有二種，謂證解脫僅出生死及一切種智位。其中若依諸聲聞乘及獨覺乘，盡其所說一切皆悉攝入中士，或共中士所有法類。中士夫者，謂發厭患一切諸有，為求自利，欲得度出三有解脫，以趣解脫方便之道三種學故。《道炬論》云：「背棄諸有樂，遮惡業為性，若惟求自靜，說名中士夫。」如覺窩所造《攝行炬論》云：「尊長佛說依，密咒度彼岸，能辦菩提故，此當書彼義。」謂修種智方便有二，謂密咒大乘及波羅密多大乘，此二攝入上士法類。上士夫者，謂由大悲自在而轉，爲盡有情一切苦故，希得成佛學習六度及二次第等故。《道炬論》云：「由達自身苦，若欲正盡除他一切苦者，是爲勝士夫。」此士所修菩提方便，謂波羅密多及咒。

由上文得知，整本《廣論》包含兩件事：一是增上生，一是決定勝，其乃是以阿底峽的《菩提道燈論》爲依據而說。所謂增上生事就是下士道，下士又分爲三類：普通下士、共下士及殊勝下士；求現世利樂爲普通下士，爲了修中士的前方便稱爲共下士，爲了下一生能得人天善趣者，稱爲殊勝下士。決定勝事是中士道及上士道；聲聞及獨覺修戒定慧三學，以求解脫生死是中士道；又說要得一切種智位有兩種方便法門：密咒大乘（密宗）及波羅蜜多大乘（顯教大乘）；前者是修密咒的生起與圓滿二次第，後者是修六度，這兩種都稱爲上士道。

以上就是《廣論》所說的三士道。

其實修學佛法，不需要有所謂三士道的次第分別，而種智是密宗修學者永遠無法實證的，稍後再說。《廣論》所謂的增上生道，應該說是世間的善法，不一定是學佛者才能學的法，而此世間人天善法乃是共凡夫與外道的。《瑜伽師地論》卷一四說：【又有三種爲諸樂欲增上生者，所說眞實增上生道：一者布施得

大財富，二者持戒得往善趣，三者修定遠離苦受，得生一向無有惱害樂世界中。】

由 彌勒菩薩此段開示而知：人間有智慧者，都會知道要行布施或守持五戒或修學四禪八定等禪定加行，能這樣做者，就能避免來世下墮惡趣，而往生善趣，但這些終究還是不離三界有之無常敗壞苦。因此，不論學佛或不學佛的行善之人，本來就已經走在世間增上生道了。雖然學佛的人本來就行於世間增上生道，而不斷在行人天之善，但還不能算是眞正入內門學佛。因爲，學佛的人首先要建立一個觀念：「**我若想要成佛，必須先要開悟證眞。**」開悟證眞後，才算是進入佛法內門修行，也才算是眞正的開始學佛；在此之前的世間增上生道，乃是前面的資糧加行，屬於外門所修的。

畢竟決定勝者，唯指成佛。二乘解脫道不是究竟的佛法，故不能稱爲畢竟決定勝，《廣論》此處卻將二乘解脫併入究竟佛位而說之爲畢竟決定勝，是不正確的說法。眞正佛道的修學有二主要道：一是**解脫道**，二是**佛菩提道**。佛菩提道又函蓋解脫道，因此修學佛法眞正說起來只有一種道次第，就是佛菩提道。因爲菩薩能證解脫而不希求解脫速入無餘涅槃，要留惑潤生、隨願受生，以作利益眾生之事，直至成佛，這才是究竟決定勝。二乘的解脫果仍有餘苦待知，仍有餘集待斷，仍有餘生待滅，仍有餘道待修，所以仍稱不上是畢竟決定勝。

如果依《廣論》的三士道修學：下士道修完再修中士道，中士道修完再修上士道，上士道修完再修密咒乘；這種道次第，其實是顛倒的道次第。何以如此說呢？依 佛在第二轉法輪所說來看，表面上《廣論》是把人天乘歸於下士道，把初轉法輪解脫道歸於中士道。但是進一步簡擇《廣論》所說的內涵，卻發現《廣論》又把《阿含經》所說之蘊處界緣起性空諸法剔除，只截取四聖諦與十二因緣；甚至又將蘊處界中緣起緣滅的意識心建立為常住法，公然違背阿含解脫道。然而，三界一切法就是蘊處界諸法，而蘊處界所攝的一切法全都是緣起緣滅的生滅法，乃因緣所生法；識蘊（特別是意識）本是根塵為緣生的生滅法，《廣論》卻把緣生法中識蘊所攝的意識建立為常住不滅法，是根本就不瞭解蘊處界諸法，更不知蘊處界、四聖諦、十二因緣諸法根本因——第八識如來藏。宗喀巴在對意識虛妄的本質都不瞭解的情況下，如何能對蘊處界如實知？對蘊處界都不如實知，又何來有正確的四聖諦及十二因緣的緣起性空可修、可證？佛在阿含所說的四聖諦及十二因緣所說的緣起性空，若依《廣論》說來，就變成無因論的斷滅法，如此不是很顛倒嗎？

再說二轉法輪的般若經，是宗喀巴認爲最究竟的了義法，所以在《廣論》中把般若放在上士道中。然而 佛在《解深密經》說，般若經是有上有容的，不是究竟了義之法。因此《廣論》所說的教判，顯然違背第三轉法輪究竟了義經典所說。而宗喀巴又不解般若經義，硬把般若解釋爲一切法空，說爲「空正見」；但是 佛宣講般若經，其目的是爲了讓二乘人迴小向大；在說蘊處界等一切法空時，卻同時說有一個眞實不空、有眞實體性的如來藏。並以種種善巧方便、不同的名稱，說爲「非心心、無心相心、不念心、無住心、菩薩心……」來說明常住的第八識如來藏，教導二乘人要迴心轉入大乘法中去親證祂，如此實相般若智慧才能出生。但宗喀巴把般若經中明說應該要親證的「非心心、無心相心」否定了，使般若經成爲有名無實的虛妄法，成爲與解脫道內容相同的世俗諦經典，如此般若經的法義就成爲多餘的戲論——性空唯名了，這不是很顚倒嗎？可憐無智的印順法師正是因爲信受繼承了宗喀巴這樣的邪見，所以把般若系經典定位爲「性空唯名」說。意思就是：般若諸經所說都是同於阿含解脫道的緣起性空之法，故無需再說般若，只要解說阿含道的緣起性空就夠了；所以般若諸經是全然同於阿含的，是唯有名相而無實質的說法，故說爲——性空唯名。

而三轉法輪的唯識方廣諸經，佛在《解深密經》中，說爲無上無容之究竟了義法，卻被宗喀巴判爲不了義。所以，唯識方廣諸經的極勝妙義理，也是成佛之最重要依據，在《廣論》中的定位卻被顛倒成了不入流的法。但是唯識方廣諸經，是菩薩悟後起修增長般若智慧的法門，也正是地上菩薩所應修的一切種智增上慧學，能否成佛，都看一切種智的修學是否圓滿而決定；但宗喀巴因執斷滅論邪見，不承認第八識，反而棄捨之，且又否定有如來藏，則其所謂的學佛，就永遠只能停留在世俗法的意識層面上，同於佛學研究的學問一樣，如此不是顛倒嗎？唯識方等經典中所說的唯識增上慧學，是成佛所憑藉的一切種智內容，是證得般若中觀以後才有能力實修的法義，宗喀巴卻判爲方便法，判爲更下於般若中觀的不了義法，如此不是顛倒嗎？

宗喀巴將一切種智修證的根本－實證第八識如來藏所含藏的一切種子的智慧－第三轉法輪種種唯識系列經典所說的如來藏加以否定之後，於《廣論》中再作出如此的主張：「謂修種智方便有二，謂密咒大乘及波羅密多大乘，此二攝入上士法類。」這是有背後原因的，不可單從文字表相來判斷他的說法是否正確。若單從他這三句話的文字表相來看，他的說法是正確的：波羅蜜多大乘是修種智的方便。但在密咒乘中修學密咒，卻絕對不是成就種智的方便法，而且是完全相悖的法。但宗喀巴在《廣論》中爲何會說密咒乘的修學也是修證種智的方便呢？原因就在於他將種子曲解，想要引導學人進入密法中。宗喀巴所說的種子的智慧，是指雙身法中喇嘛射精能使明妃、佛母懷孕；知道精液即是種子（如同植物種子能出生植物一般）的智慧，即是一切種智。宗喀巴因此而說密咒乘的修學也是證得種智的方便之一，因爲密咒乘修持密咒的結果就是實修雙身法，最後則是知道種子（精液）能出生人類；有了這種智慧而能控制自己要不要射精，就是獲得一切種智而成佛了。但是 佛所說一切種智中所說的種子，卻是指第八識如來藏中含藏的一切種子——八識心王的一切功能差別；指的是如來藏自己的功能差別，以及如來藏所含藏的七識心的功能差別等，種子又名爲界，又名爲功能差別故。具足證知八識心王一切種子—一切功能差別—就是具足證得一切種智而成佛。但宗喀巴將種子移植到雙身法中的精液及明妃的淫液來說，是完全曲解佛法，是以外道法取代佛法的破法行爲。

又《廣論》後面佔有半個篇幅的「別學後二波羅密多，謂修奢摩他毗缽舍那」，宗喀巴又搞錯了。奢摩他與毗缽舍那，漢譯為止與觀；所謂的止，除了世間修四禪八定之法門以外，更重要的是於實相正法或解脫眞義心得決定不動搖；觀是觀行，對於解脫之理、般若之理、種智之理，如實觀行而發起智慧。但《廣論》卻把奢摩他當成禪定波羅蜜，把毗缽舍那當成般若波羅蜜；不知佛法中的奢摩他與毗缽舍那二法的修習，都是兼含禪定與般若在內的。並且宗喀巴《廣論》所說的止觀雙運乃是爲了替他在另一部《廣論》—《密宗道次第廣論》—的雙身修法鋪路，導引讀者進入密宗道去修樂空雙運，所以他在《廣論》說的止觀，也是雙身法中在瑜伽時—在動作時—應該要止或繼續動作中的觀察。他有如此天大的誤解，難道不是顚倒嗎？

又依《廣論》三士道次第修學的說法：「下士道修習圓滿才能修中士道。」則密咒乘行者，永遠都無機會修習中士道。因爲，宗喀巴的說法是：下士道是修人間善法，必須要至佛地方才圓滿；故除非成佛，否則下士道的修學就永遠不能圓滿；若說下士道圓滿而成佛以後，才回來補修中士道的聲聞法解脫道，這種說法難道不是顚倒嗎？而且，福德資糧永遠都不應嫌多，永遠都應繼續修集不斷，所以　世尊成佛以後也仍然繼續修集福德（請參閱《佛本生經》）。再者《廣論》所說的中士道修習圓滿再修上士道，也是同樣的道理，因為中士道修完就成為阿羅漢而入無餘涅槃了；如果未能入涅槃，就表示思惑煩惱尚未斷盡，就是中士道尚未圓滿；中士道既未圓滿，如何能進修上士道？甚至《廣論》主張上士道圓滿才可修密咒乘，而上士道修完時已經成佛了，又何必再修密咒乘？而密咒乘的內容自始至終都是左道的雙身法，既違背善良風俗，而且是亂倫的行為，又違背自古以來的道德文化，也違背 佛所制定的戒律，更違背出離欲界的解脫道實修，亦違背解脫道滅除蘊處界的精神，也與佛菩提道的境界背道而馳，不但是不能使人解脫、不能使人成佛，而且也不能出離欲界的繫縛，更會墮入三惡道，所以在上士道修完而成佛以後，又何必再入密咒乘呢！

又 佛所說的無餘涅槃有本際獨存，而《廣論》卻否認有本際第八識實存；如此依《廣論》中士道修學無因論的四聖諦及十二因緣，就算眞的能入無餘涅槃，也會成為斷滅空（編案：實際上《廣論》所說的無因論斷滅法，是無法入無餘涅槃的），那又何必依《廣論》來修學此終究會成為斷滅空的邪法呢！再說上士道修學布施乃至禪定，最後卻成為一切法空之假名般若的空無斷滅，而把蘊處界都滅盡了以後，卻又主張意識是常住不滅的，豈非自語相違呢？意識常住當然不可能是一切法空故。又意識本屬五蘊中識蘊所攝之法，蘊處界滅盡時怎還有意識常住耶？這等於是證得阿羅漢果以後再退回凡夫位中，如是顚倒見解乃是佛所斥的四倒邪見，仍是落於常見外道所說常住不壞的意識心中，所以說宗喀巴乃是思想具足顚倒的人。假使他改爲認同阿含正理，而把意識等十八界法全部滅除了，終於入無餘涅槃了，但是卻不許有涅槃實際的阿賴耶識心體獨存，如此涅槃就成爲斷滅境界，那麼他學佛又有何用？同屬外道斷滅見者，非名眞實學佛也。

因此，學佛的道次第不是妄想把它分割成下中上及密咒乘四個次第，眞正的佛菩提道只有一個，即是波羅蜜多道：包括六度波羅蜜多與十度波羅蜜多；六度是在求證三賢位的般若總相智與別相智，十度是在求證諸地的道種智。道種智圓滿時就是成就一切種智的究竟佛，是具足證得八識心王一切種子而發起的關於八識心王一切功能差別的智慧。大乘學人初學佛時，得要具足深信業果、行十善道、厭生死苦、發願求無上覺，並且有福能值遇諸佛及諸菩薩，並能承事供養、修行諸行，這樣才能以一劫乃至萬劫修行十信，十信位圓滿以後，從初住位開始就要外門修學六度波羅蜜多；在六度中修習時，同時附帶解脫道的修習與親證。初住位主修布施功德，二住位主修持戒功德，乃至五住位主修禪定功德，轉於第六住位中修集般若功德，以這樣來作爲開悟明心破參的準備。當明心證眞，般若正觀現前，親證本來自性清淨涅槃時，才眞正打開無門之佛門，進入七住位中，開始以般若慧來修學佛法，從此以後就是內門廣修六度萬行；在親證如來藏而生起般若總相智以前，尚未發起這個根本無分別智以前，都是外門廣修六度萬行。證得如來藏而進入第七住位，生起般若智慧了，然後次第歷經十住、十行、十迴向位，至十迴向位滿心，都還在修習布施等六度波羅蜜多，稱爲遠波羅蜜多，是第一阿僧祇劫的修行。

十迴向位滿心進入初地後，主修十度波羅蜜多，從初地入地心主修法布施而成就檀波羅蜜多，乃至七地滿心位成就方便波羅蜜多，這是第二阿僧祇劫的修行，名近波羅蜜多；菩薩再從八地入地心漸修至十地滿心位，是第三阿僧祇劫的修行，是大波羅蜜多；轉入等覺位後，百劫修取三十二大人相、八十種隨形好，也是大波羅蜜多。如此，從初地到十地，須歷經二大阿僧祇劫的修行，圓滿布施等十度波羅蜜多，是以無生法忍智慧來修習六度及方便、願、力、智四種波羅蜜多，合爲十度波羅蜜多。於十地滿心入等覺位時，仍須以百劫時間爲了圓滿種種相好，專修福德，亦是大波羅蜜多，一切種智即將成就圓滿了。進入妙覺位時等待因緣下生人間，於人間成佛而進入佛地時，圓滿一切種智，成究竟佛，名爲圓滿波羅蜜多。但是宗喀巴所說的下士道的福德，仍然是尚未圓滿的；所以等覺位的大菩薩們，都還要再經歷整整百劫中修集廣大福德，以圓滿佛地三十二大人相、八十種隨形好。這才是眞正的佛菩提道次第，所以宗喀巴的《廣論》所說三士道，內容既不正確，道次第也是荒謬顚倒的，所說的內容決非眞正佛法。

《廣論》又說：「三士之名，攝決擇曰：『復有三士，謂有成就正受非律儀非非律儀所攝淨戒律儀，亦有成就正受聲聞相應淨戒律儀，亦有成就正受菩薩淨戒律儀。其中初者爲下，第二爲中，第三爲勝。』與此義同，復說多種上中下士建立道理。」《瑜伽師地論》〈攝決擇分〉所說「非律儀」，是指一般世間非律儀法，「非不律儀」是指在家五戒，「聲聞相應淨戒律儀」是指出家比丘、比丘尼戒，「菩薩淨戒律儀」是指在家及出家菩薩所受的菩薩戒；此是說在家、出家眾所受的戒律有異有同，不是像宗喀巴認爲其中有如是文字：「其中初者爲下，第二爲中，第三爲勝。」就認定是下中上三士道建立的道理。可見宗喀巴的文字障有多麼嚴重，如此胡亂解釋聖 彌勒菩薩大論，只能瞞騙無智慧眾生而已。《廣論》的三士道，為了師出有名，搬出聖 彌勒菩薩的《瑜伽師地論》來證明有三士道；其實聖 彌勒菩薩所說的「三士」內容，與宗喀巴《菩提道次第廣論》說的「**三士次第**」，根本是風馬牛不相及。《瑜伽師地論》〈攝決擇分〉說的是「**三士**」而不是「**三士之道**」：《瑜伽師地論》中說的三士，意思是有三種人，不是說修道的次第。乃是說世間人共有二十四類，每類各有三種人，其中大部分是講世間福業，少分提到戒定慧。各種世間福業，都有各個上中下三種好人與惡人差別。戒定慧三學各個法中，也有上中下三種程度不同的人，而不是在講上士、中士、下士的先後次第。《瑜伽師地論》沒有提到「**三士高下差別就是菩提道的次第**」，更沒有提到「**最後要轉入金剛乘**（左道密宗的雙身法）」。宗喀巴只是為了利用聖 彌勒菩薩之名義來誤導學人，使人誤認他所說的法義都與聖 彌勒菩薩相同，用來提高自己的名氣，用來證明他所說的法具有可信度而已。宗喀巴要舉例證明之前，必須先考慮清楚所引用的例子是否恰當，如此亂舉一通，反成把柄；這也就是附佛法外道——左道密宗的西藏喇嘛們，自古以來一向採用的方法，藉以瞞騙學佛人進入左道密宗，因為藏密信徒通常不會檢驗他們所引用的經論文句是否移花接木，所以就大膽亂引而曲解之。

第二目　《廣論》三士道次第之建立

《廣論》頁六八說：「轉趣大乘能入之門者，謂即發心於勝菩提。」頁六九又說：「如是所說勝利略有二種，謂諸現前及畢竟勝利，初中復二：謂不墮惡趣及生善趣。若發此心能淨宿造眾多惡趣之因，能斷當來相續積集。諸善趣因，先已作者，由此攝故，增長廣大；諸新作者，亦由此心為等起故，無窮盡際。畢竟利義者，謂諸解脫及一切種智，亦依此心易於成辦。若於現時畢竟勝利，先無真實欲得樂故，雖作是言，此諸勝利從發心生，故應勵力發起此心，亦唯空言；觀自相續，極明易了。若於增上生及決定勝，二種勝利發欲得者，故須先修共中下士所有意樂。如是若於二種勝利，發欲得已，趣修具有勝利之心者，則須發起此心根本大慈大悲。」

《廣論》的道總建立，是先修下士道、而中士道、而上士道、而金剛乘，主旨在上士道的發菩提心及金剛乘[5]的發菩提心，而其道總建立又是為轉入金剛乘之前導。由上文得知宗喀巴以為，發了菩提心就不會墮惡趣，會生善趣。

如果眞是這麼簡單的話，大家都發菩提心就好了，反正藏密說的發菩提心也只是嘴巴唸一唸而已，說完已發菩提心之後就可以放心去幹壞事，反正又不會墮惡趣，因爲一切法緣起性空嘛！這樣何樂不爲？但事實上並不是這樣，眞的發了菩提心以後，一定會受菩薩戒，必定會受菩薩戒戒律的規範，而不去造作引生惡趣之業。又菩薩學子受菩薩戒後，經常布薩、懺悔，因此使惡業種懺除現行而轉依清淨，並能清淨過去所造惡趣的業種，也能自作警惕不造未來惡趣之因，如此才能說不墮惡趣。並不是如宗喀巴所說：「**若發此心能淨宿造眾多惡趣之因，能斷將來相續積集。**」（《廣論》頁六九）沒這麼簡單。這不是隨口說說就能成辦的，而是要以身口意去實際修行清淨行。然而，自認爲傳承天竺佛教的「**藏傳佛教**」，傳統上以爲菩薩戒的中心思想即是發菩提心，所以常將發菩提心與行菩薩道劃上等號，卻不知發菩提心的眞實內容，不知這是因爲轉依如來藏而不住有相戒中；這種行法只適用於大乘佛菩提見道後的菩薩依道共戒而住，此乃否定法界實相之宗喀巴始終尚未夢見的境界。

菩薩發菩提心而受菩薩戒，都是盡未來際受，所以持戒的菩薩是不會故意再造惡因，只會造善因，即使不小心違犯了輕垢戒也會如法發露懺悔。但是發菩提心的菩薩不會只停留在欲界等世間善行中，還要繼續修證解脫果及佛菩提果。修證解脫果，則首先要斷我見煩惱；修證佛菩提果，則先要觸證法界實相菩提心。《廣論》說要先證中士道的解脫果，才能修上士道及密乘雙身法，但解脫果的修證第一關就是斷我見，宗喀巴卻在《廣論》中公開主張意識心常住不滅，解脫果的第一關，他就無法通過了，他又如何能修證他所主張的上士道？他又有何資格修證密乘雙身法？又如何能說他是有金剛乘實證的人？因此他所提出的三士道乃是妄想所說的戲論，非眞實可證的道次第，只是想貪緣聖彌勒菩薩於《瑜伽師地論》中所說的三士名稱而已，用以籠罩無知的學人。而且以大乘正修行來說，光是發菩提心，仍是不能斷煩惱的；光是發菩提心，也不能證得勝義菩提心。更何況宗喀巴等所建立的三士道的內涵與次第，都是誤會世俗的發菩提心，更誤會勝義菩提心，如此錯謬的見解，又哪來菩提心可發？哪來菩提心可證？不發、不證菩提心，又哪來道種智可得？更遑論一切種智的圓滿而成佛。故其說：「謂諸解脫及一切種智，亦依此心易於成辦。」皆成謊言，自語相違，所說欲得決定勝，都是不可能之事。

《廣論》頁六九－七〇說：「於下士之時，思惟自於諸惡趣中受苦道理；及於中士之時，思惟善趣無寂靜樂，唯苦道理。次於親屬諸有情所，比度自心，而善修習，即是發生慈悲之因，菩提之心從此發生。故修共同中下心者，即是生起眞菩提心所有方便，非是引導令趣餘途。如是又於彼二時中，思惟歸依及業果等，多門勵力，集福淨罪，如其所應，即菩提心之前行，修治相續之方便，七支行願及歸依等。故應了知此等即是發心方便。」頁七〇－七一又說：「如是修習中下之道，及善修習如上士時所説道已，於相續中，隨力令生眞菩提心。次為此心極堅固故，應以不共歸依為先而受願軌，由願儀軌正受持已，於諸學處應勵力學。次應多修欲學之心，謂欲學習六度四攝菩薩行等。若由至心起欲學已，定受行心清淨律儀。次應捨命莫令根本罪犯染著，餘中下纏及諸惡作，亦應勵力莫令有染；設若有犯，亦應由於如所宣説，出犯門中，善為淨治。次應總學六到彼岸，特為令心於善所緣，堪能隨欲而安住故，應善學習止體靜慮。……次為斷執二我縛故，以見決定無我空義。次應將護無謬修法，成辦慧體毗缽舍那。……如是以諸共道淨相續已，決定應須趣入密咒，以若入密速能圓滿二資糧故。」頁七二又說：「次於續部，若是下部有相瑜伽，若是上部生次瑜伽，隨其一種善導修學。此堅固已，若是下部無相瑜伽，或是上部滿次瑜伽，隨於其一應善修學。」

以上就是《廣論》的道總建立。《廣論》所說的修學次第，乍看之下似乎天衣無縫，其實它的道次第內容，甚多瑕疵且處處矛盾與破綻。前已說過《廣論》所說的三士道及密咒都是世間法，於四悉檀來說都不是正法，所言皆與佛法中之世俗諦及第一義諦無關，故依此修學絕不可能出離三界，更不可能證悟空性心如來藏。若依《廣論》所說修習：以三界法來說，最高只能得欲界善趣（但必需以不修雙身法、不大妄語、不否定法界實相為前提；若修樂空雙運的無上瑜伽等，必入三塗，則不可能往生善趣），因此勤修藏密法者，必不能達色、無色界不動地。因為《廣論》乃是為了替《密宗道次第廣論》的雙身法鋪路，因此沒有說明修學止觀禪定等之重要知見，也就是：「若修習奢摩他、毗鉢舍那法，必先降伏五蓋。」若五蓋不能降伏，就不可能證得色界定，初禪一定無法發起，怎可能實證色界定、無色界定？而且，證得色界定的人，必須有一個前提，才能在證得未到地定以後發起色界定，那就是**斷除欲界貪等五蓋障難**，且最主要的是斷男女淫欲樂觸的貪著；但是宗喀巴所主張的道次第卻是斷除欲界貪的人還要退回來欲界中貪愛淫觸，而且要極力追求最大、最長久的淫觸之樂，這眞是顚倒的說法。從此也知《廣論》及藏密祖師所推崇的密續所說，都是基於雙身法淫欲樂受的境界滿足為目的，都與世間禪定及出世間解脫、世出世間菩薩法道相違背，因此說藏密乃是千餘年來最大的戲論。

若依四聖諦來說，《廣論》所說的行門只會造苦與集苦，更不知道眞正的苦、苦集、苦滅及苦滅道因的眞義，故其根本不能如實了知四聖諦的眞義，當然也無資格修學藏密的法門。依因緣法來說，因為他否定了法界實相第八識，只能在現象界觀察緣起性空，落入無因論的斷滅見中，只能繼續在流轉門中生死不停、輪迴不已，根本不知十二因緣的還滅法道眞義，更不知《阿含經》所隱說十因緣法「**齊識而還，不能過彼**」的道理。於二乘涅槃來說，《廣論》所說根本連斷我見都沒有辦法，只以為涅槃即是空，不知阿羅漢入無餘涅槃後有本際──**實際**──獨存。於菩薩道來說，《廣論》否定第八識如來藏，否定了因果的根源，所說的菩薩道必然皆成戲論，只會口中嚷嚷著發菩提心，不知如何發菩提心，更不知道要證勝義菩提心。於蘊處界來說，《廣論》只稍微援引了一些佛法名相來胡亂解釋，甚至認為意識細心常住不滅、貫通三世，連意識是虛妄的都不知道，更不能如實知蘊處界如何運作，是未斷我見的凡夫之論；以心法來說，《廣論》乃是主張六識論，只能知前六識，不知也不承認有七、八識，主張意識乃是貫穿三世的主體，不知眞心妄心之差別；以意識心來說，《廣論》認爲意識不滅，不知意識是斷滅法，此乃標準的倒見——認無常爲常；以色法來說，《廣論》只能了知有外五塵的局部，不知有內相分五塵及法塵，於色法不如實知。

實際上《廣論》所說的中士道－**解脫道**及上士道－**菩薩道**，都是已經背離的、誤會的「**佛道**」次第，乃是不正道。於奢摩他來說，《廣論》只知錯誤的「**一念不生**」，不知所謂的「**一念不生**」乃是有念而生，以爲欲界粗淺的定力爲靜慮，不知淨念相繼的靜慮，更不知大乘法中對於正法、對於實相的止－**心得決定**－的部分；於毗缽舍那來說，《廣論》自以爲所說是出世間勝義般若，卻不知其所觀大多只在修粗淺欲界定的世間法，並且此部分所謂的「**毗缽舍那**」，乃是爲了要修《密宗道次第廣論》所謂的「**樂空雙運**」的無上瑜伽而準備，此乃粗糙的欲界定，而且《廣論》更不知眞正的觀行可以通實相般若及種智。

再者，以中觀來說，《廣論》誤會空性是說一切法空的斷滅空，不知空性是非有亦非空，乃是法界實相第八識雙具的空性與有性；並且《廣論》主張的一切法空應成派中觀，乃是違背因果的律則，所以據以爲師徒、父女、兄姊親屬行雙身法的亂倫行爲的藉口，認爲這樣修也是一切法空。所以密乘是荒謬邪淫之法，有智慧者翻閱宗喀巴所造《密宗道次第廣論》時，若知道其中的隱語涵意，就可全然瞭解其內容全都是意識境界，而且是外道性力派的雙身法淫樂技術而已。所以，西藏密宗是喇嘛教，根本就不是佛教。如果有人橫了心，決定要入地獄，則他來修習《廣論》是最恰當的；學了《廣論》以後，心中已先種下入藏密修習邪見的種子，將來必定會入藏密中再修金剛乘，最後必會修《密宗道次第廣論》，這樣就能如願以償勤修雙身法而毀破邪淫重戒，成就地獄業。因此，可以這麼說：「**修學《廣論》就是進入地獄的先修班，《廣論》實修完成班將是地獄保證班。**」因爲《菩提道次第廣論》與《密宗道次第廣論》乃是宗喀巴《廣論》系列的上下冊，《廣論》後半部所講的止觀也是雙身法，是以《菩提道次第廣論》前半部的三士道佛法名相，來接引初機誤信「**喇嘛教就是佛教**」，以《密宗道次第廣論》來完成「無上瑜伽樂空雙運實修」之目的，故此兩種《廣論》互爲表裡，必不可分。

《廣論》頁七三—七四說：

龍猛依怙亦云：「先增上生法，決定勝後起，以得增上生，漸得決定勝。」

此說增上生道及決定勝道，次第引導。聖者無著亦云：「又諸菩薩爲令漸次集善品故，於諸有情，先審觀察。知劣慧者，爲說淺法，隨轉粗近教授教誡。知中慧者，爲說中法，隨轉處中教授教誡。知廣慧者，爲說深法，隨轉幽微教授教誡。是名菩薩於諸有情次第利行。」聖天亦於《攝行炬論》，成立先須修習到彼岸乘意樂，次趣密咒漸次道理。攝此義云：「諸初業有情，轉趣於勝義，正等覺說此，方便如梯級。」《四百論》中，亦說道次極爲決定：「先遮止非福，中間破除我，後斷一切見，若知爲善巧。」此說道有決定次第。敬母善巧阿闍黎亦云：「如淨衣染色，先以施等語，善法動其心，次令修諸法。」月稱大阿闍黎，亦引此教爲所根據，成立道之次第決定。現見於道引導次第，諸修行者，極應珍貴，故於此理，應當獲得堅固定解。

但是找遍了聖　龍樹菩薩的論著，都找不到所謂的三士道次第。而聖　無著菩薩受學的《瑜伽師地論》所說的劣慧、中慧、廣慧，也不是在說三士道的道次第，而是說觀察眾生不同的根器，而爲之說不同層次的法義。聖　彌勒菩薩所說的「劣慧」是指聲聞人，聲聞人智慧低劣，不堪聽聞菩薩大法，譬如《法華經》中說的五千聲聞比丘、比丘尼等退席事，顯示根器的下劣，故只能爲他們說粗淺的聲聞法，然後慢慢引導趣入大乘。又「中慧」者是指緣覺乘，菩薩對聲聞乘人解說因緣法中的十因緣法，有「齊識而還，不能過彼」的道理，這個識即是第八識，然後再為聲聞人解說十二因緣法；也為說成佛之道福慧兩足殊勝無比的知見，使其發起菩薩種性的悲願，以此而種下未來轉入大乘般若中觀親證法界實相本識的因緣，如此漸漸轉入大乘。又「廣慧」是指已開悟之菩薩，已具備般若智慧，才能為之解說甚深極甚深之唯識方廣義理的教授教誡，而不是《廣論》中所說的純憑意識想像的「廣慧」。

聖　聖天菩薩為聖　龍樹菩薩之徒弟，他承襲並廣傳聖　龍樹菩薩之中觀理論；坦特羅密教入竄佛教，因此滅亡實質佛教而取代之，這已是　龍樹師徒入滅後之事；所以　龍樹師徒其實與坦特羅密教的傳揚完全無關，他們從來不曾弘揚過坦特羅密教——修雙身法的左道密宗；後世以　龍樹及　聖天為名之密教著作，純屬密教徒眾託名賢聖之偽作。宗喀巴說：「**聖天亦於攝行炬論，成立先須修習到彼岸乘意樂，次趣密咒漸次道理。攝此義云：『諸初業有情，轉趣於勝義，正等覺說此，方便如梯級。』**」（《廣論》頁七三）這是宗喀巴自編自導之說，全非是事實，因為時空不符；況且聖　聖天菩薩也未曾著作《攝行炬論》一書，所以宗喀巴這一段話是張冠李戴的說謊行爲。又《廣論》頁六六說：「如覺窩所造《攝行炬論》云：「尊長佛說依，密咒度彼岸，能辨菩提故，此當書彼義。」吾人所了知，《攝行炬論》乃是阿底峽所造，才會有「次趣密咒漸次道理」的文字；宗喀巴如此張冠李戴，已成就誹謗賢聖僧的罪業。至於敬母、月稱等人，都是應成派中觀行者，他們所說的道次第都是具足斷、常二見的外道意識法，不能說爲眞正的佛菩提道。但在此處，還是要認同宗喀巴的一點說法，謂：「現見於道引導次第，諸修行者極應珍貴，故於此理，應當獲得堅固定解。」（《廣論》頁七四）只是此處所說的道次第，並不是宗喀巴所認定的道次第而已。

5 云金剛者，乃依男性的生殖器堅固不軟故說爲性如金剛，由此可以持續長住於雙身法的淫樂境界中，故說男性藏密行者爲金剛勇士，故說左道密宗爲金剛乘。

第四章 《廣論》下士道之平議

生與死，是人生的必定過程，對一般人來說，生時大家都高興，老病死時大家都不喜歡，尤其對死，更是忌諱。因此，智者應當探討，出胎後如何老死？死後又何去何從？在這生死當中只有苦，但是要如何離苦？想要離苦則應當造作何種業行？……等，這些都是基本常識，對於有志修行之人，都需要探討這些問題而無法迴避。爲取信修行人，宗喀巴的《廣論》也依此而建立了下士道次第，其內容爲：念死無常、三惡趣苦、歸依三寶、深信業果等四項。這些都是佛教修行人所必須探討的課題，然而不只佛教如是說，一神教、道教等等很多宗教也都或多或少如是說，所以這些課題有些是通外道的，也都是世俗眾生所能觀察到的議題，只是各宗教所依止的對象不同而已，因爲各宗教派別都有各自之所依處及歸依處故。現在以正信佛教的觀點，來探討《廣論》於此四項的內涵看法是否正確如理。

第一節 念死無常

一般凡夫都以世俗的眼光來看待世間的生老病死苦，而宗喀巴的《廣論》也不例外，亦都與凡夫一樣在世間生死無常的現象上打轉，卻不知道生死無常的根源所在，他縱然天天念死無常，卻因知見的偏邪，結果還是脫離不了造作老病死無常等苦集的業行。如果是證悟菩薩以勝義諦之見地來觀待，則可謂「置無量生死於度外」，也就是從勝義諦的角度來看，此現觀的見地乃是依如來藏非生死、非非生死的中道體性而論；證悟菩薩轉依此清淨中道性而於三界中同事利行，因此也就不必念死無常而落入一邊了。

第一目 世間人希求現世樂的念死無常

人一出母胎，即開始向死亡邁進，成住壞空是世間既定的法則之一。《大般涅槃經》卷三八說：【觀是壽命常為無量怨讎所遶，念念損減，無有增長。猶山瀑水不得停住，亦如朝露勢不久停，如囚趣市步步近死，如牽牛羊詣於屠所。】而《廣論》中同時亦引用一些經論文句來說明生老病死苦的現象，例如：「入胎經云：『此中半數爲睡覆蓋，十年玩稚，念年衰老，愁嘆苦憂及諸恚惱亦能斷滅，從身所生多百疾病，其類非一亦能斷滅。』」（《廣論》頁八〇）「集法句云：『上日見多人，下日有不見；下日多見者，上日有不見。』又云：『若眾多男女，強壯亦歿亡，何能保此人，尚幼能定活。一類胎中死，如是有產地，又有始能爬，亦有能行走；有老有幼稚，亦有中年人，漸次當趣沒，猶如墮熟果。』」（《廣論》頁八二）以上《廣論》所引諸經論亦皆云：人的五陰必定會漸次趣於死亡斷滅。

如上的《大般涅槃經》白話解釋意思是說：「正修死想者乃是要去觀察，我們這個五陰的壽命，是有無量怨恨仇惱的死亡因緣圍繞著此命根，這個壽命乃是念念都在減少損壞中，亦即剎那剎那間的生命都在不斷的流逝，沒有辦法使生命增長。就如同瀑布流水般的剎那生滅，是不會靜止不動而安住長存的；也像早晨的露珠一般，是多麼短暫的勢力而無法永遠保持或久停；亦像死囚前往市集受刑的過程般，是一步步走向死亡的；也像待宰的牛羊一般，被繫縛著牽往屠宰場。」因此修行者當現前觀察死亡，如同 佛於經中的開示，透過如此現觀而心得決定，了知此五陰身心乃「無常敗壞，不可久住」。而《廣論》所引經論的白話解釋：「《入胎經》說：『一般的人生有一半的生命時間被覆障遮蓋在睡覺的現象中，其中有十年是玩稚無知的幼童期；而五陰念念在年老衰敗中，還有不斷的憂嘆愁苦及種種的瞋恚苦惱，最後也一樣會隨著五陰的老死而斷滅；而此五陰身所出生的各種疾病纏身，雖然其中類別非只有一種，但是卻隨時可能因此斷送性命而使此五陰身滅盡。』《集法句》也說：『上午看到的許多人還安好，但是到下午時有些人就死了、不見了；而下午看到的許多人，明天早上又有些人死了、不見了。』又說：『不論是男人或女人，這麼多的男女眾，有很多人身強力壯時都會死亡，怎能保證年輕幼弱的人一定能存活？有一些人還在胎中就死了，有些人一出生就死了，還有些人剛學會爬時就死了，有些人才學會走路時就死了；死亡這件事是不分老年、少年的，當然也有中年人；就算一生平安也還是一步一步邁向死亡，就像熟果自然落地一樣。』」

既然人都會死，逃也逃不掉，《廣論》又說：「無常集云：『若佛若獨覺，若諸佛聲聞，尚須捨此身，何況諸庸夫。』任住何境，其死定至者；即彼中云：『住於何處死不入，如是方所定非有。空中非有海中無，亦非可住諸山間。』」（《廣論》頁七七）諸佛、諸聖人應世緣盡時，尚且都須捨身，何況一般凡夫！當死魔來臨，不論你躲到空中、海中或躲進深山裡，都逃不了一死。世間人因為終究會死，所以只好希求生活中無憂無慮，沒有病苦，能長命百壽。爲了達成此希求，於是把所有心思全放在追求世間快樂上，認爲不樂白不樂，以致貪瞋癡慢疑等本有的煩惱習氣種子，不斷熏習增強，使惡業種子愈形堅固。如此，現世中不斷再造作各種惡業，阿賴耶識中惡業種子也就越來越增長廣大，使得末那識起心動念時總是不如理作意。好不容易才從三惡趣中輾轉而出，初得人身卻又再造惡業，歿後惡業猛風的吹襲下，末那識也只好再帶著阿賴耶識，隨著業風又再度回到三惡趣。所以，惡趣是眾生大部分時間的所生處，善趣只不過是惡業報盡後的暫時生處而已。

在惡趣中很難行善，如此長時在惡趣苦受當中，很難出脫。所以《廣論》也如是說：「從惡趣死復生彼者，如大地土；從彼死沒生善趣者，如爪上塵。」《廣論》頁六二）因此，《廣論》於此下士道的說法中，雖引諸多經論以顯示世間皆苦、五陰無常，沒有三界中一法可以貪戀愛樂下去，於此無常皆苦的世間中，有許多有情是在諸善惡趣中生生死死的流轉不停；但是宗喀巴等藏密黃教師徒，卻又否定了這個實踐流轉生死因果律則的根本心如來藏，卻不知道自己所說前後矛盾，否定因果的所依——第八識根本心阿賴耶識，卻又承認有三世因果的流轉；犯了如此前後矛盾的過失卻不自知，不知道藏密行者死復生惡趣者，多如大地土。因此在藏密黃教不斷否定三乘菩提之根本心，以及藏密四大派都以雙身法來取代佛教正法的情況下，來看 地藏菩薩所發的「**地獄不空，誓不成佛**」的悲願，只能永遠實行下去了。〔編案：這也就是爲何 佛說 地藏菩薩是不能成佛的「菩薩一闡提」，因此悲願示現故！〕以上所舉的是世間人追求現世短暫的少小快樂，而不計死後受長劫無量純苦的念死無常，大量信受宗喀巴《廣論》邪見者，將落入比此更慘的惡趣下場，眞是可憐可愍！

《廣論》頁六三說：「**如四百頌云：『諸人多受行，非殊勝善品，是故諸異生，多定往惡趣。』謂善趣人等，亦多受行十不善等，非勝妙品，由是亦多往惡趣故。又如於菩薩所，起瞋恚心一一剎那，尚須經劫住阿鼻獄，況內相續現有往昔多生所造眾多惡業，果未出生，對治未壞，豈能不經多劫住惡趣耶？**」《廣論》此說倒很正確，值得藏密雙身法及否定根本心如來藏的行者引爲教誡；因破壞正法正戒而下墮地獄中的宗喀巴，他若於無量苦中稍得喘息，更應自己引爲教誡。再引《廣論》中難得的正說來解釋：「**大多數人都造十不善業，所以死後一定生到惡趣當中。**」現今自以爲是佛教徒的藏密喇嘛教信徒們，有很多人已受藏密喇嘛教的惡見熏染、荼毒，故其信眾藉藏密所傳教義而喝酒、大吃眾生肉（喇嘛教導信徒說：口雖食肉，實心中未嘗食肉；酒乃爲供養諸佛金剛之大甘露）；或者雖然表面說是行善業，但卻是直接、間接出錢出力護持及宣揚喇嘛教邪法；或者明著要持守菩薩戒示現清淨，暗中卻大搞雙身法的淫亂悖倫之行，或以外道淫樂法來取代佛教清淨的正法；如是看似表相善行之人，卻是《廣論》自己所說的「非勝妙品」，將來捨報後「由是亦多往惡趣故」。現見每年都有許多喇嘛性醜聞的事件發生，無有休止（被披露出來的只是冰山之一角），實因此雙身邪淫之法乃藏密的根本法故，卻盜取佛法名相及基礎義理，來掩護其雙身法之本質。

若如《廣論》說，對眞正的菩薩生起一點點瞋恨心，就一定會下墮阿鼻地獄，說不應「於菩薩所、起瞋恚心」，然而《廣論》所說之菩薩並非實義菩薩，乃假名菩薩，因爲其所作所爲即是假名菩薩之作爲。佛於《優婆塞戒經》卷二〈名義菩薩品第八〉開示：【善男子！復有眾生發菩提心，欲得阿耨多羅三藐三菩提，聞無量劫苦行修道然後乃得，聞已生悔，**雖修行道，心不眞實；無有慚愧，不生憐愍，樂奉外道，殺羊祀天**。雖有微信、心不堅固，**為五欲樂造種種**

惡；猗色命財，生大憍慢，所作顚倒不能利益；爲生死樂而行布施，爲生天樂受持禁戒；雖修禪定，爲命增長，是名假名菩薩。】但是我們看宗喀巴等古今西藏密宗法王、喇嘛們，崇尚意識心爲眞實，乃四倒之徒，即是「**雖修行道，心不眞實**」者；廣修師徒六親亂倫的雙身法，即是「**無有慚愧，不生憐愍**」者；供奉五肉血酒而勤修息誅懷增等鬼神法，又成爲「**樂奉外道，殺羊祀天**」。故此藏密喇嘛皆是佛所斥之「**假名菩薩**」，皆非實義菩薩。而現今藏密行者，眞的遇到實義菩薩欲告訴其眞實理時，卻又特地推翻、惡意誹謗，如是隨學《廣論》之人可眞是言行不一；既然提到了「**於菩薩所，起瞋恚心一一剎那，尚須經劫住阿鼻獄**」[6]，在這裡，就要奉勸諸《廣論》隨學者：前有說過「菩薩」二字未寫在臉上故，海峽兩岸及世界各國的藏密大師都是假名菩薩，卻把宣說勝義正法的眞正菩薩謗爲邪魔外道，並且還出資設壇，聘請藏密眾多喇嘛，暗中共同施行「**誅法**」，以藏密鬼神之「**誅法**」而欲誅滅實義菩薩。只因菩薩說法與他們不同，只因喇嘛之眷屬、利養流失而起貪瞋的緣故；只因遭到善知識的破斥而拆穿藏密千年謊言，使得其所修能趣向異生的染污法公諸於世人面前，不再神祕而失去了雙身法的神聖性，故欲以其鬼神相應之「**誅法**」對付眞善知識，然卻不知道藏密「**誅法**」於正眞佛法、正牌菩薩面前，卻都只是無用之愚行；而彼等又極力毀謗眞善知識及所傳之正法，這已嚴重成就謗法、謗僧、惡心欲殺菩薩等諸惡業，等同毀壞佛教之大惡業；但隨學藏密外道法者卻因無明所障，糊裡糊塗地出錢或出力，已成爲藏密喇嘛之共犯，共同造此大惡業之共業因緣，共同成就無間地獄業。藏密「**學佛**」人！請特別留意這個嚴重的後果，若您是理智的學佛人，而不是迷信的喇嘛教信徒，想想宗喀巴自己說的：「**於菩薩所，起瞋恚心一一剎那，尚須經劫住阿鼻獄，況內相續。**」。

雖然藏密所修「**誅法**」對正法的菩薩根本無效，徒添荒唐事一樁；假設藏密喇嘛們眞能請來鬼神假冒的護法金剛菩薩而行「**誅法**」，眞能誅滅續佛慧命之眞正菩薩；那麼您「**學佛**」又有何用？因爲，若他們行誅法時請來的眞是佛菩薩，會無慈無悲的「**誅殺**」一般眾生嗎？更何況會誅殺弘傳最勝妙如來藏正法的正牌菩薩？而正法中之護法神有大威德力，豈對藏密喇嘛差遣派來之羅剎鬼神無可奈何乎？又證悟菩薩努力弘揚　佛陀所傳之如來藏妙法時，果眞因藏密喇嘛施行「**誅法**」就能被誅殺，那麼「**開悟破參**」又有何用？功德何在？故藏密喇嘛所修習之「**誅法**」其實處處破綻、皆是戲論。同樣的道理，藏密「**誅法**」

更不可能對地上菩薩產生任何作用；若眞的可以，那麼努力修行「**登地**」了又有何用？假使鬼神冒充的藏密「**大菩薩**」果眞如他們所說一般神通廣大，密宗爲數眾多的喇嘛們，何不聯合起來多作「**廣大供養**」，多行火供來供養鬼神冒充的「**大菩薩**」們，獲得所要的目標，就不必再學佛了！反觀達賴喇嘛等藏密勢力，爲何還要受世間政治勢力的影響而無法繼續掌控西藏？因此可知藏密「**誅法**」[7]皆是虛妄想，只能恐嚇籠罩無知的迷信者，乃是等而下之的修法。再者，當您火供之後，把供品用汽油燒毀，以供養山精鬼魅等鬼神，祈求大力鬼神保護「**生意興隆**、**財源廣進**、**長命百歲**」時，您眞的就能「**要什麼就有什麼**」了嗎？若如此，因果何在？還需要《廣論》大力宣導抄錄自佛教法義的六度名相而建立的三士道嗎？具世間理智者皆不應被其所騙！所以財神法及誅法等說，都是自意妄想施設的愚人所修法，因此證明《廣論》所述只是籠罩世人，竟然說如此就是已經達到世間人念死無常的目的，那又何必辛辛苦苦來求後世安樂，來求解脫，來求當菩薩或成佛？藏密信徒今世已得人身，卻因學「**密**」的惡因緣而造作破法及邪淫等惡業，未來長劫本可因修行而爲人、生天，但是卻因邪見、邪教導的緣故，而毀於此生，眞是冤枉！

第二目 《廣論》希求後世的念死無常

既得人身已，多數只求現世安樂，有些卻又因爲學密而在死後回到惡趣，這不是學佛求智慧的人應有的智慧行。所以，必須要以正修人間善法爲資糧，來勤修正道，才不會因邪見、惡緣又再墮三惡趣，但最重要的前提是**不毀謗正法**。宗喀巴於《廣論》說的念死無常，主要目的乃是要修學者，透過這樣的次第來學，待修到後面的止觀雙運，更能進修另外一部《廣論》——《密宗道次第廣論》，雖此修念死無常，卻希望修學者能透過念死無常的說明，而能精進修「密法」，再繼續配合《廣論》後面的止觀雙運（雙身法樂空雙運）的內涵導引，而生起希求後世安樂之心，後世安樂是指往生人、天善趣，也就是其所謂的「**增上生**」。這樣就可理所當然的修《密宗道次第廣論》的無上瑜伽雙身法。

《廣論》頁七七說：「**如何修念死者，謂應由於三種根本，九種因相，三種決斷門中修習。此中有三：一、思決定死，二、思惟死無定期，三、思惟死時除法而外，餘皆無益。**」其中所說，一、思決定死，分三種因相：思惟死亡決定會來，思惟壽命不會增加而只有不斷的減少，思惟生時亦無閒暇修習妙法決定死者；因此決斷應修善法。二、思惟死無定期，分三種因相：思惟壽無定，思惟死緣多、活緣少，思惟身極微弱；因此決斷現在就要修善法。三、思惟死時除法而外，餘皆無益，分三種因相：財帛無益，眷屬無益，自身軀當委棄；因此決斷應捨現法。

上述《廣論》所說的念死無常，要由三根本再細分爲九種因相中思惟，最後結果要作三決斷，勸人要捨現法樂、修善法，就不會墮三惡趣。但是《廣論》所說善法，是眞善法耶？有智者於此當注意，並以藏密所宗之目標及行門，以正理檢驗之，取其「**即身成佛**」的理論與佛教正法的成佛之道內涵比較，即可知道此處所說乃是爲了替後半部止觀的雙身法鋪路。若先暫時撇開其所宗之雙身法，但以前面才剛說過的：「**現有往昔多生所造眾多惡業，果未出生，對治未壞，豈能不經多劫住惡趣耶？**」（《廣論》頁六三）以此說來，《廣論》勸說的多造善業還是不保險的！因爲他們所造多偏惡業故，非善法故。又若密宗行者此世眞是造善業的話，也無能力擋住已緣熟之惡業種子現行而不得不感果；因爲眾生於無始劫以來所造的善惡業種子無量無邊，都儲存在各自的阿賴耶識中，眾惡業種子蠢蠢欲動，一般人都無法事先了知。若只是一味的廣造善業，也只是讓善業勢力擴大而先感果。因此，下一生果報未現行之前，在這一生，惡業的對治與勤造欠缺的善業，兩方面的善行都是同樣的重要，並非只造善業即能不墮三惡趣；而懺悔善法之事修，也並非偶而作幾次就可以了事；若屬重罪惡業者，必須天天懺悔，直到見好相，惡業才不會現行，而得轉易清淨。

眾生又因無明的關係，使得末那識帶著阿賴耶識不斷的受生，有些人因惡業生到下三道；有些人因善業及持五戒，生到欲界人間；有些人很喜歡行善，求來世福，而不離男女欲，不修禪定，捨壽生欲界六天享受福報；有些人知欲界天之勝妙五欲仍是粗重煩惱，求離欲界五塵，修清淨梵行及四禪八定，來世可生色界或無色界天。如此，因爲造惡業而生下三道，因爲造善業而生欲界人、天，因爲修定福而生色、無色界天，這樣輪迴而流轉不停，都不離分段生死苦，七轉識無法自滅，始終無緣於涅槃的修證。因此，若要希求後世安樂，不但善業要造，懺悔惡業之善行也要做；另外還有一個條件是持五戒不犯，三項並行才不至於墮惡趣。

但是所謂善業，並非自己認定爲善業就是善業。六祖惠能說：【迷人修福不修道，只言修福便是道；布施供養福無邊，心中三惡元來造。】五祖弘忍也說：【世人生死事大，汝等終日只求福田，不求出離生死苦海，自性若迷，福何可救？】六祖惠能所說的迷人，是指未證得空性如來藏的人，也就是一般的凡夫；因般若智慧未開，尚在迷惑當中，故稱為迷人。迷人以為努力作善事，如布施供養或護持表相上的「佛法」，就叫作學佛，其實反而是在造作將來往生三惡道的惡業，自己卻都不知道。如何說呢？譬如布施供養的對象，若是否認阿賴耶識為常住法、為根本因，而說一切法緣起性空的無因論斷滅空的六識論法師及團體；或信口說末那識與阿賴耶識都是由第六意識細分出來的，而稱為第七意識、第八意識的這類團體；或說「**意識常住不滅，是生死流轉之因**」的常見外道團體；或說佛經是二千多年前所創造的，已經不符合現代環境生活方式的修行與實證等等；這些都是藏密中觀應成派的邪說邪見所衍生的惡法。如果布施供養這一類邪說邪見的團體，則更增長惡法的勢力，受害的眾生將會更多更廣，如此怎能說是利益眾生呢！自以為所行的是屬於一心救護眾生而廣造的善業，結果卻淪為殘害眾生的惡業，內心還沾沾自喜，以為福德無量無邊，事實上卻已成惡法的共業，這樣豈不冤枉啊！五祖弘忍更進一步說，求出離才是修行的根本，只修福而不求出離，還是在三界中受苦。所以信受藏密《廣論》的同修們應三思之。

凡夫不墮惡趣，除了前說要造眞正善業及懺悔所造諸惡業外，還要持五戒不犯，五戒是不殺生、不偷盜、不邪淫、不妄語、不飲酒，前四是性戒，後一是遮戒。不殺生者，以慈悲心故，不食眾生肉，不殘害眾生；不偷盜者，非己之物不與不取；不邪淫者（出家眾則爲不淫），通常而言，除自身之配偶外均爲邪淫；不妄語者，不說非實語、粗惡語、離間語、綺語；不飲酒者，除醫療所需外，飲酒會昏昧、亂性，故爲佛所遮止；有關五戒，前已說過，不再重述。五戒中除了不偷盜戒外（編案：然喇嘛們施設各種方便，恐嚇詐騙信眾之財物，其實也屬偷盜之行爲！），其餘四戒，在藏密內，不論在家、出家全不禁止；如果想要持戒清淨以保人身，在密教團體中是行不通的。雖然「廣論團體」中，有人在別的道場曾受持五戒，但是將來入密後也一定要破戒，因爲藏密的教條規定：要食眾生肉來增強性能力，要修雙身法，要說否定阿賴耶識如來藏的言語，還要以酒及不淨物等供養冒充佛菩薩的鬼神等等；所以在藏密團體裡，說要持五戒清淨，都是虛誑語。既然連五戒都不能持，而說修十善、作懺悔等，當然一無是處，因此《廣論》的共修者都應三思之。

再說不殺生，其中値得一提的「放生」，本是慈悲救護眾生性命而有放生之善行，但目前已被部分佛教團體所濫用，當作賺錢的工具了。而新竹鳳山寺的「廣論團體」被藏密達賴喇嘛所矇蔽，爲了希求團體中有些人的病體能早日康復，經常舉行盛大的放生法會，總是向動物供應商訂購野生動物：鳥類以隻計價，水族類以公斤計價。供應商爲了如期交貨，於是大肆捕捉野生動物，通常捕捉之數量一定要超過訂購量之三倍以上。在捕捉過程中，動物在籠中、在水箱中、在運送過程中，被誤殺而死、相互殘殺而死、相互擠壓而死、勞累而死、恐懼而死、生病而死等等，因此一定會先犧牲三分之二以上的活體（此處稱活體，是因爲經銷商已經不把眾生當生命看待）；僥倖能存活的三分之一才能賣給《廣論》放生團體，然後再被放生到陌生環境中，大部分都會因爲生態環境不適應而死，或被其他動物噉食而死，或被預先等候的商人再度捕捉而死……；更甚者造成當地生態大改變、林木作物的毀損、環境污染等等。本來起心動念而作的放生之舉應是善事，但是被邪思邪見所覆，爲了個人病體而作的放生，卻直接、間接殺害了更多眾生，造下了一連串的惡業，這是社會大眾所不樂見的。因此，末學在此要奉勸新竹鳳山寺的「廣論團體」及其他信受《廣論》之團體、個人，不要再聽信達賴喇嘛之言，不要再繼續舉辦如此「**殺生**」之法會，如此才是眞正慈悲不殺。達賴喇嘛有兩口，一口宣說要有慈悲心、要發菩提心，另一口卻要吃眾生肉，言行不一；好吃眾生肉的人卻口說「放生」，因此他們所說的「放生」乃是欺誑之語，只是他們用來斂財的藉口，怎能相信呢！新竹鳳山寺的《廣論》同修們及其他信受《廣論》之團體個人，都應三思之。

上開《廣論》所說念死無常，以得人天善趣爲主；要得人天善趣，必須行十善業，持五戒不犯，多作懺悔。這是正確的說法，但不只是如藏密觀想法一樣的純然「念死無常」而已，或者只停留在觀想的行十善業，還得要身口如實履踐十善業，更重要的是絕對不能進入密教實修雙身法或者誹謗第八識根本心，否則百千萬劫也難恢復人身；若已實修密法者，或已誹謗者，當圖補救之道，回歸正途，以免無量後世的痛苦果報。因此籲請已在學習《廣論》的同修們都應再三深思之。

第三目 二乘希求入滅的念死無常

《法華經》卷二〈譬喻品第三〉說：【三界無安猶如火宅，眾苦充滿甚可怖畏；常有生老病死憂患，如是等火熾然不息。】（《大正藏》冊九，頁一四）這是說，在三界中就好像處在失火之宅子當中一樣，都被三界有火、煩惱火、無明火等所燒惱，三界內的一切法都是沒有安樂可說的，都是被生老病死等苦惱所逼迫；如果不求出三界，不證得解脫，眾苦惱就不會息滅。所以二乘人認為希求現世安樂，或希求後世安樂，都是在三界之內受苦，所以二乘聖人都怖畏三界中的生死輪迴，希望盡早結束生命，早日脫離三界火宅。但是沒有證得三乘菩提者，此世生命的結束，並非就是一了百了，因為煩惱熾盛，還有後有，不能出離；所以二乘人努力修斷煩惱，求出三界。如果已經實證二乘涅槃以後不肯迴心大乘，則死後十八界自我全滅，即入無餘依涅槃，唯剩第八識如來藏獨存的境界，也可算是眞正一了百了了。

《本事經》卷三說：【云何名為無餘依涅槃界？謂諸苾芻得阿羅漢，諸漏已盡，梵行已立，所作已辦，已捨重擔，已證自義，已盡有結，已正解了，已善解脫，已得遍知。彼於今時一切所受，無引因故，不復希望，皆永盡滅，畢竟寂靜，究竟清涼，隱沒不現，惟由清淨無戲論體。如是清淨無戲論體，不可謂有，不可謂無，不可謂彼亦有亦無，不可謂彼非有非無，惟可說為不可施設究竟涅槃，是名無餘依涅槃界。】（《大正藏》冊一七，頁六七八）

以上經文所說聲聞及緣覺所希求的無餘依涅槃，是說：「什麼叫作無餘依涅槃界？就是諸比丘證得阿羅漢果以後，三漏已經絕盡，完全沒有三界煩惱了，所應修的清淨梵行已經完成，解脫道中一切應作的修行諸事都已成辦，身心所負後有生死的重擔已卸下，已證得人無我而斷除我執了；其性質直，已證自義，而能說正法教，進而教授教誡佛之正法，如理通達涅槃法教，於解脫法得眞實證；三縛結、五下、五上分結都已斷盡；已經如實現觀正解而了卻生死煩惱；已得到眞正的解脫；已能普遍正確的瞭解五陰世間苦集滅道的道理。於今時的一切所受，都已不受六塵境的影響，所以沒有能引生後有煩惱的因，識陰已不再對世間諸法有所希求，十八界的自我執著已全部滅盡，趣入究竟寂靜而清涼安樂，我見、我執煩惱隱沒而不再出生了，將來捨壽後將不再有中陰身，也不再受生而永遠都不會再有名色五陰了，甚至連究竟清涼的解脫功德亦隱沒不現，無餘涅槃界中，只剩下清淨寂靜的無戲論心體獨存。這個清淨寂靜的無戲論心體，離一切覺觀，無思量性故不會作主，永不再出生名色五陰於三界中；這個心體無形無相，猶如虛空，非三界有，故不能說祂是有；而此心體雖如虛空而本存常在，故不是斷滅空，所以不能說有或說無，也不能說亦有亦無，也不能說非有非無，只能說是究竟涅槃之無境界的境界。但此無餘涅槃又不是眞的有個能入涅槃者，出三界也不是眞的有誰可以出了三界，所以只能說這是不可施設的一個境界，這不可施設而本來自在的境界就稱之爲無餘依涅槃界。」這是以大乘菩薩的觀點，來看二乘聖者所證的無餘依涅槃界。

這個無餘依涅槃，是二乘人所希求的；二乘人害怕生死苦，因此二乘人期望證得無餘依涅槃；但是又害怕入了無餘依涅槃以後，十八界我全滅，成了斷滅空，因此佛爲二乘人說：滅盡五陰、十八界的全部自我以後，還有一個二乘人無法證得的「清淨寂靜的無戲論心體」常住不滅，這不滅的清淨、寂靜、無戲論心體，就是阿含經說的涅槃本際、入胎識、如、諸法本母。但是二乘人不瞭解、也不求證這個空性心體，只聽佛開示而信受有不滅的本際識安住於涅槃，了知無餘涅槃中不是斷滅空。因此，捨壽時就放心的滅盡自我而成了無餘依涅槃本際獨存的境界，不再有二乘聖人及解脫智存在。這就是大乘經說二乘種姓是「灰身泯智」，也說是「焦芽敗種」的緣故。因爲，佛菩提種已經殘敗了，佛菩提芽已燒焦而不可能生長出來了，故無法成就究竟的佛道。

二乘種姓是「灰身泯智」、「焦芽敗種」，死後色身成灰燼，七轉識全都消滅而不再有解脱智了；佛菩提的種子敗壞而不能發芽了，永遠都不可能成佛。所以，二乘的無餘依涅槃是不究竟的。世尊爲了要使二乘聖人不入無餘依涅槃，因而有《法華經》的開演。《法華經》卷三〈化城喻品第七〉說：

是故以方便，引汝趣佛慧。
以是本因緣，今說法華經；令汝入佛道，慎勿懷驚懼。
譬如險惡道，迥絕多毒獸；又復無水草，人所怖畏處；
無數千萬眾，欲過此險道；其路甚曠遠，經三百由旬。
時有一導師，強識有智慧，明了心決定，在險濟眾難；
眾人皆疲惓，而白導師言：我等今頓乏，於此欲退還。
導師作是念：此輩甚可愍，如何欲退還，而失大珍寶？
尋時思方便，當設神通力，化作大城郭，莊嚴諸舍宅；
周匝有園林，渠流及浴池，重門高樓閣，男女皆充滿。
即作是化已，慰眾言勿懼，汝等入此城，各可隨所樂。
諸人既入城，心皆大歡喜；皆生安隱想，自謂已得度。
導師知息已，集眾而告言：汝等當前進，此是化城耳。

我見汝疲極，中路欲退還；故以方便力、權化作此城。
汝等勤精進，當共至寶所。
我亦復如是，為一切導師；見諸求道者，中路而懈廢；
不能度生死，煩惱諸險道；故以方便力，為息說涅槃；
言汝等苦滅，所作皆已辦。既知到涅槃，皆得阿羅漢；
爾乃集大眾，為說眞實法。
諸佛方便力，分別說三乘；唯有一佛乘，息處故說二。
今為汝說實，汝所得非滅；為佛一切智，當發大精進。汝證一切智，十力等佛法；具三十二相，乃是眞實滅。諸佛之導師，為息說涅槃；既知是息已，引入於佛慧。（《大正藏》冊九，頁二六～二七）

這段經文說 佛以幻化的城市方便攝受二乘怯弱者能暫時安息，以此譬喻來開示二乘般涅槃是不究竟的。雖然二乘聖人諸漏已盡，梵行已立，所作已辦，不再引生見惑、思惑煩惱，斷盡我見與我執；此時尚未捨壽，稱之為有餘依涅槃，尚有色身微苦為所依故；但是阿羅漢未證佛菩提之前，雖然已非凡夫，卻還是愚人，愚於法界實相故，愚於成佛之道故，愚於一切種智故。縱然二乘聖人捨壽後進入無餘依涅槃，還是不究竟，因爲尚有變易生死未斷故，尚有習氣種子未斷故，尚有無始無明尚未打破故，仍然不是究竟的涅槃修證故。所以佛說二乘人「汝所得非滅」，不是究竟的滅盡煩惱，所以說二乘的般涅槃，不是究竟的寂滅。

第四目　菩薩希求證道的念死無常

《法華經》卷四〈五百弟子受記品第八〉又有譬喻說：【爾時五百阿羅漢於佛前得受記已，歡喜踊躍，即從座起，到於佛前，頭面禮足，悔過自責：「世尊！我等常作是念：自謂已得究竟滅度。今乃知之，如無智者。所以者何？我等應得如來智慧，而便自以小智爲足。世尊！譬如有人至親友家，醉酒而臥；是時親友官事當行，以無價寶珠繫其衣裏，與之而去。其人醉臥，都不覺知；起已遊行到於他國，爲衣食故勤力求索，甚大艱難；若少有所得，便以爲足。於後親友會遇見之，而作是言：『咄哉！丈夫！何爲衣食乃至如是。我昔欲令汝得安樂、五欲自恣，於某年日月，以無價寶珠繫汝衣裏；今故現在，而汝不知；勤苦憂惱以求自活，甚爲癡也。汝今可以此寶貿易所須，常可如意無所乏短。』

佛亦如是，爲菩薩時教化我等，令發一切智心；而尋廢忘，不知不覺。既得阿羅漢道，自謂滅度，資生艱難得少爲足；一切智願，猶在不失。今者世尊覺悟我等，作如是言：『諸比丘！汝等所得，非究竟滅。我久令汝等種佛善根，以方便故示涅槃相，而汝謂爲實得滅度。』世尊！我今乃知實是菩薩，得受阿耨多羅三藐三菩提記，以是因緣，甚大歡喜，得未曾有。」】（《大正藏》，冊九，頁二九）

這段經文雖然以譬喻方式來說明一個事實，然而這個事實是眞正值得我們多加思考與警惕的；這個譬喻很簡單，但是寓意卻很深遠。經中是說：有一位貧窮人在親友家喝醉了，親友在他身上藏了一顆無價寶珠，給他帶回去，要讓他能很輕易的得到富足安樂；但他卻渾然不知有此無價寶珠在衣服內，而任其閒置；他依然很勤勞辛苦的努力工作以求獲得溫飽，當他稍有所得時就很滿足了，實在是很愚癡。直到有一天，親友告訴他身上有顆寶珠，於是這位貧窮人找到了衣中本有的無價寶珠，從此生活就不再匱乏。這是譬喻凡夫異生及愚人二乘阿羅漢等，不知自身中藏有無價寶珠——如來藏，所以凡夫怕死，阿羅漢畏生；但是眾生從無始以來生生死死、死死生生，生老病死等痛苦不斷地重複上演著；除非入無餘依涅槃而灰身泯智，否則還要一直重演下去，永無休止。

然而 佛更開示「無餘涅槃並不是究竟的涅槃」，因此 佛在《阿含經》及《般若經》中，處處都隱說或顯說：有一個空性心如來藏，是眾生的無價寶珠，無始以來就已存在每個眾生身中；只要能找到祂、親證祂，就能打開無門之門，成爲眞正入門的佛弟子，進入浩瀚的佛法殿堂中開始眞實的修學佛法，實證無量無邊的勝妙佛法；否則若不是灰身泯智，就是永遠在三界中生死流轉，不能眞正的究竟解脫。

至於空性心如來藏，心體本來是自性清淨、本來涅槃性，因此說眾生皆有本來自性清淨涅槃。如來藏無形無相，卻在眾生身中，與眾生同在，正是因爲祂的常住不壞，才有眾生生死不斷；眾生的色身與覺知心生生世世不斷的改變，但祂無始劫以來始終如一，不曾改變；一切法依祂而出生，所以祂是一切法的根源。當眾生證悟如來藏，證得人無我的無生忍時，就會得知一切法有生有滅、皆是虛妄，只有如來藏眞實不虛；眾生證悟如來藏時，就會發覺無所謂生死，因爲生死是虛妄法，五蘊的生死如同寶珠表面上的影像一般生滅不停，都是幻生幻滅，所以五陰的生死並無實質，只有如來藏才是眞實法。證悟如來藏以後也無所謂煩惱可說，因爲煩惱也是虛妄法，只在五陰身中起起滅滅，是妄起妄滅，只有如來藏眞實常住而不生不滅。證得如來藏以後轉依於祂，我執漸斷；當我執煩惱斷盡了，就是慧解脫；若依菩薩願而發願再受生爲人身時，下一世保證得以暇滿人身，繼續增上。因此就能對生死都無掛礙、不對抗，於生死中得自在，這就是從已證悟的菩薩境界來看待生死無常。

所以末法時代，眾生雖然去 佛日遙，但是 佛的教法尚存，既有教法存世就必有證法者出世。如果有法師說：「現在是末法時期，沒有證悟這一回事。」這一定是凡夫的妄語，這樣的法師，你能稱他爲善知識嗎？譬如鳳山寺的《廣論》同修們都喜歡誦《般若經》，持誦《般若經》雖然有功德，但是其目的卻不在於持誦而已，《般若經》存在人間主要的目的是要我們去證得經中說的空性心如來藏；證得空性心如來藏，就是證悟實相般若了。如果是眞的證悟者，他隨便翻開《般若經》來，一讀就能深解經意，並非如同未證悟者只能依文解義可比。

例如《金剛經》〈法會因由分第一〉說：【如是我聞：一時佛在舍衛國祇樹給孤獨園，與大比丘眾千二百五十人俱。爾時世尊食時，著衣持鉢入舍衛大城乞食，於其城中次第乞已，還至本處；飯食訖，收衣鉢、洗足已，敷座而坐。】

（《大正藏》冊八，頁七四八）明眼者一看，此中句句直指如來藏，句句明示實相心；乃至最後〈應化非眞分第三十二〉皆同如是，亦與「世尊拈花，迦葉微笑」同出一轍。未悟者只能依文解義，錯誤認取意識覺知心，或者認取識陰的五遍行心所法、直覺；或者只能依文解義，如同印順法師說：「食時，約爲上午九或十點鐘。佛及比丘們，過著乞食的生活，又受過午不食戒。所以，進城去乞食，總在那個時候。佛見乞食的時候到了，所以著衣持缽進城去。……乞食以後，即回祇園吃飯。飯吃好了，這又把進城所著的大衣，盛放飯食的缽，一一的整潔收起。入城乞食是赤足的，路上來回，不免沾染塵埃；佛陀行同人事，所以需要洗足。敷座而坐，並非閑坐，是說隨即敷設座位，端身正坐，修習止觀。如上所說，乞食屬於戒，坐屬於定，正觀法相屬於慧。又，來往於祇園及舍衛城中，是身業；入定攝心正觀，是意業；下面出定說法，是語業。三業精進，三學相資，爲宣說《金剛般若波羅蜜經》的緣起。」（印順，《妙雲集》上篇，《金剛般若波羅蜜經講記》，頁二四～二五）這是凡夫眾生依文解義而解釋《般若經》，堪稱言不及義的代表作，卻在眞悟者的慧眼鑑照之下無所遁形：印順法師根本不懂般若之眞實義，更不曾證悟實相心如來藏。

要知道《金剛經》乃是全部《般若經》的濃縮版，等同整部《般若經》的宗旨；通達《金剛經》就等於通達整部《般若經》。所以，《金剛經》是有很深的涵意在裡面，切不可依文解義，否則必招三世佛怨的。既然《金剛經》等於是《般若經》的精華，當然是字字珠璣、句句珍寶；因此 世尊為何會把祂自己生活上的點滴，放在專講般若實相的《金剛經》的開頭處？既然點滴不漏的放在開頭處，世尊必定別有用心，不只是穿衣、持缽、進城、乞食、回家、吃飯、洗碗、脫衣、洗腳、入座，絕非只是稀鬆平常之事而已。也不要如印順法師一般，以為 世尊只是在寫小學生日記的「一本流水帳」，再憑自己的臆想穿鑿附會的說「三業精進，三學相資」等猜測之言語。因為 世尊已經圓滿了身、口、意三業，已經圓滿了戒、定、慧三學，不需要如同有學位的菩薩還要精進相資；這只有證得空性心的菩薩，才能眞實知道 世尊穿衣、持缽……的眞正密意。既然 世尊不曾明說，證悟菩薩也應當秉持 世尊善覆密意的旨意，讓學人自行參究而悟入，悟了自然就可以如實深入地為自己解說《金剛經》了，從此開始即能轉經，《般若經》的眞義也就一目了然了。由此可知，悟與未悟之智慧差別，有如天地之懸隔，證悟後的智慧受用功德，確實是無量無邊。因此，眞正想學佛者，首先要求大乘見道的證悟，這才是學佛的正途。

6 若是只起瞋恚心而無後續之加行落於實際行動，唯是影響與被瞋之對象相應種子，不至於成爲下墮地獄之因，此說實爲喇嘛恐嚇信眾之言語，況且彼信眾都不知喇嘛根本不是菩薩。

7 有關誅法之詳細內容，可參閱 平實導師著《狂密與眞密》第三輯或上《成佛之道》網站查閱。

第二節 三惡趣苦

眾生都不喜歡生在惡趣，但是偏偏又喜歡廣造能引生惡趣之業，所以墮惡趣者如大地土，生於人天中者如爪上塵。眾生造了十不善業，重者如謗佛、謗正法、謗勝義僧等，果報成熟時，當生於地獄，阿賴耶識即化現出地獄身及生出地獄六塵的境界，讓地獄身的五陰受苦；若造其餘惡業之眾生亦如是，皆由各自之阿賴耶識出生餓鬼身、傍生身等。阿賴耶識能變現各種異熟果報之色身及生出各種境界，讓眾生之五陰受苦樂，而透過卵、胎、濕、化四種情況來展現。所以受苦者，即是眼、耳、鼻、舌、身、意六根及六識和合而受，此根識皆由阿賴耶識所生，眞妄和合運作又稱眾生。

第一目 地獄苦

依《阿含經》及《瑜伽師地論》〈本地分〉說有熱、寒地獄各八，及其周邊小地獄等，其壽命及苦受，從最痛苦的無間地獄開始往上略述如下：

一、**無間地獄**：火焰從四方而來，有情舉身皆成猛焰，受苦無間隙，只聽到哀號叫聲，才知有情在其中；又用鐵箕盛極熱鐵炭潑撒；又令登大熱鐵山；又拔舌以熱鐵釘張之，如同張牛皮；又用熱鐵丸放置口中，燒口及咽喉；又用融銅灌口等等。其壽命長達一中劫，且時定一劫，故壽命無間；直到無間地獄業報已盡，才得出脫，轉入上一層苦受較小之地獄中，繼續受較輕微之苦受，中不絕故，命亦無間。

二、**極燒熱地獄**：是由無間地獄轉生來者，或在人間所造惡業應受此苦而轉生來此者。獄卒用三支熱鐵叉從有情下部，貫穿頭及兩肩，因此眼耳鼻口有火焰噴出；又用極熱銅鐵皮裹身，倒放在灰水人鐵鍋中煮，有情隨湯漂轉，血肉皮脈銷爛，只剩骨頭，再把骨頭洗淨過濾，放置鐵板上，血肉皮脈又復生，不斷循環受苦；直至此地獄業報已盡，才得出脫。其壽命長達半個中劫。

三、**燒熱地獄**：是由極燒熱地獄轉生來者，或在人間所造惡業應受此苦而轉生來此者。獄卒把有情放在無限大的鐵板上，四方及裡外燒之；又把有情用鐵叉從腳穿到頭，如煎魚般反覆煎之。又令有情或躺或覆在極熱鐵地上，用熱鐵棒敲打或搗碎如肉團。直到燒熱地獄業報已盡，才得出脫。其壽命長達五億億年（換算成人間歲數。以下皆同）。

四、**大號叫地獄**：是由燒熱地獄轉生來者，或在人間所造惡業應受此苦而轉生來此者。其苦受猶如號叫地獄，不同之處是其舍宅如胎藏，痛苦比號叫地獄更甚，號叫更淒厲。其壽命長達六千六百萬億年，直到大號叫地獄業報已盡，才得出脫。

五、**號叫地獄**：是由大號叫地獄轉生來者，或在人間所造惡業應受此苦而轉生來此者。有情想要找一間舍宅躲避諸苦，便入大鐵室中，一進入，火便燒起，由熱、極熱、遍極熱，此諸有情遍身極受痛苦而號叫；直到號叫地獄業報已盡，才得出脫。其壽命長達八百三十萬億年。

六、**衆合地獄**：是由號叫地獄轉生來者，或在人間所造惡業應受此苦而轉生來此者。獄卒把此處有情聚集後，逼入兩個羊頭鐵山之間，兩山逼迫，血便流注；其他尚有鐵馬頭、鐵象頭、鐵獅頭、鐵虎頭等。或把有情逼入大鐵槽中，如壓甘蔗壓榨之，血便流注。或把有情逼入兩鐵山之間，然後另一大鐵山從上壓下，有情血便流注。直到眾合地獄業報已盡，才得出脫。其壽命長達一百萬億年。

七、**黑繩地獄**：是由眾合地獄轉生來者，或在人間所造惡業應受此苦而轉生來此者。此諸有情被獄卒用黑繩在身上纏繞絣綁，絣成四方塊，或八方塊，或絣成各種圖形或文字；纏繞絣綁完後，隨黑繩處緊縮拉直，猶如工匠以繩絣木，然後再用鑿、用割、用斫、用剜等等苦刑加之，長劫受苦直到黑繩地獄業報盡，才得出脫。其壽命長達十三萬億年。

八、**等活地獄**：是由黑繩地獄轉生來者，或在人間所造惡業應受此苦而轉生來此者。此諸有情由於惡業增上力，聚集在一起，各各執取眾苦具，相互不斷砍殺，悶絕躃地；然後空中有聲音說：「**你們可以活過來！活過來！**」諸有情因業力故，就忽然活過來，於是又取苦具互相不斷砍殺，如此死了又活，活了又死，循環不已，直到等活地獄業報已盡，才得出脫，轉生於餓鬼道中。

人間的五百年為四王天中的一天，四王天以三十天為一月，以十二月為一年，壽命五百歲；但四王天的五百年才等於等活地獄的一天，等活地獄以三十天為一月，以十二月為一年，其中有情壽命長達一萬六千二百億年。越往下層地獄去，時間越長，故地獄眾生都是極長壽而且長期受苦的。

以上爲八大熱地獄。人間一小劫時間是：人壽最高壽八萬四千歲，每百年遞減一歲，減至最低壽十歲，再由最低壽十歲起，每百年遞增一歲，增至最高壽八萬四千歲，如此減增一來回之時間爲一小劫；合二十小劫爲一中劫；合世界成、住、壞、空四中劫爲一大劫。

在諸大地獄各有四牆四門，每門外又有鐵牆，每一鐵牆又各有四門，每一門外按次第又有四種有情地獄，總稱爲近邊地獄：一、煻煨地獄：有情求出舍宅，行至此熱沙中，下足皮肉血銷爛，舉足又復生，每行一步都受極苦。二、沸屎地獄：有情出離煻煨地獄後，復陷入此沸屎地獄中，頭足皆沒，內有蟲名孃矩吒，穿皮入肉，斷筋破骨，取髓而食。三、利刀劍及刃葉林地獄等：有情出離沸屎地獄後，即陷入此中，刀刃爲路，下足皮肉筋血銷爛，舉足復生；逃離利刀劍獄後，見有樹林，前往坐在樹下欲求清涼，才坐已，微風便起，眾多葉劍從樹落下，砍截肢節身體，即有黑鳌狗扯肉噉食之；有情逃離刃葉林，又進入拉末梨林地獄，往上走則地上刺鋒向下，往下走則刺鋒向上，貫刺身體，那時又有鐵嘴大鳥啄食眼睛，以上三種地獄均爲刀劍苦具，故合說爲一。四、廣大河地獄：沸熱灰水彌漫其中，有情求舍宅從拉末梨林出，墮入大河，像豆粒放入大鍋中煮，隨熱湯上下漂浮；河岸有獄卒，手拿杖繩及網，排列兩岸，不讓有情上岸；如有上岸，即以網網之，隨問有何需求？如答飢苦，獄卒即灌以燒成紅熱之鐵丸；如答渴苦，獄卒即以融銅灌口。以上爲近邊地獄，其壽命不定，要等地獄業報盡，才能出脫，往生到餓鬼道中。

以下再說八大寒冰地獄：一、皰地獄：有情爲大寒所觸，卷縮猶如瘡皰。二、皰裂地獄：如皰獄，但肉潰爛濃血流出，其瘡卷皺。三、頞哳詀地獄；四、郝郝凡地獄；五、虎虎凡地獄；此三爲有情受苦的叫聲差別。六、青蓮地獄：由於極重廣大寒觸，身體青瘀皮膚破裂，或五裂或六裂。七、紅蓮地獄：皮膚由青轉紅，破裂爲十或多瓣。八、大紅蓮地獄：皮膚大紅大赤，破裂爲百或多瓣。以上八大寒冰地獄，其壽命爲八大熱地獄依次第相對減半。如等活地獄有情壽命爲一萬六千二百億年，減半則爲皰地獄有情之壽命，即八千一百億年，如下類推。

此外又有一種稱爲獨一地獄，在大地獄之邊，人間亦有；受生有情，爲自身自業所感，多受如是種種大苦，如《瑜伽師地論》說：【尊者取菉豆子說：「我見諸有情，燒然、極燒然、遍極燒然，總一燒然。」】又獨一地獄有情，其壽命不定。

以上依《瑜伽師地論》〈本地分〉，說有如此眾多地獄，由造諸惡業之不善眾生來承受業報。《龍樹菩薩為禪陀迦王說法要偈》〔編案：亦名《親友書》〕說：【是八地獄常熾然，皆是眾生惡業報，或受大苦如押油，或碎身體若塵粉。或解肢節令分散，或復披剝及燒煮，或以沸銅澍其口，或以鐵押裂其形。鐵狗競來爭食噉，鐵鳥復集共齟掣，眾類毒蟲並囓齧，或燒銅柱貫其身。大火猛盛俱洞燃，罪業緣故無逃避，鑊湯騰沸至高涌，顛倒罪人投其內。人命危朽甚迅駛，譬如諸天喘息頃，若人於此短命中，聞上諸苦不驚畏，當知此心甚堅固，猶如金剛難摧壞。若見圖畫聞他言，或隨經書自憶念，如是知時已難忍，況復己身自經歷，無間無救大地獄，此中諸苦難窮盡；若復有人一日中，以三百鉾刺其體，比阿毘獄一念苦，百千萬分不及一。受此大苦經一劫，罪業緣盡後方免，如是苦惱從誰生，皆由三業不善起。】（《大正藏》冊三二，頁七四七）龍樹菩薩的此段書文，形容八大地獄苦受的情形，尤其是阿鼻獄，如果有人在一天之中，用三百支矛刺身體，還不及在阿鼻獄一念苦之百千萬分之一，此苦受要經一中劫，地獄業盡才可免除。

再說這些地獄苦受如何生出來的呢？是眾生自己造了身口意三不善業而引起的。照理說，所有眾生都應當遠離地獄業之惡因，然而眾生卻並非如此，明知地獄苦受難忍，卻偏偏喜歡造地獄惡業因，死後往地獄中行；明知有一條康莊佛菩提道可修可證，卻因無明或被喇嘛們誤導而謗爲邪魔外道，引來後世的長劫苦報，眞是顚倒。阿底峽、宗喀巴等中觀應成派諸人，否定三乘經中所說實可親證的第八識如來藏；然而事實上，若無第八識本來常住，就不可能有眾生繼續存在三界中，則三乘菩提都成爲戲論；阿底峽、宗喀巴等中觀應成派諸人，堅持六識論而撥無 佛說的第八識如來藏，已造下了謗佛、謗法大惡業，已成就來世的地獄業。現今在臺灣新竹的鳳山寺「菩提道次第廣論團體」，在上位之僧眾，實應多作反省：是否曾造誹謗勝義菩薩僧之極重惡業？是否曾造誹謗第三轉法輪如來藏正法之極重惡業？若有，則應該當眾作至心懺悔，事後並且要天天在 佛前作懺悔，直到親見好相，極重惡業才能消除，否則無間地獄果報在所難免。

又一般《廣論》學員，在尚未研討《廣論》後二章奢摩他與毗缽舍那之前，都應該深思熟慮，應該懸崖勒馬，因爲後二章都是造就謗法、謗勝義僧之惡業，是引導眾生趣入地獄的邪說，全屬雙身法的嚴重邪淫惡法（後當詳說）；更不要被應成派達賴喇嘛所誘惑，盲目研討信受《密宗道次第廣論》而去實際修習無上瑜伽密法，否則來世的無間地獄果報在所難免。亦或有諸藏密學人，以為自己能如聖 龍樹菩薩說的「**若人於此短命中，聞上諸苦不驚畏**」，那就以未來無量世身命作賭注試一試吧！但這是愚癡無智之匹夫之勇，真正有智佛子，皆當以 佛開示之「**智為先導**」來行事，而非以愚勇行為依導，在此懇請現在還在修學西藏密宗的學人三思。

第二目　餓鬼苦

依《瑜伽師地論》〈本地分〉，說眾生由於慳吝的習氣非常嚴重，而墮到餓鬼趣中。此類眾生常與飢渴相應，皮肉血脈皆悉乾枯，如同木炭；頭髮散亂，臉如黑漆，嘴唇乾燥，經常用舌頭舐口臉。阿含中說餓鬼眾生是由地獄中受報完畢才往生上來的，或是在人間造作了當生餓鬼道的惡業以後才往生過來的。

餓鬼道眾生的苦受可分三大類：

一、**由外障礙飲食**：有情為飢渴所逼，驚慌害怕，到處奔走尋求飲食；終於找到了池水，卻有其他有情，拿著刀杖繩索列隊守護，不讓飢渴有情靠近；如果飢渴有情強行靠近，則被打殺或拘繫；若能僥倖來到池邊，所見的池水，也會全部變成膿血，而不想去飲用。

二、**由內障礙飲食**：這些有情，或口細如針，或口會噴火，或頸長瘤，都是腹部廣大而貪食無厭；由於這樣的因緣，縱然得到飲食，也由於自身的障礙而不能吃、不能喝。

三、**飲食無有障礙**：有一種餓鬼名叫猛燄鬘，吃下去的飲水食物均被燒光了，因爲這樣飢渴大苦不能稍有止息；又有一種餓鬼名叫食糞穢，只能專門飲食糞尿，或者只能吃消化不完全令人作嘔的臟內不淨物，縱然得到美食，也不能吃；或有一種自割身肉而食，就算得到其他食物也都不能吃。

《龍樹菩薩爲禪陀迦王說法要偈》：【餓鬼道中苦亦然，諸所須欲不隨意，飢渴所逼困寒熱，疲乏等苦甚無量。腹大若山咽如針，屎尿膿血不可說，裸形被髮甚醜惡，如多羅樹被燒剪。其口夜則大火燃，諸蟲爭赴共啅食，屎尿糞穢諸不淨，百千萬劫莫能得。設復推求得少分，更相劫奪尋散失，清涼秋月患焰熱，溫和春日轉寒苦。若趣園林眾果盡，設至清流變枯竭，罪業緣故壽長遠，經有一萬五千歲。受眾楚毒無空缺，皆是餓鬼之果報，正覺說斯苦惱因，名曰慳貪嫉妒業。】（《大正藏》冊三二，頁七四七）這是 龍樹菩薩開示的餓鬼苦，前四句為總說苦，說餓鬼的需求都不能隨意，被飢、渴、寒、熱所逼困，受用匱乏的苦無量。文中「不可說」謂飲食很難得，「夜」謂夜間時分，涼爽秋天覺炎熱，溫和春天覺寒冷，果樹無果，清流乾枯等等苦受。與《瑜伽師地論》中的〈本地分〉說的一樣，其業因是由於慳、貪、妒，其壽命可以長達一萬五千歲。

藏密所信奉及供養的所謂「佛菩薩」，其實都是鬼道眾生，譬如綠度母、白度母、黑奴迦、佛母、空行母、勇父等等；這些鬼神夜叉，喜食世間人之邪穢精氣，藏密雙身修法的修習，正符合這類鬼神之喜好；經常與度母、佛母、空行母接觸合修雙身法之人，死後也將成為他們的眷屬，將會生在鬼道—烏金淨土—中供其驅使，很難出脫鬼道境界。目前新竹鳳山寺的《廣論》班學員都很喜歡在自家佛桌上，供奉如是鬼神，天天禮拜、天天供養，樂與鬼神為伍，產生關係及造下種種共業以後，未來捨壽將被這些鬼神糾纏沒完沒了。因此，末學懇切的奉勸新竹鳳山寺《廣論》班的學員，早日遠離《廣論》的邪見與邪修行，儘快脫離鬼神之掌控，早日尋覓眞善知識，修學正法，才不會唐捐此世難得之暇滿人身。

第三目　傍生苦

《瑜伽師地論》卷四〈本地分〉中說：【旁生趣更相殘害，如羸弱者，爲諸強力之所殺害，由此因緣受種種苦；以不自在，他所驅馳，多被鞭撻，與彼人天爲資生具，由此因緣，具受種種極重苦惱。】《龍樹菩薩爲禪陀迦王說法要偈》說：【於畜生中苦無量，或有繫縛及鞭撻，無有信戒多聞故，恒懷惡心相食噉。或爲明珠羽角牙，骨毛皮肉致殘害，爲人乘駕不自在，恒受瓦石刀杖苦。】傍生苦受甚多：弱肉強食、鞭打、驅趕、被圈養、被買賣、被殺害、負重、耕耘、被乘騎、剪毛、鋸角等等粗重苦。其壽命不定，短者一日夜如蜉蝣，長者達一中劫如龍王。傍生之苦，是我們親眼可見、親耳可聞者，故不多敘述；只祈望眾生早日明心、見性，下者譬如斷除我見而證初果，就不會下墮於傍生道。但是宗喀巴在《密宗道次第廣論》中卻要求藏密行者每日至少八個時辰與異性修雙身法；並且至最後灌頂時，尚需與九位明妃合修雙身法——輪座雜交；此一邪淫行爲，若不誹謗正法、不大妄語、不玷污比丘尼（不與比丘尼合修雙身法）等，雖未及地獄業相應者，卻仍是與畜生業相應，來世當得畜生報；藏密行者又將五甘露等不淨物供佛，此一行爲屬於辱佛，亦於當來得畜生報，我們來看《佛爲首迦長者說業報差別經》中如何說：

復有十業能令眾生得畜生報：一者身行中惡業，二者口行中惡業，三者意行中惡業，四者從貪煩惱起諸惡業，五者從瞋煩惱起諸惡業，六者從癡煩惱起諸惡業，七者毀罵眾生，八者惱害眾生，九者施不淨物，十者行於邪婬。以是十業得畜生報。（《大正藏》冊一，頁八九三）

因此藏密中號稱最清淨的黃教祖師宗喀巴，其所教導藏密行者的修行法，若心性樸直者，就算都不造地獄業報，亦將因奉行宗喀巴的邪教導而廣修雙身法，枉造畜生之業而不自知，當來必受傍生苦果，豈非可憐憫者乎！有智具悲者，當救護這些眾生遠離藏密宗喀巴等人所教邪見之殘害。

第四目　別說欲界人天苦

修十善業及持五戒不犯，即不墮三惡趣；但是人天雖說爲善趣，畢竟尚未出離世間的種種苦。《瑜伽師地論》〈本地分〉中說，在人趣受生的有情，有各種匱乏之苦，所謂：與生俱來飢渴匱乏之苦，想要卻得不到之苦，粗糙飲食得不到之苦，得不到善知識攝受之苦，時節改變寒熱不適應之苦，無有房舍遮風避雨之苦，所作事業不順、休廢之苦，以及色身變壞與老病死之苦。亦有二苦、三苦、七苦、八苦等之分別，所以在人趣中受生之有情，若想要修學解脫之法，或者成佛之法，對於苦的問題就必須面對，且需如實探究清楚。

《瑜伽師地論》〈本地分〉中又說，諸天人將死之時，有五種衰相出現：一、所穿天衣髒垢；二、頭髮上的花鬘枯萎；三、兩腋流汗；四、身體有臭味；五、不喜歡坐在天人的座位，愛樂坐在林間，若看見天女與其他天人遊戲，即生苦惱。此外，當有廣大福德天人出生時，少福德的天人見之，即生惶恐怖畏之苦。又天人與非天（阿修羅）常常戰爭，因此有斷肢傷身或斷頭之苦，斷肢傷身可隨即復原，如被斷頭即告死歿。又當有強力天人憤怒時，其他下劣天人即被趕出自己的宮殿，因此受苦。

以修行人的角度來說，欲界天乃是消耗福報的地方，眾生辛辛苦苦於人間持戒行善而積集福德，應該是為了累積成佛的資糧，以此資糧利益眾生而成就來世更大的資糧以成就佛道。但是眾生卻因無明所障，而跟錯了師父，信受了未悟的師父說：「做就對了，不必求悟。」此句話就足以斷送眾生法身慧命。譬如慈濟人努力做利益眾生的事，此乃佛道成就的前方便，藉此來累積將來見道時應有的福德資糧，並非眞修行；若能於此資糧位廣修人天善法，進而迴向佛道的成就，將來才有因緣值遇眞善知識而得見道。若廣修善業而不修禪定、不知或不求斷我見，更不知或不求開悟明心，此種精勤廣修十善慈濟眾生而不謗法之行，未來世就只能生到欲界天享福，但是當此行善的福報在來世生天享完後，剩下往世所造微小惡業種子仍然收藏於自心藏識中，因此天福享盡後就得下墮於餓鬼道或人間的畜生道中受報。又如鳳山寺的《廣論》班學員們，以佛法之名，努力爲藏密經營賺錢之事業，以所得利潤拿去資助藏密喇嘛教上師，供藏密達賴喇嘛用於破壞正法的事業中，本想植福助道，卻因無明所障及邪教導之故，非但沒有福德，反而造就了共同的惡業——幫助達賴喇嘛去接引更多眾生邪淫，也幫助他以外道法取代佛教正法而成就謗法、邪淫等共業勢力；捨壽時別說是生到欲界天享福，後面極多世的三塗長劫之苦正等著呢！故理性有智者當審愼簡擇，應以智爲先導而抉擇之。

第三節　歸依三寶

每一眾生的第八識如來藏都是無始以來就已經存在，故經論中說為「無始時來界」，乃是本自具足，不是經由修行或造作才出生；因第八識如來藏的常住不壞，才能有世、出世間一切法之出生，也因此才有利根眾生隨佛修學而悟得出世間佛法，再經久劫修行而成佛。當佛依於悲願慈愍而出現於世間，應世間眾生之根器而有四種悉檀的三乘法要開示；也因為法雨普潤的暢演，就曾有眾多有情隨佛修學，大乘法與小乘法中的凡夫、勝義僧寶也就出現了，於是成就了佛、法、僧三寶。

歷史上所知的人間初有三寶，開始於二千五百多年前，悉達多太子坐於菩提樹下，夜初分時降魔及明心，到夜後分時仰觀星辰，天將拂曉時睹見明星而得見性，金剛喻定現前，四智圓明而成佛。釋迦成佛後，七日思惟諸法，諦觀眾生愚鈍，難可救度，於是默然不語，意欲入涅槃；後因大梵天勸請住世常轉法輪，於是思惟佛法之分期宣講方便，先前往鹿野苑為憍陳如等五人開示四聖諦法，令皆成爲阿羅漢，此後人間才有了僧團，三寶從此建立。

第一目　歸依三寶的真義

歸依佛：歸依無上正覺、福慧兩足尊。
一、歸依本師　釋迦牟尼佛，歸依十方一切諸佛。
二、歸依清淨法身　毗盧遮那佛。
　歸依圓滿報身　盧舍那佛。
　歸依千百億化身　釋迦牟尼佛。
　歸依清淨法身自性佛，永不歸依一切外道。
歸依法：歸依究竟正法，當成離欲尊。
一、歸依三乘通教解脱正道，歸依大乘圓滿佛菩提道。
二、歸依了義諸經正義，永不隨順外道法教。
歸依僧：歸依佛教聖、凡正見僧，清淨眾中尊。
一、歸依證悟實相諸勝義菩薩僧。
二、歸依學地諸凡夫菩薩僧。（錄自〈正覺同修會三歸依法會文〉）

《大乘大集地藏十輪經》卷五〈有依行品第四〉：【云何名勝義僧？謂佛世尊；若諸菩薩摩訶薩眾，其德尊高，於一切法得自在者；若獨勝覺，若阿羅漢，若不還，若一來，若預流；如是七種補特伽羅，勝義僧攝。若諸有情帶在家相，不剃鬚髮、不服袈裟，雖不得受一切出家別解脫戒、一切羯磨布薩自恣悉皆遮遣，而有聖法，得聖果故，勝義僧攝，是名勝義僧。】（《大正藏》冊一三，頁七四九）從經文的內涵就可以知道，只要證得三乘菩提的見道者，皆是勝義僧，不論其身相為在家、出家。在大乘法中明心者，於解脫果的證得而言，至少是初果預流，即是勝義僧，不論在家或出家；若是登入初地以上者，不論在家或出家之菩薩，都稱為勝義菩薩僧。而且初地開始的聖位勝義菩薩僧，大部分都現在家相，較少現出家相，從《華嚴經》善財童子五十三參中的諸善知識即可看出；亦如眾所熟知的諸等覺大菩薩，譬如 觀世音菩薩、大勢至菩薩、維摩詰菩薩、文殊師利菩薩、普賢菩薩，以及現於兜率陀天當來下生成佛之 彌勒菩薩等諸大菩薩，也都現在家相，少現出家相；在大家熟知的七大等覺菩薩中，只有 地藏菩薩是常現出家相。所以學子歸依僧寶，不可僅以表相來認定，更不可誤認為現在家居士相者都非歸依處，決不是只有現聲聞出家相者才是歸依處；如上所舉的六尊等覺大菩薩都示現在家相，諸地菩薩也大多示現在家相，這是大乘勝義僧寶的特色，與二乘聲聞僧寶多數示現出家相是不同的。

以目前各大寺院出家法師來說，若是弘揚聲聞解脫道者，因皆未斷我見，乃屬於凡夫僧寶；若是弘揚禪宗或大乘法者，也皆未開悟，以其開示之內涵就知其落處仍不離意識範圍，未斷我見，遑論開悟，只能稱之為大乘法中的凡夫僧。初學佛者歸依凡夫僧寶是理所當然的，但久學菩薩證悟以後還在歸依凡夫僧，那就說不過去了；因為凡夫僧所說的法，言不及義，都只能在世俗法上勸說要斷除世間法我所的執著，談不到解脫道見道斷我見的正理及方法；有時雖然也說要斷我見、斷我執，而他們自己卻尚未斷我見、我執，依舊停留在五蘊十八界的空相上，仍然執著意識心為常住法，也不明瞭五蘊十八界的運作。

或有一類凡夫僧仍如慈濟的證嚴法師一樣停留在十善業修集人天福德上，以為造善業就是整個佛法的修學。這些凡夫僧因自身未斷我見，更未證悟實相，故都無法將證悟的過程及方法開示於大眾，無法教導眾生觸證實相心。久學菩薩往往是過去世曾經證悟過的菩薩，如果今世悟後還繼續歸依這些凡夫僧，那可真是說不過去。至於那些對自己也無信心的小法師（譬如新竹鳳山寺的日常法師），連斷我見、證初果都不具信心，因此只好向大眾宣說：「末法時期無證悟這回事。」斫喪大眾求悟的心，如此誤導眾生，眞是末法時期眾生的悲哀。

鳳山寺「廣論團體」的僧俗四眾們更要思惟：我所歸依的僧寶，是否只會說一般的世間善法？或者只是勸人努力護持商業買賣賺錢事業公司（里仁企業）的老闆？只要思惟此二點，就可了知自己歸依的對象是否正確。因此，學人若想要歸依僧寶時，就要歸依眞善知識——證悟實相之諸勝義菩薩僧。（善知識有否開悟，從其開示法義的內涵，就可分辨之。）

再者，因否認眾生有眞實如來藏故，鳳山寺「廣論團體」所說的歸依三寶，當然都不是歸依自性三寶。前說的三歸依，歸依清淨法身自性佛、歸依了義諸經正義法、歸依證悟實相諸大乘菩薩僧，也都不是於「廣論團體」中的修學者所能歸依、所已歸依的對象。所以，歸依了表相三寶後的鳳山寺「廣論班」同修們，雖發心修學佛道，卻因爲錯誤知見的邪教導，反而都不能深入第一義諦，都只能在世間法上用功而已；如此而說要在事相上遇境除煩惱，那是不可能的事，反倒是煩惱越除越多。是不是如此？「廣論班」的同修若肯如實的捫心自問，自能知曉。

歸依三寶眞正最主要的是要歸依自性三寶，所謂「自性」即是指「空性」，但只有第八識如來藏的眞如體性，才能稱爲空性。自性三寶含攝一切三寶，歸依自性三寶才是最究竟歸依處。一、歸依自性佛寶：空性心如來藏眞如體性，是一切眾生的根本佛心，祂本來自性清淨涅槃。對於一般學佛人來說，祂是不可言說、不可形容、不可顯示的，但卻仍然是一切時處都與眾生和合運作無間，而凡愚眾生都是日用卻不知。眾生修學無相念佛法門進而參禪開悟以後，即能了知自己及一切眾生如來藏之所在，驗證祂的體性及作用，如實轉依祂眞實與如如之體性，如此歸依自心如來藏，即稱爲歸依自性佛寶。二、歸依自性法寶：空性心如來藏的眞如體性，眞實不虛；而且祂酬償因果也是眞實而無錯誤，祂具有能出生一切世、出世間軌則的自性。眾生眞正觸證而知曉後，轉依祂的清淨性，自然不會更造惡業，將來可以次第成就佛道；如此證悟如來藏，歸依自心如來藏所有的妙法，稱爲歸依自性法寶。三、歸依自性僧寶：由於證悟而現見眞如佛性之後，因爲轉依如來藏的眞如性、佛性，不淨的意識心轉依如來藏的眞如性、清淨性故，自然漸能不起染執而不會去跟一切有情起爭執，動無違諍，使自己漸漸清淨了，如此以自爲歸，就稱爲歸依自性僧寶。

至於藏密所歸依的三寶，並非眞正的三寶。因爲過去現在一切諸佛，皆以金光爲莊嚴，而藏密外道所供養的「**諸佛**」卻有純紅、純青、純黃、純白、純黑等等顏色之身（見密宗《三十五佛懺文》），顯然是魔王或夜叉、羅刹等鬼神所化現者。又供養佛菩薩時必須以清淨物作供品，而藏密的供品卻以夜叉、羅刹等鬼神所嗜好的五肉、五甘露爲主，顯見藏密之「**佛菩薩**」皆爲鬼神所化現者。藏密所謂的五甘露是：屎、尿、男精液、女經血、骨髓等，有時會以鮮血代替骨髓，在臺灣恐怕嚇著信徒，往往以紅酒代替女人月經（女血）。而五肉是：狗、牛、羊、象、人等五種肉，當然都是不淨物。願意接受藏密喇嘛這些令人作嘔的污穢不淨物供養的「**佛菩薩**」，當然是極低等鬼神化現冒充的假佛、假菩薩；再看藏密每年「**曬佛法會**」時所跳的金剛舞，全都是山精鬼魅的模樣，有智慧的人看了就曉得那些都是低等鬼神，哪裡是清淨的護法金剛神？

又藏密所謂的「**報身佛**」，實質上都是「**抱身佛**」，也就是與明妃相擁抱持而求淫樂觸覺之淫穢、不堪入目的下劣有情，怎敢說是具三十二相、八十隨形好的圓滿報身的報身佛？又 釋迦世尊所傳的無上密法，是以心印心，所證的是第八識清淨法身，怎會是藏密「**無上瑜伽**」邪淫之法中的意識覺知心？又諸佛已斷盡一念無明及無始無明種子染污隨眠，究竟成就清淨圓滿三身，而藏密卻把虛妄無常的意識認作不生不滅法、誤當成法身，然後再說他們的雙身法享樂境界比顯教的法身佛證境更高，自心顛倒以後再來愚弄迷惑無知的世人。再者，若論歸依自性佛寶，乃是歸依一切眾生各自本有之空性心如來藏；而藏密之「佛」否定有如來藏的真實存在，所以他們講的歸依三寶都只是依自己想法隨便說說而已。又藏密之喇嘛，否認有真實如來藏，又哪來自性僧寶可歸依呢？所以說，藏密歸依之「佛」並非真正之自性佛寶，藏密歸依之「法」也非真正之自性法寶，藏密歸依之「僧」更非真正之自性僧寶。說穿了，藏密的一切，是由假冒佛菩薩的夜叉、羅剎、山精鬼魅，以及假冒佛門僧寶的貪淫喇嘛以及無知的信眾，披著佛教的外衣冒充佛教來破壞佛教的。

《菩薩優婆塞戒經》卷三說：【若歸佛已，寧捨身命，終不依於自在天等；若歸法已，寧捨身命，終不依於外道典籍；若歸僧已，寧捨身命，終不依於外道邪眾。】聖教已清楚的說，佛弟子連自在天等都不可歸依，更何況藏密喇嘛們歸依的都是低等鬼神化現的假佛。再說歸依法，不歸依外道典籍。密宗天竺祖師長期創作的偽經與密續，冒稱是佛法，其實都是邪說、邪法、邪教導，他們不斷地強調雙身法的特勝，即使是常見外道法都不會那麼低賤。他們又認同常見外道的主張，譬如藏密自續派所說的法都主張意識常住不滅，是業種的執持者，所以也攝屬常見外道；密宗應成派所說的法又主張：一切法空，所以攝屬斷見外道；但是恐懼墮入斷滅境界而被人譏為斷見外道，故又建立意識細心常住說，藉以聯繫三世因果，又重新墮入常見外道見中。

密宗的四大派「法王」又都貪著「無上瑜伽」男女合修的世間淫樂欲界法，而他們的一切法義本質，都是在雙身法的樂空雙運基礎上而建立、開展，是永遠都不可能改變的，故說藏密之法決非佛法。既然所依之佛非眞佛，所依之法非眞佛法，而所有喇嘛們也都奉行雙身法，一生到老都在努力追求淫慾的最大快樂，因此自古以來藏密喇嘛之本質決非僧寶，因此歸依這些喇嘛們當然不是歸依僧寶。如果是黃教喇嘛，根據他們應成派中觀的教義，是完全否定如來藏的；他們當然不可能是親證如來藏的聖者，何有眞實義菩薩示現之本質呢？當然都不是佛門的僧寶。若是屬紅教、白教、花教等的自續派中觀，雖然語言文字上承認有第八識如來藏，但卻都以觀想出來之中脈裡的明點取代如來藏，當然也不是親證如來藏的聖者。既然藏密四大門派都是外道凡夫，怎有眞實義菩薩之本質示現呢？目前藏地到處都是仁波切，到處都是格西，卻只不過是粗重欲望之教授者及貪求者罷了，全無三寶的實質。

第二目 歸依三寶功德

《廬山蓮宗寶鑑》卷一〇說：【十方薄伽梵，圓滿修多羅，大乘菩薩僧，功德難思議。】佛有三十二大人相、八十種隨形好，法相莊嚴，身語意功德亦是無量無邊。大、小乘三藏十二部函蓋四悉檀，初善、中善、後善，甚深了義，所以說為圓滿修多羅。大乘菩薩僧既能宣說第一義諦法，也能宣說二乘解脫道妙法，能自度也能度他，故說功德不可思議。

至於歸依三寶有何功德？《瑜伽師地論》卷六四說：【受歸依者，獲四功德：一獲廣大福，二獲大歡喜，三獲三摩地，四獲大清淨。復獲四德：一、大護圓滿；二、於一切種邪信解障，皆得輕微，或永滅盡；三、得入聰叡正行正至善士眾中，所謂大師、同梵行者；四、為於聖教淨信諸天歡喜愛念，謂彼天眾心生歡喜唱如是言：「我等成就三歸依故，從彼處沒，來生此間，是諸人等今既成就多住歸依，亦當來我眾同分中。」】上文句中，「廣大福」者：透過供養三寶，可得無量福德。菩薩世世可愛的異熟果報，廣大無邊的無量福德，都依於此三寶之歸依，因為菩薩道的次第成就都是從初發心的歸依三寶開始，廣大福德亦是如此。「**大歡喜**」者：如瞭解成佛只有佛菩提道一法而心生歡喜，能遠離痛苦及苦因而心生歡喜，能得無量福慧資糧而心生歡喜，能念大師恩而心生歡喜，親證解脫、智慧、無量三昧等無邊功德而心大歡喜，由如是等歡喜事而能速證菩提。「**獲三摩地**」者，謂：由於歸依三寶，依於三寶清淨的體性及正確的教導，因此次第修證而能得證未到地定乃至四禪等至、等持位，以及無量無邊禪定三昧之正受，如此入住無量無邊三摩地的解脫功德。「**獲大清淨**」者，謂：三寶乃是世間出世間清淨者，唯有歸依趣向三寶之清淨，次第證得慧解脫，乃至佛地淨除二障的究竟清淨解脫，七識心王與無垢識究竟相應，如諸佛一般成究竟清淨者，此皆依於初發心之歸依三寶而成就。另外又有四種功德，一、「**大護圓滿者**」，謂歸依三寶乃能於未來獲得自、他圓滿：生於聖處亦即生在佛法中國，善得人身即具丈夫性，諸根具足無缺無損，離諸業障而遠離五無間業，勝處淨信而於聖教信解等五種內自圓滿；以及諸佛出世而能值遇佛世，諸佛菩薩宣說正法教授教誡，法教久住而有正法可學，於正法有修有證而能隨順轉依得法住隨轉，他所哀愍護持而能資具不缺等五種外他圓滿。二、對信受邪解，如斷常見、無因論、惡取空等邪說邪法之障礙，都可因為歸依三寶之功德而得輕微、消滅或永盡。三、歸依三寶的功德，即建立未來學法之善緣，亦即能夠親近善士，聽聞正法，如理作意，法隨法行，而趣入親近諸佛菩薩及正行正至的清淨賢善之佛弟子行列中。四、諸天人見有成就三歸依而能行十善者，歿後將會生天而加入天人行列中，眷屬增廣而心生歡喜，故會鼎力護持此眞歸依三寶之佛弟子，於此諸天必定歡喜愛念，受三歸依戒之德，生時得於聖教淨信之天人護持，捨壽得往生天界受樂。

以上略說三寶有無量功德，歸依者也有眾多功德，因此歸依三寶的人就必須要具有智慧作簡擇，確認所歸依的是否為眞正的三寶。如果是鬼神所化現的假佛寶，則假佛寶所著作述說違背法界實相的法必定是假法寶，再透過假菩薩、假僧寶的喇嘛們來宣說，眾生若無擇法慧而歸依之，更為人宣揚此假佛法，則成就誹謗三寶之極重惡業，是不通懺悔之無間地獄罪。即使將來報盡出離地獄，餘報也必墮落鬼神道中，長劫與彼諸鬼神為伍，若往世沒有善知識緣而開解正見，那就會在三途苦中輪迴不停而沒完沒了。所以，眞實歸依三寶是極重要的一件大事，當以智慧為先導簡擇之，於正信佛法中歸依三寶，而不能於假冒佛法之喇嘛教中歸依護持，因此不可不慎！

第三目　歸依後護戒不犯

歸依三寶後，當隨分隨力護持善法，不犯五戒。《菩薩優婆塞戒經》卷六說：【能觀過去未來現在身口意業，知輕知重，凡所作事先當繫心修不放逸，作已作時亦復如是修不放逸。若先不知，作已得罪，若失念心亦得犯罪。若客煩惱時暫起者亦得犯罪，若小放逸亦得犯罪。是人常觀犯輕如重，觀已生悔及慚愧心，怖畏愁惱，心不樂之，至心懺悔；既懺悔已，心生歡喜，慎護受持，更不敢犯，是名淨戒。】菩守護身口意業，安住清淨戒條，是歸依後第一重要的事，應如經中說：凡所作事當繫心不放逸，犯罪已，當至心懺悔；悔已，當心生歡喜，更不敢再犯，應該如此安住淨戒。《菩薩優婆塞戒經》卷三又說：【善男子！受優婆塞戒，有五處所，所不應遊：屠兒、婬女、酒肆、國王、旃陀羅舍。】受戒後有五種地方不能去：屠宰場、妓院、賣酒飲酒的場所、官場、監獄官員的住家。此外當依《優婆塞戒經》〈受戒品〉廣說。

至於藏密受灌頂時，不論事部、行部、瑜伽部，都要受藏密獨創的「三昧耶戒」，正因爲有此邪淫戒律的規範，藏密行者才會有如此隱密邪門之事，而都自以爲是合於佛教戒律的眞正修行。如宗喀巴《密宗道次第廣論》頁四九說：「《蘇悉地經》〈咒毗奈耶品（轉眞言法品）〉：『復次誦咒師，由住何律儀，速得諸成就？說彼咒調伏：有智修行者，於諸咒諸天，及大持誦者，悉皆不應瞋。智者勿臆造，咒軌及密咒；於諸惡性人，亦不應毀呰。開示密壇師，行爲雖暴惡；然不應以語，或以意毀謗。智者雖盛怒，於他諸明咒，不壓縛損害，及治罰降伏。若無師隨許，不應持密咒；於未承事者，知咒亦不與。智者知經咒，曉印及儀軌，釋經并壇場，不傳未入壇。……』」其他規範尚多，無法全錄。總之，藏密之三昧耶及三昧耶戒眞的很稀奇古怪，可用一句話說，就是「索隱行怪」；譬如學人不能隨便持誦雙身法有關的密咒，必須由咒師傳咒三遍之後，此咒語的修學者才可以持誦，否則犯三昧耶戒（百字明也是雙身法的密咒，一樣要經咒師傳咒以後才可以持誦）。學者未經咒師的許可，不能隨便持咒，否則亦是犯戒。未入壇城受灌頂以前，咒師不能傳咒，學者也不能持咒，否則也犯三昧耶戒。犯了三昧耶戒不但修學密法不能成就，死後還會下墮惡趣，而妄傳的咒師則墮號叫地獄。但這只是密宗祖師自設的戒律，根本不是佛教的戒律，所以犯戒者其實不可能有下墮地獄的可能；會下墮地獄的原因，還是因爲侵犯別人眷屬的邪淫罪，不是由於犯了密宗祖師自設的密戒。可是密宗祖師並不懂這個道理，以此緣故，下列問題就需要探究了：三昧耶戒的內涵是什麼呢？眞的會因爲違背三昧耶戒而下地獄嗎？三昧耶戒符合法界因果律的事實嗎？三昧耶戒是依戒禁取見而建立之戒律嗎？這都是應該以智慧簡擇的。

其實三昧耶戒都是爲了藏密無上瑜伽的雙身法而施設的，完全是依於戒禁取見而施設的，而戒禁取見是斷我見的聲聞初果就懂得遠離的，號稱比大乘菩薩更高層次修證的密宗祖師卻都不懂，由此證明密宗祖師自設的三昧耶戒，實際上沒有戒罪可以懲罰犯三昧耶戒的密宗行者，與他人眷屬合修雙身法的罪責都是因爲邪淫而導致的，不因三昧耶戒而得罪。宗喀巴又說，受密灌以後知道密灌的內容了，不能誹謗明妃雙身修法所生之大樂法門，否則也是犯戒。未受藏密的三昧耶戒以前，與比丘尼或自己的母、女、姊、妹或畜生女行淫，是犯了根本罪；但是如果受了密灌以後，依藏密的雙身法而與這些人合修，不但不犯罪，而且還有「大功德」，這是多麼荒唐的說法。當密宗行者如此修行時，已經犯了欲界因果律中的最重罪了，這是違背欲界人倫軌則的最嚴重邪淫，依因果律本來就該下地獄，密宗祖師設立三昧耶戒將這個行爲合理化，仍然救不了密宗行者不下地獄，因爲設立這種邪淫無罪的三昧耶戒的密宗祖師自己也一樣處在因果律的制約之中，不能自外。

宗喀巴說：如果上述合修雙身法的諸女並非蓮花種性之空行女，與之行淫則犯三昧耶戒的根本罪。行淫之一方或雙方，必須具備起分證量，否則也犯根本罪。若非時行淫，則犯根本罪；但有例外：於行淫中不會生起射精樂觸的欲貪，而與雙身修法相應者，則一切時皆可行淫，如此不但不犯戒，尚有「**即身成佛之大功德**」。這更是荒唐，假裝沒有生起射精的欲貪，卻有射精的身行，卻有讓覺知心安住於射精的第四喜大樂之中的心行，宗喀巴還規定必須每天八個時辰都要住於此一大樂之中，若無此大貪則是犯三昧耶戒；由此緣故，現見許多喇嘛生子的事實，就可知道藏密的說法乃自欺欺人。宗喀巴說，若是一般人非處行淫者，犯根本罪；但有例外：修無上瑜伽的「**成佛之道**」者，應於密宗壇城或佛堂佛像前行淫，不但不犯戒，反而有「**大功德**」。這也是荒唐，在佛像面前行淫，豈但犯戒而已，同時也是辱佛、毀佛，後世不僅是畜生報，還是地獄報，何功德之有？此非有大功德，乃是大業障。此外密宗還有很多藉口，來掩飾他們貪著行淫、貪著別人家眷之細節，何者是犯戒？何者有功德？……等，此處不便多說，想要瞭解的讀者請自行參閱宗喀巴《根本罪釋》、《密宗道次第廣論》等書，即可明白其邪淫謬論之怪異荒誕。

總之，三昧耶戒是藏密爲了配合雙身修法，號稱是所謂的「密教佛」獨創之戒法，其實都與諸佛無關；完全不適合漢地民間習俗，也違背漢地文化傳統倫理，更是與中國佛教本有的清淨傳統全不相符。以儒家思想爲學佛日標的鳳山寺「廣論團體」，爲何不以孔孟的人倫思想道德爲標準，來衡量藏密喇嘛教的邪淫法教是否適合漢地及地球人類之修習？鳳山寺在如此矛盾情況下，繼續弘揚藏密之邪法，豈不自相矛盾？一方面說要發揚中華優良傳統道德文化，另一方面又要暗中努力修習違背中華道德文化的藏密雙身法，豈不是言行不一、心口不一？也許您說：「我們現在不會修藏密雙身法。」但是當你一接觸宗喀巴的《廣論》，就已經注定將來一定要修了。宗喀巴的《菩提道次第廣論》中，最後正是這樣教導的：「第二特學金剛乘法。如是善修顯密共道，其後無疑當入密咒，以彼密道較諸餘法最爲希貴，速能圓滿二資糧故。」（《廣論》福智版，頁五五七）

因此當您在完全接受《菩提道次第廣論》的說法後，您就會繼續接受宗喀巴另外一部《廣論》——《密宗道次第廣論》，除非您能懂得密宗的本質而及時懸崖勒馬，如同末學有因緣遇到善知識的教導而了知密宗的本質一樣，透過發露、懺悔，進而轉入正法中努力修學，否則很難在佛道上有所進展；而且將來很可能為了護持宗喀巴的邪見，大力誹謗正法，成就無間地獄罪，此是何等無辜的作法，還懇請有智者多思惟簡擇。

第四目　於三寶所勤修供養

《寶雲經》卷一說：【香華伎樂遶如來塔，塗掃佛地，若諸塔廟朽故崩落，修治嚴飾，如是名為恭敬佛。恭敬法者，聽法、讀誦、受持、書寫、解說，思惟其義，如法修行，不顛倒取義，是名恭敬法。恭敬僧者，衣服、飲食、臥具、湯藥、種種雜物，供給所須，奉施於僧；乃至貧下無所有時，當用淨水敬心持施，如此施者名恭敬僧施。若能如是供養三寶，是名菩薩恭敬施具足。】應如經說如是供養三寶。

《瑜伽師地論》卷四四說：【云何菩薩於如來所供養如來？當知供養略有十

種：一、設利羅供養，二、制多供養，三、現前供養，四、不現前供養，五、自作供養，六、教他供養，七、財敬供養，八、廣大供養，九、無染供養，十、正行供養。】文中，「設利羅」是如來舍利的別譯；「制多」就是塔廟，建造或修繕塔廟來供養，稱爲制多供養；於如來或塔廟前供養，爲現前供養；於十方三世一切不現前諸如來及塔廟行供養，爲不現前供養。又說：【此中菩薩唯供現前佛及制多，應知獲得廣大福果；若唯供養不現前佛及以制多，應知獲得大大福果；若俱供養現、不現前佛及制多，應知獲得最大福果，爲無有上。】如是現前與不現前供養果報有差別。

供養物以自己親手所製作，謂自作供養；教導他人製作而行供養，或以自物施於他人，再由他人行供養，謂之教他供養；若以自物於佛前或塔廟前，與他人一起供養，名爲自他俱共供養。又說：【此中菩薩若唯自供佛及制多，應知獲得廣大福果；若唯教他，應知獲得大大福果；若能自他俱共供養，應知獲得最大福果，爲無有上。】如是自作、教他、俱共供養果報也有差別。

如以衣服、飲食、臥具、醫藥、薰香、末香、華鬘、伎樂、幢、蓋、幡、燈、金、銀、琉璃、珍珠、瑪瑙等而爲供養，是爲財物供養。如以前七種供養，以常時、眾多、微妙、清淨心、猛力勝解，而爲供養，並以供養功德，迴向求證無上正等菩提，是名廣大供養。又自手供養不懷輕慢心，教他供時自己不住於放逸懈怠，不輕棄擲，不散漫，無雜染，不爲財敬而詐設虛事，不以有腥味或有毒物供養，是名無染供養。最後以正法修行利樂眾生而作供養，是爲正行供養。又說：【由此十相，應知是名具一切種供養如來；如供養佛，如是供養若法、若僧，隨其所應，當知亦爾。】上說由十相來作供養佛；供養法及僧，也應如是。

聖 彌勒菩薩所說十相中的廣大供養，「廣論團體」卻應用來作爲對假冒佛菩薩的鬼神供養，竟然同樣名之爲廣大供養。個人的色身康健與壽命短長，是由過去世所造的業因而有今生所感得的果報，這是眾所皆知之事，佛菩薩絕對不會干預個人的壽命因果。三地滿心的菩薩，雖然有意生身，但也只會在你的夢中、定中示現，開示善法以轉變你的意識來說服末那識向善。再說鬼神更無能力干預個人的因果，因鬼神福報不如人故，哪裡有在下位的鬼神能改變在上位「人」之命運的道理；如果有人爲了自身長命百歲而祈求鬼神幫忙，如同貧窮人說能大施財富給比他更富有的人，正是癡人。如果個人有所求於鬼神而行廣大供養，彼鬼神必定也只能以自身能力範圍內的利益而回報之；如同人間一樣，某甲有恩於某乙，某乙必定會以能力範圍內的其他方式回報某甲，是同樣的道理；結果施者與被施者，互爲利益糾纏不清，未來世就會沒完沒了的糾纏在一起。至於民俗普渡的活動，以各種飲食普施於一切鬼神，雖然也可說是利益眾生的佛法事業，但是要在心無所求之下行之，未來世才不會與鬼神糾纏不清，這才算是眞正的布施。再說眞正的勝義菩薩僧了知生命實相故，知道捨報只是表示他已完成此階段性的任務，故對生死已無所罣礙，內心充滿歡喜；而且確定知道不久當可繼續他的弘法度眾事業，因此絕對不會尋求鬼神的幫助，讓身體健康、延年益壽，因爲他知道這樣做是沒有意義而且違反因果法則的。

上面所說的十相供養中，以正行供養最爲殊勝，《瑜伽師地論》卷四四又說：【菩薩於如來所正行供養，如是供養爲最第一，最上最勝、最妙無上；如是供養，過前所說具一切種財敬供養，百倍千倍乃至鄔波尼殺曇（無可數）倍。】《寶雲經》卷五也說：【善男子！如來法身不待財施供養，惟以法施供養爲上，以具足供養利益眾生，令得安樂常獲善利。】所以歸依後的佛弟子應先求開悟，證悟後進修別相智——後得無分別智；若觀察眾生根器適合得度者，即向他宣說證悟之法，並接引他們進入能證悟實相的正法中修學，讓諸學子也能如同自己一樣的開悟證眞，甚至增上成就佛道，這才是正行供養，也是最殊勝的供養。這個部分將會在第五目中詳細述說。

第五目　歸依已應求證悟

歸依三寶後應求證悟，此是正行供養中第一件要做的事，爲何如是說呢？因爲未悟之前只是表相學佛，名義上說是學佛，其實應該說是學世間善法、學人天乘、學表相佛法而已；綜觀今天的佛教各大山頭以及外道，都是如此，並無兩樣。只有證悟之後才能說已經眞正開始學佛了，悟後你會發覺，以前讀不懂的般若經，現在全懂了；當你聽他人講法時，會知道講經法師的落處何在，他是否有斷我見證得初果，是否有大乘的開悟見道之證量，都能了知。當你說法時，你會發覺悟前讀經都是依文解義，現在卻能深入般若義理正觀，因爲已能照見眞心的眞如法性故，已經了知法界的眞相故。悟後你會知道眞心如來藏有眞實的體性，能生出一切萬法，但是祂自體卻是無形無相，也無貪厭等世間相，所以稱爲空性，故將此心命名爲空性心；同時也會知道由如來藏所生的蘊處界萬法，全都虛妄不實，但是又都攝歸如來藏，所以稱爲空相。

悟後你也同時斷了薩迦耶見（我見），你會眞正瞭解及現觀：色身不是眞我，受想行識也不是眞我，五蘊十八界都是虛妄無常，所以自己是虛妄無常而無我的；因此對色、聲、香、味、觸的貪著就減輕了。悟後你對一般學佛人所謂的「法喜充滿」，將會不屑一顧，因爲你已經嚐到般若智慧及禪悅的眞正法味了。由於轉依眞心如來藏的眞如性，自己的性障開始消伏，定慧不斷增長，方廣諸經論也能慢慢瞭解而深入。當你開悟了，就可保證絕不會再墮於三惡趣中，除非退轉而謗法。此外尚有甚多功德受用，只有眞正開悟的自家人才能清楚自家事，與外人一時說不清也，如同《大寶積經》卷三七〈如來不思議性品第四〉：

【如有生盲者，不見日光明，彼不見光照，謂日光無有。】[8]

前已陸續約略談及證悟的必備條件：要信受因果、努力伏除性障、要有正確的禪法知見、更要盡力積累見道應有的福德，除此之外，定力功夫也是很重要的。所謂的功夫是指定力的一部分，定力非定相、定境，定力是於法心得決定及淨念相續的功夫，尤其是要有動中的功夫，這個法門源於《楞嚴經》卷五〈大勢至菩薩念佛圓通章〉：

大勢至法王子與其同倫五十二菩薩即從座起，頂禮佛足而白佛言：「我憶往昔恆河沙劫，有佛出世名無量光，十二如來相繼一劫；其最後佛名超日月光，彼佛教我念佛三昧。譬如有人，一專為憶，一人專忘；如是二人若逢不逢，或見非見。二人相憶，二憶念深；如是乃至從生至生，同於形影，不相乖異。十方如來憐念眾生，如母憶子；若子逃逝，雖憶何為？子若憶母如母憶時，母子歷生不相違遠；若眾生心憶佛念佛，現前當來必定見佛，去佛不遠；不假方便，自得心開；如染香人，身有香氣，此則名曰香光莊嚴。我本因地以念佛心入無生忍，今於此界，攝念佛人歸於淨土。佛問圓通，我無選擇；都攝六根，淨念相繼，得三摩地，斯為第一。」

〈大勢至菩薩念佛圓通章〉這段經文，主要是告訴我們，用無相念佛的憶佛方法來修定力，大勢至菩薩以善巧的方法舉例說明：當母親想念遠方的孩子時，這個念中並沒有孩子的面貌、形相、語言、文字、聲音的出現，但是母親確實知道想念的是遠方的那個孩子，不會是想錯人或失去了憶念親人的念。以這個「如母憶子」的譬喻來說明：「當我們憶佛或念佛時，沒有佛的形相、語言、文字、聲音的出現，但是你確實知道你憶念的是哪一尊佛或菩薩，這就叫無相念佛或無相憶佛。」改為憶佛時的念即是淨念、正念，因為沒有親情執著的緣故，是修行佛法的緣故。《大寶積經》卷四說：【言無相者，所謂無身及身施設，無名無句，亦無示現。】依此經文說，無相就是無色身，也沒有因色身而施設的種種法相，沒有語言、文字、名稱語句，沒有任何運用六塵諸法來作的表示，只有清淨的憶佛之念。如果這種無相念佛的憶佛淨念，在日常生活中，不論動中、靜中都能相續不斷，就叫作淨念相繼。大勢至菩薩以祂的念佛心，人無生忍的經驗，於此娑婆世界，攝受表相學佛人歸於淨土。這種都攝六根、淨念相繼的功夫，是使人得定很快速而且很有效的方法。尤其現今的社會環境，混亂吵雜，如果以此法門修持，不到兩三年之時間，就可以得念佛三摩地。至於如何修持？當在奢摩他章中詳述。

8 自家人謂已開悟之人，生盲、外人謂未悟之人，這是禪宗用語。

第四節　深信業果

第一目　十善業道

《十善業道經》說：

如是我聞一時佛在娑竭羅龍宮，與八千大比丘眾，三萬二千菩薩摩訶薩俱。爾時世尊告龍王言：「一切眾生心想異故，造業亦異，由是故有諸趣輪轉。龍王！汝見此會及大海中，形色種類各別不耶？如是一切靡不由心，造善不善身業、語業、意業所致，而心無色不可見取，但是虛妄諸法集起，畢竟無主，無我、我所，雖各隨業所現不同，而實於中無有作者，故一切法皆不思議，自性如幻。智者知已，應修善業，以是所生蘊處界等皆悉端正，見者無厭。龍王！汝觀佛身，從百千億福德所生，諸相莊嚴，光明顯曜，蔽諸大眾，設無量億自在梵王悉不復現，其有瞻仰如來身者，莫不目眩。汝又觀此諸大菩薩，妙色嚴淨，一切皆由修集善業福德而生。又諸天龍八部眾等大威勢者，亦因善業福德所生。今大海中所有眾生，形色粗鄙、或大或小，皆由自心種種想念，作身語意諸不善業，是故隨業各自受報。汝今當應如是修學，亦令眾生了達因果、修習善業；汝當於此正見不動，勿復墮在斷、常見中，於諸福田歡喜敬養，是故汝等亦得人天尊敬供養。龍王！當知菩薩有一法，能斷一切諸惡道苦，何等爲一？謂於晝夜常念思惟觀察善法，令諸善法念念增長，不容毫分不善間雜，是即能令諸惡永斷，善法圓滿，常得親近諸佛菩薩及餘聖眾。言善法者：謂人天身、聲聞菩提、獨覺菩提、無上菩提，皆依此法以爲根本而得成就，故名善法，此法即是十善業道。」

《十善業道經》是世尊藉著對龍王的開示，勸戒眾生要行十善業道。一切眾生想法不同，造業也不同，才會有六道不同種類眾生的輪迴。眾生的本心無形無相，不可見取，本來無自主、無我、無我所，卻因所生之蘊處界不相同，顯示出各自所造的業不同。眾生本心如來藏從不造惡業，也不會造善業，因此應當說：沒有一個眞正造業者。了知這個道理，就應當勤修善業，善業所感生的蘊處界都是端正莊嚴，見者歡喜。世尊說：會中爲何有佛、有大菩薩、有大比丘、有天龍八部眾？一切皆由於修集善業福德而生；反觀龍族眾生形體有大、有小，色身粗糙等，都是由於身語意造諸不善業，隨所造業而各自受報。因此，眾生應當安住於正確的知見中而不動搖，不能再盲從大名聲的邪師墮於斷、常邊見中；若能於福田歡喜供養，努力積集、培植福德，則雖生於龍族中，人天也會尊敬供養。世尊又說，菩薩有一法能斷諸惡道苦，只要日夜常思惟觀察善法，令善法念念增長，不能摻雜絲毫惡念，如此就能永斷諸惡；善法圓滿時，就能常與諸佛菩薩及其他聖眾親近。何謂善法呢？是說一切的人身、天身、聲聞菩提、獨覺菩提、無上菩提的成就，都是以十善業為基礎而修、而成就的，故稱為善法。

《菩薩優婆塞戒經》卷六說：

身三道者，謂殺、盜、婬；口四道者：惡口、妄語、兩舌、無義語；心三道者：妒、瞋、邪見；是十惡業，悉是一切眾罪根本。若諸眾生，異界異有，異生異色，異命異名，以是因緣應名無量，不但有十。如是十事，三名為業，不名為道；身口七事，亦業亦道，是故名十。是十業道自作他作，自他共作，從是而得善惡二果，亦是眾生善惡因緣，是故智者尚不應念，況身故作？若人令業煩惱諸結得自在者，當知即是行十惡道；若有能壞煩惱諸結不令自在，是人即是行十善道。……是故智者應修十善，因是十善眾生修已，增長壽命及內外物；煩惱因緣故十惡業增，無煩惱因緣故十善業增。

此段《菩薩優婆塞戒經》說十惡業道：殺、盜、婬為身三業，惡口、妄語、兩舌、無義語為口四業，貪、瞋、邪見為意三業。業就是思的決定而產生了習慣勢力之意思，由思之決定而使得有情造作身口業行，由此身口業行而能使得眾生後世往生到善惡趣，故稱之為業道；身三業、口四業，因為已經付諸於實行出來，由此身行、口行而對眾生有了影響，因此既是業又是業道，而意三業則是純然由意識意根所想的，還沒有身口的行為被造作出來，純然是內心中行而無有傷害到他人，因此只是業而非道，總稱為十惡業道，此十乃是一切重罪根本，反之而為即名行善；如此即能悖離十惡業道，即是善因緣。眾生不論自作、教他作，或自、他共作，都可因此而得或善或惡的果報。若眾生為煩惱所縛，即知是人行於十惡業道；若人能壞煩惱結使，即知是人行於十善業道。因此眾生眞修勤行十善業道，內則壽命增長，外則環境不受災難等逼迫。眾生因我、我所、惡見等諸煩惱的因緣，使十惡業增長，以致壽命漸減、外在環境常受災難逼迫。

十業道的輕重，《廣論》頁一三一說：

本地分中說有六相，成極尤重。加行故者，謂由猛利三毒或由猛利無彼三毒，發起諸業。串習故者，謂於長夜親近修習，若多修習善惡二業。自性故者，謂屬身語七支，前前重於後後，屬意三支，後後重於前前。事故者，謂於佛法僧諸尊重所，為損為益。所治一類故者，謂乃至壽存，一向受行諸不善業，未曾一次受行善法。所治損害故者，謂永斷除諸不善品，令諸善業離欲清淨。

此段《廣論》乃是依於《瑜伽師地論》〈本地分〉中所說抄襲來的。有六種業道比較重，六種是：加行、串習、自性、事、所治一類、所治損害。《廣論》隨學者在此處就要特別注意了：

一、以「**加行故**」來說——如果是貪著世間錢財，以出家身來經商而做貿易事業，就是猛利貪毒；在家信徒投入這種由出家人出資經營的賺錢事業中，即是猛利貪毒的共業。如果遇到眞正宣揚正法的實義菩薩僧出世弘法，將會間接或直接顯示他們的錯悟或未悟，因此難免會危害其既得利益，彼等眾人則以瞋心誹謗，甚至以藏密誅法作法而欲誅殺之，就成為猛利瞋毒；如果深信喇嘛教外道邪法，或深信熟讀處處具足斷常二見的《廣論》就可以成佛，就是猛利癡毒；因為《廣論》中所說法義，都與聲聞解脫道無關，更與人乘佛法成佛之道無關，由此猛利貪、瞋、癡三毒所發起之業，正好就是宗喀巴《廣論》中所說的「**成極尤重**」的重惡業，《廣論》的弘揚者及學法者，都應該依據《廣論》的本質來自我檢查，以免害己害人。

二、以「**串習故**」來說——如果經年累月修習知見顛倒的《菩提道次第廣論》，及具足斷、常見的藏密所謂的「**中觀**」之邪見，及邪淫怪誕的《密宗道次第廣論》雙身法，也正是《廣論》中宗喀巴引用《瑜伽師地論》中所說的「**成極尤重**」的重惡業。

三、以「**自性故**」來說——身三業中，殺生重於不與取，不與取重於欲邪行；鳳山寺的《廣論》隨學者，目前雖然短期內還不會違犯身三業的殺、盜、邪淫，但是多聞熏習兩種《廣論》的知見，其實已經種下了宗喀巴教導的西藏密宗外道法之種子，未來必定要進入密咒乘中修學無上瑜伽；將來進入密咒乘修行以後就不戒殺生、不戒邪淫，那時可就是「**成極尤重**」的大惡業了。

至於口四業中，妄語重於離間語，離間語重於粗惡語，粗惡語重於綺語；而鳳山寺的「廣論團體」上位者，欺騙隨學的學員說「熟讀《廣論》就可以成佛」，或說「福智法人事業就是利益眾生的事業」，甚至推崇外道喇嘛們已經成佛，且是即身成佛，超勝於顯教之佛，如此欺瞞眾生而云如是等妄語，就是「成極尤重」的妄語重惡業。喇嘛們關起門來私下教授雙身法及灌頂時所說言語，都是猛利綺語；當他們崇密抑顯時，是在離間善良學人遠離正法教導而改投密宗，則是猛利離間語。

至於意業的三種業中，邪見重於瞋恚，瞋恚重於貪欲；而《廣論》中的邪見可就非常多了，幾乎隨處可見，隨舉一例說明，譬如《廣論》頁七一說：「如是以諸共道淨相續已，決定應須趣入密咒。以若入密，速能圓滿二資糧故。」入密而受持密乘獨創的三昧耶戒，就不得不努力修學雙身法，這是最大的邪見——成就猛利邪見，捨壽後決定會下墮三惡道；其他邪見亦是多如牛毛，此諸邪見將會在後面的諸章節中陸續舉證出來加以說明。又在臺灣各地「廣論團體」之邪見，也是不勝枚舉，如前所說的鳳山寺「廣論團體」的外道化、鬼神化、商業化等等以外，於中士道中的邪見也將會在後面逐漸舉出，以救密宗行者。如是等等諸邪見，都正是宗喀巴所說「成極尤重」的大惡業，但宗喀巴卻教人要一一修習觸犯。

四、以「事故」來說——《瑜伽師地論》卷九〈本地分〉中說：【謂如有一於佛法僧及隨一種尊重處事，爲損爲益，名重事業。】這一點，學佛的人就要特別小心了，在尚未弄清楚眞實佛法之前，「邪魔外道」這句話是不能隨便跟隨他人亂指控的，萬一被指控的人是眞實義菩薩，所說的法是眞實法，而您罵他是邪魔外道，就是「成極尤重」的大惡業。不幸的是，這是藏密喇嘛與信徒們常常在犯的大惡業。尤其相似佛法易與眾生相應，反而眞實義唯與人數較少的有智者相應。一般眾生不懂菩薩摧邪顯正救護眾生之善舉，卻迷信於喇嘛、仁波切惡意誹謗眞善知識爲「邪魔外道」，就盲目的追隨著妄加誹謗，冤枉無知的成就誹謗賢聖的大惡業——成極尤重。自己應有的身口意行，有智學子當以法義內涵爲簡擇依據，勿迷信喇嘛上師等而鄉愿爲之。

五、以「所治一類故」來說——《瑜伽師地論》卷九〈本地分〉中說：【謂如有一一向受行諸不善業，乃至壽盡無一時善。】信受宗喀巴、喇嘛教的學人，就是這一類人，一向受持邪法，努力勤行邪淫雙身法爲目標；更有「精進」

履行密法者，常常師徒亂倫、六親亂倫，終其一生誤認雙身法爲成佛的最勝道而不作懺悔，實質上成就極重惡業，死後必將往生惡趣中，彼等至今卻都一無所知。有智慧的藏密學人，當自審思觀察，應當知所對治。

六、以「**所治損害故**」來說——《瑜伽師地論》卷九〈本地分〉中說：【**謂如有一斷所對治諸不善業，令諸善業離欲清淨。**】這就如同筆者一樣，在深入瞭解經中所開示之佛法正義以後，自能發覺事情很嚴重，此時就應該趕快遠離藏密諸邪法，並且努力改正、發露己過，殷重懺悔一切罪業、癡業，更能反過來努力弘揚正法，破斥邪說以救護仍被邪見籠罩之眾生，如此改正之行，祈使諸佛菩薩冥祐加持攝受，以此功德迴向惡業清淨，如此諸善業才得快速增長，最後才能花開見佛，終於證得自性佛。往往有一種愚人，由於自己已經和喇嘛、密教上師合修過雙身法，心中害怕被丈夫知道而導致嚴重後果；當有人舉出自己供養的喇嘛或密教上師侵犯別人眷屬，或上師被舉發長期與女徒弟亂倫合修雙身法時，自己身爲女徒弟之一，明知這是事實，自己也確實與上師合修過，或是至今仍然常常暗中繼續合修，卻爲了自己的面子，不想被人懷疑曾經與喇嘛、上師合修雙身法，就極力爲喇嘛、上師否認。這種常常發生的事情，其實是愚癡的表現；因爲後世的極重果報正等著她們，幫助喇嘛、上師以外道法取代原本清淨的佛法，是極猛利的大惡業；師徒亂倫的雙方也都是極猛利大惡業的犯罪者。她們都不懂：發露懺悔以後永不復作，這個發露、懺悔二法都是大善業；而自己若一意覆藏到底，則是大惡業，不但救不了自己，也救不了自己所崇敬的喇嘛與上師。密宗喇嘛、上師暗傳雙身法，並且實際上暗地裡在合修；而密宗的法義自始至終也都是圍繞著雙身法在修的，一切前行起分的功夫修鍊也都是爲了雙身法而作準備，這是密宗不爭的事實。事實如此，而密宗的教義也是在在處處都證實這一點，因此，一切極力爲喇嘛、上師辯解的人，在別人心中都會認定是曾經與異性上師合修雙身法的嫌疑人；越爲喇嘛、上師辯解，社會人士及親友們越會這樣認爲。有智慧的密宗行者，應該採取對自己最有利的方式來做，因爲後世因果是不講人情的。

第二目　異熟果

爲期大眾瞭解密宗如何篡改佛法內容，必須先解說佛教五果的內容，然後再舉證密宗如何篡改佛教五果的內容，今再續說五果中的異熟果。眾生所造業行於捨報以後為何會感生各種異熟果報呢？三世因果又如何在異熟果報中具體實現呢？其因在於各個眾生都有的第八識，也就是阿賴耶識，此識含藏著眾生無始以來所熏習的善、惡、有漏、無漏的一切業種，過去所造的善業、惡業與無記業習氣能影響業種的流注而不斷現行。由於阿賴耶識所含藏的我見、我執煩惱業種，眾生不願見聞覺知的自己消失，因而引生七轉識不斷出生，由七轉識現起種種不如理作意的分別而生執著，續造諸業行；復由阿賴耶識收藏諸業行種子，如此種子生現行，現行再回熏種子，交互影響，因此後有不斷。阿賴耶識本體是無記性，而所含藏的業種亦屬無記性，一旦現行時就會有善惡性；當因緣會遇導致業種成熟時，阿賴耶識便依此諸業種，透過卵、胎、溼、化四種方式而成就各種不同的色身或安住於無色界境界中。因業種具有變異而熟之體性：前、今、後三世不同時段的異時而熟、三界六道不同處的異地而熟、眾生各世不同種類六道有情色身的異類而熟的果報，故名異熟果。

異熟果是有情造善惡業以後所感得的果報，譬如菩薩造淨業而感得後世可愛正報身，亦如有情造惡業而感得後世不可愛正報身，或有情造善業而感得後世可愛正報身。眾生如何因善惡業而招感下一生的異熟果報呢？經論中曾有細說，現以《楞嚴經》來說明。《楞嚴經》卷八 佛說：

阿難！一切世間生死相續，生從順習，死從變流；臨命終時未捨暖觸，一生善惡俱時頓現；死逆生順，二習相交，純想即飛，必生天上；若飛心中兼福兼慧及與淨願，自然心開，見十方佛，一切淨土隨願往生。情少想多，輕舉非遠，即爲飛仙、大力鬼王、飛行夜叉、地行羅剎，遊於四天，所去無礙。其中若有善願善心護持我法，或護禁戒隨持戒人，或護神咒隨持咒者，或護禪定、保綏法忍，是等親住如來座下。情想均等，不飛不墜，生於人間；想明斯聰，情幽斯鈍。情多想少，流入橫生，重爲毛群，輕爲羽族。七情三想，沈下水輪，生於火際，受氣猛火；身爲餓鬼，常被焚燒；水能害己，無食無飲，經百千劫。九情一想，下洞火輪，身入風火二交過地，輕生有間，重生無間二種地獄。純情即沈入阿鼻獄，若沈心中有謗大乘、毀佛禁戒、誑妄說法、虛貪信施、濫膺恭敬、五逆十重，更生十方阿鼻地獄。循造惡業，雖則自招；眾同分中，兼有元地。

經文中說一般世間有情的生死相續，生的時候是隨順於業的習氣而行，死的時候就隨業之變而流轉投生六道；臨命終時暖觸尚在，一生所造善惡業內涵頓時顯現，猶如幻燈片一般，剎那間連續閃過，死逆生順乃妄見妄習的眾生之所欲，此時眾生的情與想二種習氣，交互生起。什麼是「情」？《楞嚴經》卷八中 佛說：

因諸愛染，發起妄情；情積不休，能生愛水；是故眾生心憶珍羞，口中水出；心憶前人，或憐或恨，目中淚盈；貪求財寶，心發愛涎，舉體光潤；心著行婬，男女二根自然流液。阿難！諸愛雖別，流結是同；潤濕不昇，自然從墜。此名內分。

什麼是「想」？《楞嚴經》卷八說：

因諸渴仰，發明虛想；想積不休，能生勝氣；是故眾生心持禁戒，舉身輕清；心持咒印，顧眄雄毅；心欲生天，夢想飛舉；心存佛國，聖境冥現；事善知識，自輕身命。阿難！諸想雖別，輕舉是同；飛動不沈，自然超越。此名外分。

如上《楞嚴經》之開示，簡單的說，臨命終時，「情」重者就會下墮，「想」多者就會上升。「情」是指對眷屬及五欲的貪著，「想」是指覺知心的覺知性，或者喜愛思惟而遠離情執。由於情與想的多寡不同，導致捨報後往生的處所有各種差異，細說則有下列分別：

一、純想，可以生到欲界六天，或色、無色界天。

二、純想又兼具福德智慧及清淨願力，就可以隨著自己的願力往生任何佛國淨土，覲見十方佛。

三、情少想多，成爲飛行仙、大力鬼王、飛行夜叉、地行羅刹等，可以無障礙的遊行於四王天。

四、如果情少想多，但是有善願善心護持佛法的人，或護持持戒的人，或護持持正咒的人（不含藏密自創的咒語），或護持實證禪定的人，往生後都是如來座下的護法神。

五、情想參半，不飛升也不下墮，則生於人間；假若想多而光明，則來世生爲聰明的人；若是情多則幽暗，則來世生爲暗鈍的人。

六、情多想少，則墮旁生道；嚴重的會成爲披毛而橫身四足行走的旁生，較輕微的會成爲有翅膀的旁生。

七、七分情而三分想，將生爲餓鬼眾生，沉至水輪與猛火交會處，常被諸火燃燒，得不到飲食。

八、九分情而一分想，身入風火二輪交會處，輕者生在有間地獄，重者生在無間地獄。

九、純情而無輕想之人，死後必墮阿鼻地獄。

十、純情而無正知見者，一心繫情於錯說正法、誤導眾生的師父身上，極力維護師父而誹謗大乘法，誣謗眞實義菩薩是邪魔外道，以及毀壞諸佛所設禁戒、說法誑妄欺騙眾生、貪著信眾布施的錢財、濫受信眾恭敬禮拜、造作謗法、謗賢聖僧等五逆十重業，則下墮無間地獄受苦；將來到此界地獄毀壞時，仍將輾轉生到十方世界的阿鼻地獄繼續受苦，直至惡業報盡。

因此《楞嚴經》卷八最後作結論說：【循造惡業，雖則自招；眾同分中，兼有元地（如來藏）。】眾生自己造惡業，自己招感苦受；一切眾生各自都有如來藏，不論想、情或多或少，如來藏也一定不斷流注業種，使眾生隨著所造善惡業或升或墮，但眾生在升墮之中，如來藏卻從來不受苦樂。眾生造惡業感生地獄果報，地獄報盡轉生餓鬼，餓鬼報盡再轉生畜生，畜生報盡方得爲人；雖然已能生在人間，但是初五百世中都是瘖啞盲聾，因此果報是由下而上，正報受完了還需再受諸餘報，這些不可愛異熟果是隨業報的酬償而漸漸減輕的，最後餘報受完了才能再度成爲正常人。

至於眾生是如何感招地獄果報的呢？《楞嚴經》卷八有說：**【眾生自業所感，造十習因，受六交報。】**（《大正藏》冊一九，頁一四三）什麼是十習因？

一、**淫習交接**：此淫習乃是發於互相研磨，而研磨不休息，因此便生大猛火，暖熱相現前，故眾生彼此之間淫習相然，故招感地獄中便有鐵床銅柱等事；因此十方諸佛如來都觀此行淫是欲火，會焚燒修道成就的功德；而眞修菩薩道者看到淫欲，心必遠離，觀此淫欲猶如火坑一般。此爲貪著及廣修雙身法的西藏密宗師徒，應該特別警惕的，因爲藏密無上瑜伽雙身法的三昧耶戒乃是藏密祖師自創的，不是佛戒。雙身法的修習更是嚴重的破戒行爲，乃是師徒亂倫、母子亂倫、父女亂倫、人獸亂倫的；已受聲聞戒而與任何人合修雙身法，或是已受菩薩戒而與配偶以外者合修雙身法，死後必下無間地獄。

二、**貪習交計**：貪求的習氣不止而互相交錯，彼此吸攬不止，就好像人的口鼻吸進冷空氣一樣，便有冷觸生起；因此眾生之間兩兩貪習交錯互計，故得感招地獄中有吒吒、波波、囉囉、青蓮、赤蓮、白蓮、寒冰等事；此為貪求供養、訛詐信施的人，好樂殺生的人，喜好食眾生肉的人，如達賴喇嘛等人所應該警惕的。因此十方諸佛如來都觀此多求即是貪水，而眞修菩薩道者看到貪求，心必遠離，觀此貪求猶如毒瘴之海一般。藏密喇嘛所說「**喜金剛的大貪是方便大樂**」，正是此貪習交計之惡習，死後必下地獄；若是在家人，生前曾大力布施而有廣大福德，則死後先生魔天，然後下墮地獄。

三、**慢習交凌**：逞口舌之快相互對峙，如同一個人的口舌相互品味，於是有水的發起，奔流不息；眾生之間慢習相鼓而起，是故地獄中便有血河、灰河、熱沙、毒海、融銅灌呑等事感應而生。此為忝居上位而慢心嚴重之人必須注意的：明明知道自己未悟，卻以悟者身分接受檀越供養，甚而為信徒印證；此類增上慢者，慢習深重，而不肯虛心求教已經開悟的人，死後必墮地獄，這是凡夫大師們所應該警惕的。十方諸佛如來都觀眾生有此諸慢，都是因為無明而狂飲愚癡毒水，而眞修菩薩道者看到慢習生起，心必遠離，見此慢障猶如溺於巨海之中，無力救拔一般。藏密喇嘛所說的「佛慢」即是慢習之具體表現。

四、瞋習交衝：因有瞋習相互忤逆衝擊，因此感應心熱發火，鑄氣爲金；故地獄中便有刀山、鐵牆、劍樹、劍輪、斧鉞、鎗鋸等等刑具；如同一個人含著怨殺氣習，故地獄中有情便以此刑具，作宮割、斬斫、剉刺、搥擊諸事。是故十方一切如來，觀此瞋恚，名爲利刀劍。眞修菩薩行者，見瞋現起，猶如避誅戮之刑一般的恐懼。藏密喇嘛所行「**誅法**」即是以瞋習欲降伏敵手，正是瞋習交衝之現行。

五、詐習交誘：眾生詐習相互交誘調引不住，這樣奸詐引誘，故地獄中便有繩索、絞鍊等等刑具；又一個人惡業增長，如水漫延田間，故地獄中有情便有杻械、枷鎖、鞭杖、撾棒諸事。因此十方一切如來，觀見姦僞詐習之行，同名讒賊也；而眞修菩薩行者，見詐猶如恐畏豺狼一般。藏密喇嘛諸多財神法的修習，都是違背布施因果的正理，此乃詐習交誘的具體表現。

六、誑習交欺：眾生由於互相欺誑，枉誣不止，因驕誑、欺騙、矇蔽，故地獄中便有塵土、屎尿等汙穢不淨物；如人處於隨風飛揚的塵沙中，各不相見，故地獄中有情便有沒溺、騰擲、飛墜、漂淪諸事。因此十方一切如來，見此欺誑，同名此爲劫殺，菩薩行者見誑習者，猶如踐觸蛇虺恐易被咬傷；

然而藏密喇嘛動輒宣稱藏密的見修行果皆遠超勝於顯教，令眾生對 釋迦文佛所制正法教義，視爲非了義之方便法，此乃誑習破法的具體表現。

七、**怨習交嫌**：眾生之間怨恨嫌憎，故地獄中便有飛石、投礫、匣貯、車檻、甕盛、囊撲等等刑具；如同陰險的人捉抱牲畜相吞之惡毒性，因此怨習之交嫌，故地獄中有情便有投擲、擒捉、擊射、抛撮諸事。因此十方一切如來，色目見怨之人，名違害鬼；眞修菩薩道者，見此怨習，猶如渴飲鴆酒一般；而藏密四大教派寺廟，各擁廣大莊園農奴，並以高利貸控制農奴，乃至農奴世世代代承受先祖債務，不得翻身，怨習之深，無以復加。

八、**見習交明**：如薩迦耶見（我見、身見）、戒禁取見（不如理的施設戒禁，譬如藏密祖師施設的三昧耶戒）、邪見諸業，各執己見，互相是非，故地獄中便有王使、主吏、證執、文籍等獄吏文書；亦如路人來往相見，兩者發於違拒相返而見習交明，因此地獄中有情便有勘問權詐、考訊推鞫、察訪披究，照明善惡童子手執文簿辭辯諸事。因此之故，十方一切諸佛如來，色目惡見之人，同名見坑。諸眞修菩薩道者，見此種種虛妄惡見、遍執，如同墜入極毒之壑中一樣；而藏密四大派祖師，未斷我見，卻說自己已證極果，又復施設種種不如理見習，例如每日必須實修雙身法，否則即是違背二昧耶戒誓，此乃見習熾盛的具體表現。

九、枉習交加：眾生之間誣告毀謗，故地獄中便有合山合石，碾磑耕磨等刑具；如同惡人逼迫善良之人，故地獄中便有押捺、搥按、蹙漉、衡度諸事。未斷我見而誣謗證悟者是邪魔外道的人，以及未證實相而誣謗已證者是邪魔外道的人，對此應該特別注意。如此枉習交加相排，引生地獄惡業。因此十方一切諸佛如來，觀察眾生怨謗，同名讒虎；菩薩見枉，猶如遭遇霹靂一般；然而今時藏密之師，無法與正覺同修會議論法義，遂枉誣 平實導師為蝦蟆精所變、人妖……，此即枉習交加。

十、訟習交諠：眾生因覆藏的緣故，就有鑒見照燭，如同日中不能藏影；故有惡友、業鏡、火珠，披露宿業而對驗諸事。亦即眾生訟習交諠深重，明知自己悟錯了，卻繼續覆藏未悟言悟的大惡業；明知自己已經暗中修了雙身法，已經嚴重違犯聲聞戒的法師們，卻繼續覆藏嚴重邪淫的大惡業，不肯發露懺悔滅罪；這些人都應該設想死後即將來到的長劫尤重純苦異熟果報之可怖。因此十方一切諸佛如來，觀此眾生覆藏之習，同名陰賊。菩薩觀此覆藏，猶如頂戴高山之重而覆於巨海之深；今觀現時妄執藏密應成中觀見之出家比丘尼，不思依正理作法義辨正，而寧以黑頭訴狀蠻纏，全不遵世尊所制出家戒律，以比丘尼身而於官府行訴訟者，干犯僧殘重罪；又一而再、再而三對上地菩薩及上座長老提訟，故已成波羅夷罪，已失比丘尼戒體，已成賊住比丘尼，此即是訟習交諠之明證。

於此十習因之後，佛又開示六交報的內涵，於《楞嚴經》卷八又說：【一切眾生六識造業，所招惡報從六根出。】（《大正藏》冊一九，頁一四四）眾生由六識造業，後時即由六根感果，就是六交報：

一、**見業惡報**：臨命終時先見猛火遍滿十方虛空，亡者神識即乘煙火墜無間地獄。見報發起有二種相，明見——能遍見各種邪惡物體，生起無量害怕畏懼；暗見——寂然黑暗而不能見，生起無量恐慌。如是見火燒耳聽時，能為鑊湯烊銅；見火燒鼻嗅時，能為黑煙紫焰；見火燒舌味時，能為燋丸鐵糜；見火燒身觸時，能為熱灰爐炭；見火燒心意時，能生星火迸灑，煽鼓空界。

二、**聞業惡報**：臨命終時先見狂濤駭浪，沒溺天地，亡者神識隨波逐流入無間地獄。聞報發起亦有二相，能聽見者，則聽到種種喧鬧之聲，導致精神怖亂；聽不見者，則寂無所聞，處於幽魄沈沒之中。如是聞波注耳聞時，則為責備之聲、詰難之聲；聞波注眼見時，為雷、為吼、為惡毒氣；聞波注鼻嗅時，為雨、為霧，似灑諸毒蟲蛆螯而周滿身體；聞波注舌味時，為膿、為血，種種雜穢不堪；聞波注身觸時，為畜、為鬼、為屎、為尿般骯髒；聞波注意識時，為電、為雹來摧碎心魄。

三、**嗅業惡報**：臨命終時先見周遭遠近毒氣充塞，亡者神識從地涌出，入無間地獄。嗅報發起亦有二相，鼻息通暢者受諸惡氣薰極心擾；鼻息不通者則悶絕於地。如是嗅氣衝鼻息時，或受質押或被踐踏；嗅氣衝眼見時，為火、為炬；嗅氣衝耳聽時，為沒、為溺、為烊、為沸；嗅氣衝舌味時，為餒、為爽；嗅氣衝身觸時，則身裂糜爛，為大肉山，千瘡百孔，受無量蟲咋食；嗅氣衝意思時，則為灰、為瘴、為飛砂走石，擊碎身體。

四、**味業惡報**：臨命終時先見世界被鐵網及熾烈猛炎所覆蓋，亡者神識倒掛於網下，入無間地獄。味報發起亦有二相，吸氣時則結為寒冰，凍裂身肉；吐氣時則化為猛火，燋爛骨髓；如是味歷舌嚐時，受宰殺之苦；味歷眼見時，能爲熾燃金石；味歷耳聽時，能爲利兵刃；味歷鼻息時，能爲大鐵籠，彌覆國土；味歷身觸時，能爲弓箭弩射；味歷意思時，能爲飛熱鐵，從空雨下。

五、**觸業惡報**：臨終時先見大山四面來合，無有出路，亡者神識見大鐵城，火蛇、火狗、虎、狼、獅子，牛頭獄卒、馬頭羅刹，手執槍槊，驅入城門，向無間地獄。觸報發起亦有二相，合觸則合山逼體，骨肉血潰；離觸則刀劍觸身，心肝屠裂。這樣與業相合之觸報，觸歷身觸時，則爲審案處所；觸歷眼見時，爲燒爲爇；觸歷耳聽時，爲撞擊刺射；觸歷鼻息時，爲刮袋拷縛；觸歷舌嚐時，於舌爲耕鉗斬截；觸歷意思時，爲墜飛煎炙。

六、**思業惡報**：臨終時先見惡風吹壞國土，亡者神識被吹上虛空，旋落乘風，墮無間地獄。思報發起亦有二相，無知覺則迷惑慌亂，奔走不息；有覺知則痛苦，無量煎燒，痛苦難忍。如是邪思結思時，能爲地獄處所；邪思結見時，能爲鑒證；邪思結聽時，能爲大合石、爲冰霜、爲土霧；邪思結息時，能爲大火車、火船、火檻；邪思結嚐時，能爲大叫喚，爲悔爲泣；邪思結觸時，身或大或小、或仰或臥，一日中萬死萬生。

許多眾生無明，不相信　佛說有地獄，或者半信半疑，或者口說相信並且著書立說，但心中卻是不信，繼續引導廣大信眾同墮三塗，如宗喀巴之《菩提道次第廣論》等；但爲了現前貪淫、利養等習，不思地獄業果報的眞實存在，如是已成就十習因。又譬如宗喀巴等不斷三縛結，仍是一介凡夫，卻妄自尊稱爲大師、至尊；更誹謗第三轉法輪方廣諸經爲不了義；又妄說樂空不二的意識境界爲佛地眞如境界等等；很明顯的，已成就了十習因，墮於純情之中，當然死後廣受六交報已無可避免。今以如是篇幅約略敘述地獄業報因果，是想要使隨學《廣論》諸邪見者，應如《廣論》頁九七引用彼祖師所說：「**若生彼中，爾時我當何所作耶？我能忍乎？作是念已，作意思惟，必須令其腦漿炎熱，起坐慞慌，無寧方便，隨力令應發畏怖之心。此是切要！**」

諸眾生地獄業報受完，罪業尚未了結，《楞嚴經》卷八又說：**【後還罪畢，受諸鬼形。】**地獄業報受盡而離開地獄以後，還要再受各種餓鬼報：一、**貪物習氣**（貪習），遇物成鬼，附著於物，名爲怪鬼。二、**貪色習氣**（淫習），遇風成鬼，附著於風，名爲魃鬼。三、**貪惑習氣**（詐習），遇畜成鬼，附著於畜，名爲魅鬼。四、**貪恨習氣**（怨習），遇蟲成鬼，附著於蟲，名爲蠱毒鬼。五、**貪憶習**

氣（瞋習），遇衰成鬼，附著於人，名爲癘鬼。六、**貪傲習**氣（慢習），遇氣成鬼，附著於氣，名爲餓鬼。七、**貪罔習氣**（誑習），遇幽成鬼，附著於暗，名爲魘鬼。**八**、**貪明習氣**（見習），遇精成鬼，附著於精，名爲魍魎鬼。**九**、**貪成習氣**（枉習），遇明成鬼，附著於明，名爲役使鬼。十、**貪黨習氣**（訟習），遇人成鬼，附著於人，名爲傳送鬼。《楞嚴經》卷八又作結論說：**【阿難！是人皆以純情墜落，業火燒乾，上出爲鬼，此等皆是自妄想業之所招引。若悟菩提，則妙圓明，本無所有。】**（《大正藏》冊一九，頁一四五）地獄惡業償盡了，才能上生到餓鬼道中，改受較輕微的苦受，不是直接就能轉生到人間。鬼道眾生皆是自心妄想所成，只要證悟如來藏，如實現觀眞心如來藏體性，了知空性心之體性無所謂有無，鬼道惡業自然不造，就能遠離餓鬼道。

《楞嚴經》卷八又說：**【復次，阿難！鬼業既盡，則情與想二俱成空，方於世間與元負人怨對相值，身爲畜生酬其宿債……】**（《大正藏》冊一九，頁一四五）原來鬼業報盡，罪業仍然未了，還要轉生到畜生道中當畜生，來償還過去所負的債務：附物鬼轉生爲畜生，則爲梟鳥類；附風鬼轉生爲畜生，則爲示現不祥徵兆之旁生類；附畜鬼轉生爲畜生，則爲狐狸類；蠱毒鬼轉生爲畜生，則爲蛇蠍毒類；癘鬼轉生為畜生，則為蛔蟯等寄生蟲類；餓鬼轉生為畜生，則為雞鴨豬羊供人食用的畜生類；魘鬼轉生為畜生，則為牛馬等勞役類；魍魎鬼轉生為畜生，則為示現好兆頭之旁生類；役使鬼轉生為畜生，則為溫和之畜類；傳送鬼轉生為畜生，則為寵物類。

《楞嚴經》卷八又說：【阿難！是等皆以業火乾枯，酬其宿債，傍為畜生；**此等亦皆自虛妄業之所招引；若悟菩提**，則此妄緣本無所有。】（《大正藏》冊一九，頁一四五）由此至教可知證悟空性心如來藏，轉依功德受用之大，這種虛妄受生的因緣就不存在了。

《楞嚴經》卷八又說：【復次阿難！從是畜生酬償先債，若彼酬者分越所酬，**此等眾生還復為人，反徵其剩……**】畜生還債畢，才得恢復人身；如果當畜生時所酬之債超過應還之債，則轉生到人道中時，可以向對方索回超償之債。所謂償債，若超償者是有福德者，則是以財物或勞力清償；若超償者乃無福之人，反而下墮畜生償還所餘價值的債務，償畢債業即止。如果這期間，雙方有殺身命或食其肉，乃至微小之事，而形成互殺互誅時，就會繼續輪轉不休；除非有佛出世，或證得定力而生色界天，暫時中止酬償，否則不會停歇。

如是畜生宿債償畢，還生人身，則如下次第：梟類轉生為人身，則為頑劣之人；示現不祥徵兆之旁生類轉生為人身，則為愚癡之人；狐狸類轉生為人身，則為屠夫等凶狠剛愎之人；毒類畜生轉生為人身，則為平庸之人；蛔蟯蟲類轉生為人身，則為卑微之人；被食用畜生轉生為人身，則為柔弱之人；牛馬等勞役類轉生為人身，則為奴婢、長工辛苦勞動之人；候鳥類轉生為人身，則為依文隨規之人；示現好兆頭之旁生類轉生為人身，則為對世間法稍有聰明，喜樂得成之人；溫順寵物類轉生為人身，則為喜樂相互交通攀緣之人。

《楞嚴經》卷八說：【阿難！是等皆以宿債畢酬，復形人道；皆無始來業計顛倒，相生相殺；不遇如來不聞正法，於塵勞中法爾輪轉；此輩名為可憐愍者。】（《大正藏》冊一九，頁一四五）如此可知現今世間人，過去的宿債雖然已經償畢，才恢復人身；又值佛法尚存，本來應該努力尋求眞善知識，聽聞正法，務求證悟，如此得人身方不唐捐。然而，卻因宿習堅固，執邪倒見，雖生中國如同邊地，諸根雖具卻性如騃啞，雖得人身，又造了十不善業，生殺不斷，復又淪墮，輾轉輪迴不休；除非聽聞到正法，又兼俱福慧資糧，得遇善知識應世說法，方能有因緣觸證如來藏而離開惡業及異生性，否則這些眾生都叫作可憐人。

《大般涅槃經》卷十一說：【迦葉！世有三人，其病難治：一、謗大乘，二、五逆罪，三、一闡提；如是三病，世中極重，悉非聲聞緣覺菩薩之所能治。】
（《大正藏》冊一二，頁四三一）

《大般涅槃經》卷一九說：【爾時王舍大城阿闍世王，其性弊惡，喜行殺戮，具口四惡，貪恚愚癡，其心熾盛；唯見現在，不見未來；純以惡人而為眷屬，貪著現世五欲樂故，父王無辜橫加逆害。因害父已，心生悔熱，身諸瓔珞妓樂不御。心悔熱故遍體生瘡，其瘡臭穢不可附近。尋自念言：「我今此身已受花報，地獄果報將近不遠。」爾時其母字韋提希，以種種藥而為傅之，其瘡遂增，無有降損。王即白母：「如是瘡者從心而生，非四大起，若言眾生有能治者，無有是處。」】（《大正藏》冊一二，頁四七四）又說：【「耆婆！我今病重，於正法王興惡逆害，一切良醫妙藥咒術，善巧瞻病所不能治。何以故？我父法王如法治國，實無辜咎，橫加逆害；如魚處陸，當有何樂？如鹿在弶初無歡心，如人自知命不終日，如王失國逃迸他土，如人聞病不可療治，如破戒者聞說罪過。我昔曾聞智者說言：『身口意業若不清淨，當知是人必墮地獄。』我亦如是，云何當得安隱眠耶？今我又無無上大醫演說法藥，除我病苦。」耆婆答言：「善哉！善哉！

王雖作罪，心生重悔而懷慚愧。大王！諸佛世尊常說是言：『有二白法能救眾生：一慚、二愧。慚者自不作罪，愧者不教他作；慚者內自羞恥，愧者發露向人；慚者羞人，愧者羞天；是名慚愧。無慚愧者不名爲人，名爲畜生；有慚愧故則能恭敬父母師長，有慚愧故說有父母兄弟姊妹。』善哉！大王！具有慚愧。大王且聽，臣聞佛說：『智者有二：一者不造諸惡，二者作已懺悔。愚者亦二：一者作罪，二者覆藏。雖先做惡，後能發露，悔已慚愧，更不敢作，猶如濁水置之明珠，以珠威力，水即爲清，如烟雲除，月則清明，作惡能悔亦復如是。』王若懺悔懷慚愧者，罪即除滅，清淨如本。大王！富有二種：一者象馬種種畜生，二者金銀種種珍寶；象馬雖多，不敵一珠。大王！眾生亦爾，一者惡富，二者善富；多作諸惡，不如一善。臣聞佛說：修一善心，破百種惡。大王！如少金剛能壞須彌，亦如少火能燒一切，如少毒藥能害眾生；少善亦爾，能破大惡，雖名少善其實是大，何以故？破大惡故。大王！如佛所說：覆藏者漏，不覆藏者則無有漏；發露悔過，是故不漏。若作眾罪，不覆不藏，以不覆故罪則微薄，若懷慚愧，罪則消滅。大王！如水渧雖微，漸盈大器；善心亦爾，一一善心能破大惡。若覆罪者罪則增長，發露慚愧，罪則消滅；是故諸佛說有智者，不覆藏罪。善哉！大王！能信因果，信業信報；唯願大王莫懷愁怖。若有眾生造作諸罪，覆藏不悔，心無慚愧，不見因果及以業報，不能諮啓有智之人，不近善友，如是之人，一切良醫乃至瞻病所不能治。如迦摩羅病，世醫拱手；覆罪之人，亦復如是。云何罪人？謂一闡提。一闡提者，不信因果，無有慚愧，不信業報，不見現在及未來世，不親善友，不隨諸佛所說教戒；如是之人名一闡提，諸佛世尊所不能治。何以故？如世死屍，醫不能治，一闡提者亦復如是，諸佛世尊所不能治。大王今者非一闡提，云何而言不可救療？」】（《大正藏》冊一二，頁四七七～四七八）

造了惡業以後讀此慚愧悔責之經文，心不起恐慌，那才眞是一闡提之人。一闡提人，不信因果，不信有惡趣果報，不信有前後世，不依止善知識，不聽佛教戒，不作懺悔；如此之人，連佛也無法救治，一定墮阿鼻獄。阿闍世王殺父重罪，本應墮無間獄，但因能知前非且深切自責，並親自到 佛的精舍，在 佛前作發露懺悔，並發菩提心，結果重罪輕受。回頭來說，在臺灣之宗喀巴《菩提道次第廣論》隨學者，對《廣論》修學次第，涉入還不很深，尚不知其次第之顚倒；且未研習奢摩他及毗鉢奢那二章的雙身法邪見；又未入金剛乘實地修學雙身法，對藏密之邪教、邪法仍然懵懵懂懂，還不構成如阿闍世王所犯之重罪；但是邪見惡業種子已經種下，此邪法即使現在不修，若不儘速回頭，將來緣熟一定會修。因此，應趁現在即將進入藏密之際，如同筆者一樣，速速尋覓眞善知識，依眞善知識教誡，天天作殷重懺悔等事，直至好相出現；並修學明心見性之法，以免除地獄業，這才是正途。

第三目　等流果

五種果報中的異熟果說完，下面再說等流果等三種果報；五果的眞實法義解說完了，方能辨正密宗如何篡改佛法中的五果正理。眾生由七轉識透過身口意的造業，就有習氣之產生；習氣是煩惱種子，儲存於阿賴耶識中。種子在阿賴耶識中不停的流注，而眼、耳、鼻、舌、身、意、末那及阿賴耶這八識心王中，各自的種子都是不斷流注的；而同類種子前後相續不斷，八識識種也都是如此無間等流，因而有了世間的「顯境名言」，因而成就了世間法的種種果報，故名等流果。等流果必須有異熟生（異熟果報出生），才有等流果。

有情異熟正報生出後，依十種善惡業道的不同，而有不同的等流正報生出。

《華嚴經》卷三五說：

佛子！此菩薩摩訶薩又作是念，十不善業道，上者地獄因，中者畜生因，下者餓鬼因。於中殺生之罪，能令眾生墮於地獄、畜生、餓鬼，若生人中得二種果報：一者短命，二者多病。偷盜之罪，亦令眾生墮三惡道，若生人中得二種果報：一者貧窮，二者共財不得自在。邪淫之罪，亦令眾生墮三惡道，若生人中得二種果報：一者妻不貞良，二者不得隨意眷屬。妄語之罪，亦令眾生墮三惡道，若生人中得二種果報：一者多被誹謗，二者爲他所誑。兩舌之罪，亦令眾生墮三惡道，若生人中得二種果報：一者眷屬乖離，二者親族弊惡。惡口之罪，亦令眾生墮三惡道，若生人中得二種果報：一者常聞惡聲，二者言多諍訟。綺語之罪，亦令眾生墮三惡道，若生人中得二種果報：一者言無人受，二者語不明了。貪欲之罪，亦令眾生墮三惡道，若生人中得二種果報：一者心不知足，二者多欲無厭。瞋恚之罪，亦令眾生墮三惡道，若生人中得二種果報：一者常被他人求其長短，二者恆被於他之所惱害。邪見之罪，亦令眾生墮三惡道，若生人中得二種果報：一者生邪見家，二者其心諂曲。（《大正藏》冊一〇，頁一八五～一八六）

《瑜伽師地論》卷九：

與等流果者，謂若從彼出來生此間人同分中，壽量短促，資財匱乏，妻不貞良，多遭誹謗，親友乖離，聞違意聲，言不威肅，增猛利貪，增猛利瞋，增猛利癡，是名與等流果。（《大正藏》冊三〇，頁三一八）

如《瑜伽師地論》卷三八〈力種姓品第八〉中開示：【習不善故，樂住不善，不善法增；修習善故，樂住善法，善法增長。或似先業，後果隨轉，是名等流果。】（《大正藏》冊三〇，頁五〇二）因此等流果有二類：一、種子前後自類相生，如同類因所引，果似因故；二、似先業，後果隨轉。前引《華嚴經》與《瑜伽師地論》卷九所說的，都是第二種等流果，乃後世生於人中，由於過去所造業因，於先業受報後，後果相似而轉。以殺業來說，報盡生於人中，除了壽量短促、多病纏身的等流果花報外，還有好殺之等流習氣，而繼續造作殺業的業行。以偷盜業來說，報盡生於人中，除了資財匱乏、極度貧窮之外，還得遭受水災、火災、惡王、盜賊、惡子等五家分財之難，於財不得自在的等流果報；還有喜好偷盜的等流習氣，而繼續造作偷盜惡業的業行。以邪淫業來說，報盡生於人中，除了眷屬不睦或不能信任，或配偶有外遇的邪淫業之等流果外；還有自己仍有喜歡外遇，喜歡邪淫的習氣，而繼續造作邪淫惡業的等流習氣不停。以妄語來說，生於人中，除了會遭受他人的誹謗，或遭受他人欺騙的等流果花報之外；這個人於今生仍是喜歡打妄語，有喜歡欺騙別人的等流習氣。以離間語來說，報盡生於人中，除了眷屬不和、彼此破壞，或得遇眷屬惡劣的處境，有此分等流果報現行，此人還有喜歡挑撥是非的等流習氣。以粗惡語、惡口來說，報盡生於人中，除了所聽聞的都是自己不想聽的話，自己所說的話都是引起諍論的等流果報；他於今生仍會因喜歡說粗惡語的等流習氣而造惡。以綺語來說，報盡生於人中，除了其人所說皆得不敬重語，並且經常遭受他人損害，言無定實不為他樂的等流果報；還有這個人也喜歡損害他人，習於綺語業行的等流習氣。以貪欲來說，報盡生於人中，除了做任何事業都會虧損，卻是貪不知足，或常生貪心，自己貪懶不喜歡作事的等流果報；他還會有貪著無厭足的等流習氣現行。以瞋恚來說，報盡生於人中，除了經常遭受他人損害而無安隱心的等流果外，還有喜歡損害他人而無有慈心的等流習氣。以邪見來說，報盡生於人中，除了常常生於見解邪惡粗鄙、諂媚欺誑性格之家庭的等流果報之外；他還會有心常諂曲的邪見習慣，而繼續誹謗正法善士等的等流習氣。反之，則是十善業道的等流果報及等流習氣。此中先世業引轉的等流果報，爲過去所造業之異熟果報遺勢所轉，若所受乃是惡業惡習，甚或障道因緣現行，知已當坦然領受之，並常常懺悔，急圖改過，應改變自己以往的習氣行爲。但是透過七轉識熏習善、不善、無記法，樂住於善、不善、無記法中，使得善、不善、無記法的勢力增長而成之等流，也就是一般人所講的等流習氣，這攸關未來世的異熟果報及等流果報，所以此分等流習氣的熏習與否，就相對的重要了。等流習氣不斷熏習之下，惡者更惡，善者更善；當然惡者也可轉變成善者，善者也可轉變成惡者。所以，惡業等流習氣若不改，將永遠都不能入道及增上道業。若是善淨法的等流習氣，也可透過對七轉識的熏習，使得道業增上，如過去世努力護持正法、破邪顯正，此世看見眾生被邪師之邪見、邪教導所誤，更會起而振興佛教回歸正道，此乃勝善等流之業。又如諸證滅定者之聖道等流、諸佛菩薩之大悲等流、戒定慧解脫解脫知見等流，此亦勝善等流。

對於惡習惡業的等流習氣，我們該如何改變這不好的習氣，讓意根起心動念都是善性？亦即《成唯識論》卷五所說：【若已轉依，唯是善性。】於此首要之務就是親證聲聞初果並斷三縛結；三縛結之首爲我見，也就是薩迦耶見。由

《廣論》中落入我見的說法，以及論中後半部止觀的雙身法，可知宗喀巴是未斷薩迦耶見之博地凡夫，而且是落入外我所而貪求女色的極重貪者。因欲界眾生都貪著色聲香味觸法等六塵，而為了執著身我不受傷害、身我不死，以俱生等流造作諸多不善業，執色身為我，這是我見的一種。另外，如藏密應成派中觀，以意識心不執著名相，以此為中道，以靈明覺知心起見，以意識乃至意識細心、極細心為常住不滅的眞心，此也名為我見，都是執取識陰中的意識為常。三縛結之第二為疑見，疑見者對正理、邪理、善知識、惡知識，無簡擇之能力而生狐疑，心不得決定；由於猶豫不決，就很容易錯認惡知識為善知識，落於邪教、邪法之中而不自知。三縛結之三者為戒禁取見，由於凡夫眾生不斷我見、疑見，而取外道不如理的戒法為眞實戒，妄求持此惡戒的功德能生天、證果，如持水戒、火戒、牛戒……；或如《六祖壇經》所破斥的「住心觀靜，長坐不臥」，或如藏密以五甘露、五肉供「佛」，或以《廣論》止觀所說的金剛乘邪淫法為大乘法，或如妄說「熟讀《廣論》就可以成佛」，或如新竹鳳山寺的「廣論團體」所經營的買賣求財事業，說是利益眾生的事業；或持藏密的三昧耶戒而修雙身法卻認為不違佛戒等，均屬於戒禁取見所生的惡知惡見。三縛結應依前說的四加行來斷之，依四尋思修四如實智，實證五蘊、十二處、十八界空相，由煖位、頂位、忍位而世第一法，如此斷除三縛結，就成爲大乘別教中的六住位賢人，也是聲聞教中的初果聖人，最多七次人天往返，即可得證解脫道極果。

然而二乘聖人已證得解脫，爲何還是被 佛稱爲愚人？因爲，不知不證空性心如來藏——涅槃本際，般若智慧無法生起與開展故。所以，必須發起菩薩性迴小向大，修習大乘法而生起決定力，聞熏參禪知見、修集福德等，然後才有因緣能一念相應，觸證如來藏。證如來藏已，現觀十法界之空性心如實自在，從此遠離愚人之列，增長大乘佛菩提善淨業等流。因此，具信凡夫如此轉變知見熏習等流習氣，由不善轉成善，再由善轉成淨，就能保證不墮三惡道了。二乘證解脫果的迴心聖人，也可以透過熏修大乘佛菩提的等流勢力，早日實證涅槃的本際。大乘三賢位的菩薩也可以透過等流習氣的熏習，努力的修除性障、護持正法，成就此世道業增上及未來世之可愛等流異熟果報。

第四目　增上果

六根所對的六塵境稱爲相分，相分又分爲內相分與外相分。內相分是說五扶塵根觸外五塵後，由阿賴耶識在五勝義根處，變現與外相分境一模一樣之似色非色境，稱爲內相分；六根觸此內相分境而六識生。至於外相分是指器世間，無量無數三千大千世界、山河大地、花草林木、地水火風以及有情身。外相分中的人身，是由有情各自的阿賴耶識藉父精母血、四大、業種之緣而變生的正報；而山河大地等器世間之依報，則是由共業有情阿賴耶識之法種及異熟等流種爲因，共同變現而成，並非如一神教所說「**由上帝或大梵天所創造的**」。

再說，眾生之前五根是由眾生各自別業所感，以致別別眾生之相貌身量各各不同，譬如人身有別於畜生身；乃至同爲人類，卻有男女面貌美醜、身量高矮等等的差異；由於有情各自所造業種不同，因此受用的色、聲、香、味、觸等五塵也各各相異，這就是增上果之不同。

因此眾生造了十惡業道，所感的異熟果及等流果爲正報以外，復感增上果的依報。如同《瑜伽師地論》卷六〇所說：

一、**殺生增上果**：於外在環境中，飲食、蔬果、藥物皆少有光澤與勢力，而食物吃了不易消化，飲用水質不乾淨，藥物不能治病，容易生病，因此有情壽命未滿即已中夭。

二、**偷盜增上果**：於外在環境中，土地乾枯，蔬果不能生長，或果實中虛而不充實，種植雖多而無雨水潤澤，所生果實都乾枯不全，或全無果實，或容易腐敗。

三、**邪淫增上果**：外在環境中，到處都是大小便污垢穢泥，臭味充滿逼迫難嗅，所住之處多生不淨臭惡之物，凡諸所有皆不可愛樂。

四、**妄語增上果**：從事農作、漁撈、行船等世俗事業，不能溫飽滋養生計，更無餘息可得；就算偶爾有稍少便宜之利，也唯獨一次，而且有很多令人恐懼害怕的因緣產生。

五、**離間語增上果**：外在環境中，地面坑洞不平，丘陵深坑阻隔險峻，乃是寸步難行，而且有很多令人恐懼害怕的因緣。

六、**粗惡語增上果**：外在環境中，地面很多枯枝燒木、荊棘毒刺、瓦石沙礫，沒有水池湧泉，河床乾枯，田地都是鹹鹽，丘陵坑險，而且有很多令人恐懼害怕的因緣。

七、**綺語增上果**：外在環境中，所有果樹，果不結實，不是時節卻結果並且似熟不美；而眞正時節卻又不結果，又所結的果也不會熟，樹根不堅固，容易枯死，又沒有地方可作休閒娛樂之處，園林池沼多不可樂，而且有很多令人恐懼害怕的因緣。

八、**貪欲增上果**：外在環境中，一切世間的勝妙事，隨著時間而漸漸衰微，所有氣味唯減不增。

九、**瞋恚增上果**：外在環境中，瘟疫流行，災橫擾惱，怨敵驚怖，猛禽、猛獸、毒蠍、毒蛇、蜈蚣、魍魎、藥叉及諸惡賊等充斥。

十、**邪見增上果**：外在環境中，所有第一勝妙花果，都隱沒不見了；諸不清淨的東西，看起來好像清淨；諸苦惱的事物，看起來好像安樂；不是可以安居的地方，不是可以救護的地方，不是可以歸依的地方。

以上爲十惡業道之增上果，反之，即是十善業道之增上果。

第五目　士用果及離繫果

士用果：士者，即是士農工商等世間人；世間人利用各種資具，以得到各種財物而受用之，謂之士用果。譬如農人利用耕種，而有作物之收成受用；商人利用買賣而有錢財之虧盈受用；工人利用工具製造工業品之受用等等。

離繫果：乃是修八支聖道，滅諸煩惱，如斷除我見、我執，離開三界繫縛之果報。此果報，十不善業中無；唯於佛法中修八支聖道，滅諸煩惱，造十善業道，而轉成清淨之業，方能得之；若諸異生凡夫，不斷我見而以世俗道滅諸煩惱，此不究竟故，所以非離繫果。

第六目　密宗自創之果—密宗如何竄改佛教的五果

畢瓦巴著《道果——本頌金剛句偈註》[9]頁三〇一～三〇二說：

子一、等流果者：若界淨分固於臍，臍輪輪周數掌際，如鏡面或雙覆口碗相對，以指觸不可得且甚白具光澤。如此，能去除白髮及皺紋，身之肌膚得轉柔嫩。

子二、異熟果者：界淨分固於心間，以如遍入天子之力而無敵。

子三、士用果者：界淨分固於喉間，舌能至眉間、二肩高圓、貪欲、身極暖熱、生貪執、吮小舌乳（嗞津），能多日不食，且身不憔悴。

子四、無垢果者：菩提心固於頂輪，其壽能達二百歲等，非永不死。

句中的「界淨分」是指男女淫液。「界淨分固於臍」，是說若性高潮時從混合了女方淫液的精液中提升其中的淨分（氣分），從海底輪向上提升而安住於中脈的臍輪之中；以如此的無上瑜伽雙身修法來籠罩大眾，妄想可使皮膚潔白無皺紋，說是唯識學中的「**等流果**」，其實是風馬牛不相及，眞是胡扯一通。說「**界淨分固於心輪**」，也就是若性高潮時從精液及女方淫液所提升之淨分能安住於中脈的心輪，就會有天子的大力量，所向無敵，說是爲「**異熟果**」，此亦是可笑的妄想，與佛法中說的異熟果全無關聯。又說「**界淨分固於喉間**」，亦即若修雙身法者於性高潮時，從精液及女方淫液所提升之淨分能向上安住於中脈的喉輪，則對雙身修法有很多利益，可以多日不吃食物，身體也不會憔悴，說是「**士用果**」，亦是與佛法完全無關的可笑妄想。又說「**界淨分固於頂輪**」，其意思是說，若性高潮時從精液及女方淫液所提升之淨分能向上提升而安住於中脈的頂輪，則能擁有二百歲壽命，說是「**無垢果**」，更是荒唐無稽；因爲現見假藏傳佛教祖師，上從佛護、月稱、寂天，中如蓮花生、阿底峽、宗喀巴，下至歷代祖師、達賴喇嘛、班禪喇嘛、各大小活佛、仁波切等，沒有一個人是超過百歲的，更多的是貪淫不止而夭折短命，由此已經揭穿密宗的謊言。密宗喇嘛們都號稱已經成就藏傳佛教的最高修證，所寫的論中也誇口說「**其壽能達二百歲**」，卻總是短命夭折的居多，由此可知信受、修學假藏傳佛教者眞是荒唐愚癡。如是密宗所自創之藏傳佛教的四果若是眞實法，於現今社會中，那可眞是妙藥、妙處方，所有的健身房、美容坊、醫院、藥局等等，都得要關門了。如果公開說與世人聽聞，必會令人聞之噴飯；但假藏傳佛教行者卻以隱晦的文字書寫成書，用佛法之名相包裝流傳四方，欺瞞世人說爲佛法，此乃是對諸佛世尊莫大的侮辱與毀謗，眞是末法時期群魔亂舞之現象，學子應審愼抉擇之。

密宗更以移花接木的手段，將顯教方廣諸經所說之異熟果等五種果報，胡亂解釋成密宗雙身修法的不倫不類藏傳佛教的五果。畢瓦巴著《道果——本頌金剛句偈註》頁四四五說：

「離繫果」乃以暖相之次第堅固從而於自他之身升現本尊，語升現密咒，意升現無分別禪定相續不斷。

又因此得盡知旁生等類之語，亦能應其語而語，凡諸所現能覺無礙，爲「異熟果」。

復次，身內樂受不斷，縱以苦緣交迫而亦生樂不絕者，爲第三之「等流俱生果」。

復次，煩惱倏息，八法之分別遮滅，一切之所執者小，爲「士用果」或「無垢果」。

意謂：由於雙身修法所得的樂觸，達到最高點，男女自身就能轉化爲本尊，語生咒語，意生無分別定，謂之爲「離繫果」。又因此而可以用畜生之語言與畜生溝通，說此爲「異熟果」。又因此種淫樂受用不斷，說爲「等流俱生果」。由於樂觸高潮，煩惱很快息滅，世間八風漸滅，此時謂之爲「士用果」或稱爲「無垢果」。密宗如此完全捨棄唯識增上慧學的解脫與清淨內容，唯取名相並全面轉易爲使人淪墮三惡道的欲界中最粗重邪淫境界，不但不能使人脫離欲界愛，並且還是大力增長欲界愛而導致死後必定要下墮三塗的邪法；如果說此是佛法，則佛道也就不必這麼辛苦去修學了。

親見報身佛說法乃是地上菩薩才能做到之事；凡夫菩薩明心而證得般若慧後，得根本無分別智，以此漸修才能生起後得無分別智。菩薩具足般若別相智以後，進修相見道位的般若智慧及熏習一切種智，以通達般若見道之智而生起無生法忍，獲得初分的道種智，始成爲初地入地心。此後復積極聚集福、智資糧，進修一切種智，漸能地地入心、住心、滿心，圓滿諸地功德，才能遠離下劣身口意行，因而稱爲大菩薩的離繫果。如此次第漸修漸進，方得圓滿。而假藏傳佛教卻把顯教大菩薩之解脫與智慧「果證名相」，套在會使人淪墮三塗之密教雙身修法上。

畢瓦巴於頁四四五～四四六又說：「親見化身佛陀，自性中明現本尊，生起次第堅固乃離下劣身。以百種語向百種所化之眾生說法，離下劣語。心中升起無根本、後得二位之定，離下劣意；以此等功德乃爲『離繫果』。」此段文是補充上一段假藏傳佛教之離繫果。其意謂：密宗雙身修法，達到高潮，樂境不退，就可一蹴即成離繫果。佛法眞悟之人聞之，不免噴飯。

再說菩薩必經由明心見性，實證根本無分別智及進修後得無分別智，才有實相般若之智慧。絕非假藏傳佛教依雙身修法，達到「樂空不二」可說爲空性慧。如果認爲密宗之雙身修法可以令人成佛，則世間夫妻若懂得淫行技巧者，只要了知樂觸空無形色、樂空不二，早就都已證得離繫果而成佛了，又何必辛勤修學佛法呢？只要結婚以後讀過密續「樂空不二」的閨房秘笈就都可以成「佛」了，因此證明假藏傳佛教許多說法是多麼的荒唐。再說假藏傳佛教所謂樂境不退的「無分別智」，其實仍是意識心，仍是分別心；因爲意識必須時時刻刻注意分別樂境有退或無退，時時採取行動保持樂境不退，這就是意識分別心，不可說雙身法行爲中懂得保持樂境不退就是無分別智。再說樂觸的感覺，也是由於意識的分別才能感受，所以假藏傳佛教所謂的無分別，其實仍是意識的分別境界，假藏傳佛教卻說意識不起語言文字等相，便是已住無分別定慧中，這是誤會佛說的無分別眞義。佛說的無分別，是指無始以來就無分別的阿賴耶識心性，阿賴耶識會了別末那識之作意及思心所，以及前六識的心行，但不於六塵境及諸法塵生起諸分別，故名無分別心。《維摩詰經》講的【知是菩提，了眾生心行故；不會是菩提，諸入不會故】是此意；菩薩證悟無分別心阿賴耶識後，現前觀察此一實相心從來本無分別，但同時有意識能領受及現觀實相心的從來無分別，了知法界實相的狀況而生起智慧，這才是所證得的無分別智；不是將意識住於無分別狀態下而說證得無分別智，意識心無分別時是沒有智慧的，不能說意識心無分別時仍然有智慧；而且，意識心不分別諸法時，其實還是有不藉語言而能了別六塵的慧心所，依舊能分別六塵，仍然不是眞的無分別。

畢瓦巴於頁四四六補充假藏傳佛教的異熟果說：「又穿山透壁而無礙，納三千世界於一粟而無大小，能以一變多，復以多變一等，以此功德而爲『異熟果』。」

穿山透壁，一多互變，乃是今生修神通的修得者，或過去生修神通報得者之境界；眾生修習四禪八定具足後，再修神通加行，即可得神通，但這不是異熟果報。再說過去生有修神通加行，而致今生得報得神通，乃是異熟生，仍然是異熟果報的依報。而此決不是由密教雙身修法所能得者，假藏傳佛教雙身修法的修習反而會喪失已有的報得神通，因爲淫欲貪會退失禪定障礙神通之修證與保任故。所以，假藏傳佛教古今諸師所謂的大神通都是在世時沒有神通，死後就被徒眾渲染成大神通；想要尋找一位還活著的密宗行者，說有大神通而能通過檢驗，絕無可能！因爲，雙身法的樂觸追求，是與禪定神通境界的發起背道而馳的。

顯教諸經論所說的等流果，乃是有爲法之種種果報，是要因異熟果之異熟生而有，並非獨立存在。畢瓦巴於頁四四六又補充假藏傳佛教的等流俱生果說：「又以心氣入中脈，雙跏於尊母，無漏之樂得相續不絕者爲『等流俱生果』。」大意謂：「若以清淨分的菩提心，也就是精液及寶瓶氣，而流入明妃之中脈海底輪內，並觀想本尊父母交合雙運，而令精液不漏洩，使樂觸相續不斷，是爲等流俱生果。」密教雙身修法，以樂觸不斷作爲等流俱生果，與佛菩薩經論說的等流果，眞是天壤之別，毫不相干，純屬外道論。畢瓦巴再補充假藏傳佛教的士用果或無垢果說：「**又、景象等諸定如其所有而止，所斷不順之類力小，對治之智力大，成妄進退道者爲『士用果』或『無垢果』**。」假藏傳佛教想要利用男女雙運，或觀想中脈明點及寶瓶氣，說能得到世間的禪定、智慧，那只是假藏傳佛教的妄想；因爲雙身法的修習是與世間禪定、智慧的證得背道而馳的。

頁三〇〇，畢瓦巴說：「**由修道而生之受用覺受爲諸法極淨眞實下固四喜之見。其亦謂：『以等流爲滅白髮，以異熟爲能做力，能爲士夫增長相，以無垢轉成無死。』**」意思是說世間人如果以密教之雙身法作爲修道行門，住在邪淫樂觸的意識境界，說爲能得藏傳佛教的四或五種世間果報：不老之等流果、體壯之異熟果、俊美之士用果、長命之無垢果。但是現前觀察欲界一般眾生之貪欲爲道，其中有許多也已瞭解密宗的雙身法樂空雙運、樂空不二的道理了，照理說應該符合藏傳佛教之修行法，卻總不見有人得如上之果報，生老病死仍不斷演出；且不說一般眾生，單就假藏傳佛教自稱已證得大手印、大圓滿之諸多古今一切「**上師、活佛、法王、仁波切**」們，多有已實證雙身法所謂的等流諸果，仍難逃世間生老病死之苦，此又當作何解釋來誑惑眾生？由此可知，假藏傳佛教之所謂果報，都是妄想境界，不切實際，而且多爲貪著欲界我、我所、淫樂，故說密宗所說的五果全爲自創，只是盜用佛法名相，欺瞞想要修學佛法的眾生而已。所以說假藏傳佛教之法，絕無可取之處，絕非佛法，所說所修都與佛法相違背。有智之人，應善揀擇，不要被藏傳假佛教之人所欺誑，如此才是佛教界之幸，眾生之幸也。

第七目　四力對治

爲了避免造作十不善業而使惡業增長，須依四力來作對治，四力者如法稱造，法護、日稱等譯之《大乘集菩薩學論》卷一〇〈清淨品第八〉說：

《四法經》云：佛言：「慈氏！若菩薩摩訶薩成就四法，滅先所造久積過罪。何等爲四？所謂悔過行、對治行、制止力、依止力。復次，悔過行者，於不善業行多所改悔。二、對治行者，謂造不善業已，極爲善業，及餘利益之所對待。三、制止力者，由讀誦禁戒，得無毀犯。四、依止力者，謂歸依佛法僧寶，亦不棄捨菩提之心，由能依止是力，決定滅彼罪等。」佛言：「慈氏！是爲菩薩摩訶薩成就四法，滅先所造久積過罪。」（法稱造，法護、

日稱等譯，《大乘集菩薩學論》卷一〇，《大正藏》冊三二，頁一〇六～一〇七）

這裡所說的四力：

一、**悔過力者**：由於往昔所造諸惡業習氣種子無量無數，存於阿賴耶識中，此惡業習氣種子隨時都可能會現行，所以我們要破壞它，不要讓它現行；又往昔曾經於諸親友作過很多傷害之事，成爲怨親債主，這些怨親債主都會成爲修學正法時的障礙；因此修學佛法時要用各種懺法眞誠懺悔，如大悲懺、三時繫念、水懺、梁皇懺等等方法懺悔。

二、**對治力者**：要經常讀誦經文，勝解經義，依教奉行，多持楞嚴咒、大悲咒，造立佛菩薩聖像，於佛菩薩前多作供養，多持念佛菩薩聖號，觸證空性心如來藏而入內門修習甚深佛法等等。

三、**制止力者**：就是讀誦禁戒，得無毀犯，並能守護身口意行，令諸惡業永不復作。

四、**依止力者**：謂修三歸依，發菩提心、受菩薩戒，並求證佛菩提果，由此依止之力，決定能滅先所造久積過罪。

《廣論》中也說要依《四法經》[10]修四力對治，《廣論》頁一四四－一四五說：「慈氏！若諸菩薩摩訶薩，成就四法，則能映覆諸惡已作增長，何等爲四，謂能破壞現行，對治現行，遮止罪惡及依止力。」但是依《廣論》所解說的四法內容，卻是曲解《四法經》，不可能對治惡業的增長，反而是讓已作惡業更行增長。爲何如是說呢？譬如：破壞現行力，《廣論》頁一四五說：「應由勝金光明懺及三十五佛懺二種悔除。」〈勝金光明懺〉是從《金光明最勝王經》卷二〈夢見金鼓懺悔品第四〉中所節錄出，是個很好的懺悔文；但是唱頌此經文之前，必須先瞭解此經乃是第一義諦之法，此經不是宗喀巴所說「無因論的一切法空」邪見；如果要用此經文作懺悔，必須先瞭解五蘊十八界法的虛妄，以及如來藏的眞實，否則作懺仍是沒有什麼太大的意義。而宗喀巴主張意識是不生滅心，並且不許有第八識如來藏存在，都與此經的法義相違，在我見如此深厚，並且錯解此經眞義下，在表相上以此經文唱頌作懺，也就沒有什麼意義了。

又〈三十五佛懺〉是出自《決定毗尼經》，本來與《觀藥王藥上二菩薩經》中的五十三尊佛合稱八十八佛，爲漢地佛門主要而且很普遍的懺悔文。如果只依〈三十五佛懺〉，則必須依《決定毗尼經》原文次第作懺悔，絕不能改變經文一字；若擅自改變經文，則如同魔說。但是藏傳佛教三十五佛懺文有作如是解說：「宗喀巴大師修頂禮時，親見三十五佛現身空際，而後乃造修觀儀軌，今依藏儀而為解釋。漢譯文中，佛名前後略有不同，亦依藏儀微有移動，以順序觀修故，不得不爾。」依藏傳佛教儀軌而作改變，又加註觀想儀軌等等，以適應無上瑜伽雙身修法，如是等同魔說之懺悔文，如何能懺除諸惡業？而宗喀巴謊稱親見三十五佛現身，贊同他的雙身法，全都是夜叉、鬼神假冒佛菩薩名義示現，用來欺瞞學佛人，只是自欺欺人之譚。

《宗喀巴大師傳》頁三九有說：「時又畫三十五佛，畫師不知身色及手印等，曰：『如何畫之？』請問大師，師祈禱之，諸佛畢現，遂以所見者而畫之。」謊稱所見鬼神為親見諸佛，或者根本全無所見而謊稱有所見之後，經過宗喀巴的修改，本來應當是三十二大人相、八十隨形好的金色光明、佛佛道同的莊嚴之像，卻變成了五色雜陳的羅剎、夜叉等等鬼神所化之像，例如：「金剛不壞佛，誦時觀想此佛住於上方，其身黃色，二手結說法印，一切相好莊嚴趺坐同前。作是觀想，能消過去世中一萬劫罪業。」其餘尚有紅色、藍色、白色、綠色等色身顏色，所結之手印，又是雙身修法的手印，你說這難道不是鬼神所化現的假佛嗎？眞佛絕對不是這樣子的。因此，以宗喀巴講的〈三十五佛懺〉作懺悔，不但不能懺除諸惡業，反而是增長惡業，是增長鬼神相應種子的惡法，捨報後在未來世必定成爲諸羅剎、夜叉等等鬼神的眷屬。這也是假藏傳佛教以自己創造的外道法，用來取代佛教的正法。

又第二力者，《廣論》頁一四五宗喀巴說：「依止甚深經者，謂受持讀誦般若波羅密多等契經文句。勝解空性者，謂趣入無我光明法性，深極忍可本來清淨。」受持讀誦般若經，有助於對治現行，但非究竟，因爲般若諸經並非宗喀巴說的甚深經，與宗喀巴所謂的般若法義完全不同故。而且，般若仍不是最甚深經，第三轉法輪的增上慧學一切種智才是最甚深經；然而宗喀巴在《了義不了義善說藏論》中，卻誣謗第三轉法輪最甚深唯識增上慧學諸經是不了義經。《解深密經》中已說般若經是有上有容之法，其意思是般若經之上還有更深妙、內容更廣的經，是故《解深密經》說般若經相對於第三轉法輪經典，是不究竟之法。因此，如果能受持讀誦三轉法輪方廣諸經，才是依止最甚深經、最了義經，才是眞正能夠對治現行之斷除，乃至能斷除習氣種子及無始無明隨眠。又眞能持誦般若經，主要的還是在於觸證經中所講的「非心心、無心相心、金剛心、無住心……」等名所說的第八識心，而非宗喀巴所說的僅是嘴巴唸誦而已。

又《廣論》頁一四五宗喀巴說：「勝解空性者，謂趣入無我光明法性，深極忍可本來清淨。」這句話表面上看是正確的，但是宗喀巴所說的空性，卻是一切法無自性，無自性故空，所以他說的空性就是一切法無自性故空的一切法空，與斷滅空一樣，又與他所建立意識心常住不壞的說法自相矛盾。這也與 佛說的不一樣，佛說的空性是阿賴耶識，阿賴耶識本體如虛空、無形無相，卻有眞實體性，能生一切法，故說為空性。瞭解了空性，進而求證空性，證得空性而於甚深空性安忍不退轉，這才是眞正的能夠對治現行。如果按照宗喀巴所認為的以一切法空為空性，則成為斷滅見外道；但宗喀巴又說意識是常住不滅的，又具足常見外道見。

同頁宗喀巴又說：「依念誦者，謂如儀軌念誦百字咒等，諸殊勝陀羅尼。……此復乃至見淨罪相，應當念誦。」假藏傳佛教之百字明咒，不必作另外的說明，只抄錄一段吾師 平實導師所著《狂密與眞密》頁一一九七～一一九八所描述即可明白，如云：

密宗各派一向倡言：「**唸誦百字明可以懺罪**」，然實唸誦百字明者，乃係向鬼神懺悔，趨向鬼神道爾，何懺之有？何悔之有？而密宗諸人普皆不知其意涵，乃竟以「**密宗有此百字明懺悔法門**」而自豪。今將百字明之意譯頌文列出，以供有智之人判斷之，自知其意之邪謬也：

敬禮大金剛密誓（敬禮雙身修法之護持者——嚇嚕嘎），**頓然顯自性清淨**（頓然顯出淫樂空性之自性清淨），**于大金剛心佛位**（于成就第四喜之大金剛心佛位），**令我得堅固安住**（令我可以不洩明點而得堅固不軟，因此安住大樂而不中斷），**令我顯真實自性**（令我顯出樂空不二之眞實自性），**令我具最極勝樂**（令我具足第四喜之最極勝樂），**令我顯廣大自性**（令我顯出樂空雙運時之覺知心廣大自性），**令我隨貪之自性**（令我永遠隨順貪欲之自性），**令我得一切成就，令我成一切事業，令我心具足大勇，令我起五智大用。大善逝一切如來，金剛本體**（謂男人性器官勇猛不洩之本體，於女性則謂爲金剛蓮花。）**莫捨我，令我住金剛自性，具大密誓大勇心，于法無生本體阿，起空樂大智慧吽，降伏一切魔仇呸**。（35-172）[11]

如是百字明之意譯，已可具足顯示其意涵——以雙身法之修證，及以雙身法之精進合修，作爲密宗行者懺悔罪業之意涵也。而雙身法之邪淫荒謬，世間萬法無有能出其右者，絕非佛菩薩之所傳者；吾人可以確定：百字明必是鬼神夜叉假冒諸佛菩薩形像及名號而妄傳者。如是百字明之懺悔法，越是勤加懺悔者，越是墮落，離佛道越遠，云何而可言爲更勝於顯教懺悔之法？無是理也，有智之密宗行者當深思之！

此段引文即可以顯示密宗百字明之不如正理。

如是密宗之三十五佛懺與百字明懺悔法，無論是日日懺、月月懺、年年懺乃至百年懺，一定無法得淨罪相，反而更加墮落。所以懺悔必定是要如理如法之懺法，如大悲懺等而作懺悔，才能把罪惡懺除清淨。

又如誹謗正法者是極重罪，更要當大眾面前懺，對眾懺後更要天天懺，直到見好相爲止。什麼是好相？如《梵網經》卷下說：

若有犯十重戒者，教懺悔：在佛菩薩形像前，日夜六時誦十重、四十八輕戒，若到禮三世千佛得見好相者，若一七日、二三七日乃至一年，要見好相。好相者：佛來摩頂、見光、華、種種異相，便得滅罪。若無好相，雖懺無益。

這是《梵網經》說的「見好相」。而《廣論》頁一四五說：「〔好〕相者如《準提陀羅尼》說：『若於夢中夢吐惡食，飲酪乳等，及吐酪等，見出日月，遊行虛空，見火熾燃，及諸水牛，制伏黑人，見苾芻僧苾芻尼僧，見出乳樹、象、牛王、山、獅子座及微妙宮，聽聞說法。』」《準提陀羅尼》是密教的儀軌，若依《準提陀羅尼》所說的夢見好相，有時很難作準確的觀察，因為平常人也有可能夢見如是景象。

又第三力者，宗喀巴說：「謂正靜息十種不善。」於密宗道修行者中是不可能作到的。其實十不善業的靜息，並不是藏傳佛教修行人做不到，而是藏傳佛教的法義及戒條規定，使藏傳佛教修學者不得不繼續造作不善業；在藏傳佛教中，除了偷盜之外的九種不善法，所有人都必定要努力修加行的，譬如：藏傳佛教口說倡導慈悲心，卻鼓勵要吃眾生肉；倡導清淨修行，卻規定要師徒、師兄姊一起亂倫合修樂空雙運等，前已細說，此不再贅述。

又第四力者，宗喀巴說：「謂修歸依及菩提心。」之前也多處敘述藏傳佛教歸依之不如理處。藏傳佛教歸依之三寶、四寶，其實都是歸依鬼神、供養鬼神及上師；祈求鬼神加持色身健康、生意興隆，其結果是被鬼神所繫縛，死後終於下墮惡趣。至於藏傳佛教的發菩提心，於本書前章已有描述，並將在本書說明上士道時再詳細評論之。不過，此處再引吾師　平實導師於《狂密與眞密》

頁一二〇一的一段文，作爲本書下士道菩提心之結語，謂：

　發菩提心者，乃是發起勤求佛菩提之決心，方名發菩提心；宗喀巴則以誦咒而謂爲已發菩提心，違佛眞旨也。而勝義菩提心乃是一切有情本自具足現成運作之第八識如來藏，佛於般若諸經中說之爲空性，宗喀巴則謂：「**所觀想心中月輪上之金剛，即是空性之本體**」，顯然誤會空性之眞實義也。

　密宗所說之發菩提心，悉皆不在眞求佛道上用心，而在淪墮欲界最粗淺境界之淫樂上用心，而狡辯爲「**樂空雙運**、**樂空不二**」之即身成佛法。然而實與 佛說空性之正理完全違背，亦與 佛說二乘解脫道之涅槃正理完全違背，應名眞發輪迴之心者，絕非眞發菩提心者也。

宗喀巴復令密宗行者依於慶喜藏之邪說〔案：本書於後〈上士道之平議〉時將會作說明〕，而於觀想月輪之情境上用心，誤認所觀想之月輪爲世俗菩提心，妄配所觀想月輪上之金剛爲勝義菩提心，知見膚淺若此，云何密宗黃教諸人推之爲「**至尊**」？其實乃是於三乘佛法俱未入門之凡夫也，有智之人何堪受此誑騙、而續修彼黃教宗喀巴所傳之雙身修法及觀想之法？是故一切有智之密宗行者，當速探究三乘佛法中發菩提心之眞正意旨，當速探究三乘佛法中實證勝義菩提心之眞正意旨，莫爲密宗邪謬知見之所誑惑。

這是給宗喀巴的隨學者的當頭棒喝！

9 《道果——本頌金剛句偈註》，畢瓦巴原著，薩嘉班智達講釋，法護漢譯，大藏文化出版社。

10 案：漢譯《四法經》共三個版本，皆無此段經文，乃法稱所造《大乘集菩薩學論》卷一〇提及。

11 引自 平實導師著，《狂密與眞密》第四輯，正智出版社（臺北市）。其中（35-172）乃是原文引自《曲肱齋全集》（四），陳健民著，徐芹庭編，普賢王如來佛教會，一九九一年七月十日出版精裝本，頁一七二。詳細內容說明，請參閱《狂密與眞密》四輯。

佛教正覺同修會〈修學佛道次第表〉

第一階段
* 以憶佛及拜佛方式修習動中定力。
* 學第一義佛法及禪法知見。
* 無相拜佛功夫成就。
* 具備一念相續功夫—動靜中皆能看話頭。
* 努力培植福德資糧，勤修三福淨業。

第二階段
* 參話頭，參公案。
* 開悟明心，一片悟境。
* 鍛鍊功夫求見佛性。
* 眼見佛性〈餘五根亦如是〉親見世界如幻，成就如幻觀。
* 學習禪門差別智。
* 深入第一義經典。
* 修除性障及隨分修學禪定。
* 修證十行位陽焰觀。

第三階段
* 學一切種智真實正理—楞伽經、解深密經、成唯識論…。
* 參究末後句。
* 解悟末後句。
* 透牢關—親自體驗所悟末後句境界，親見實相，無得無失。
* 救護一切衆生迴向正道。護持了義正法，修證十迴向位如夢觀。
* 發十無盡願，修習百法明門，親證猶如鏡像現觀。
* 修除五蓋，發起禪定。持一切善法戒。親證猶如光影現觀。
* 進修四禪八定、四無量心、五神通。進修大乘種智，求證猶如谷響現觀。

佛菩提二主要道次第概要表——二道並修，以外無別佛法

佛菩提道——大菩提道

十信位修集信心 —— 一劫乃至一萬劫

遠波羅蜜多

資糧位

初住位修集布施功德（以財施爲主）。
二住位修集持戒功德。
三住位修集忍辱功德。
四住位修集精進功德。
五住位修集禪定功德。
六住位修集般若功德（熏習般若中觀及斷我見，加行位也）。

外門廣修六度萬行

見道位

七住位明心般若正觀現前，親證本來自性清淨涅槃。
八住位起於一切法現觀般若中道。漸除性障。
十住位眼見佛性，世界如幻觀成就。

一至十行位，於廣行六度萬行中，依般若中道慧，現觀陰處界猶如陽焰，至第十行滿心位，陽焰觀成就。

一至十迴向位熏習一切種智；修除性障，唯留最後一分思惑不斷。第十迴向滿心位成就菩薩道如夢觀。

內門廣修六度萬行

初地：第十迴向位滿心時，成就道種智一分（八識心王一一親證後，領受五法、三自性、七種第一義、七種性自性、二種無我法）復由勇發十無盡願，成通達位菩薩。復又永伏性障而不具斷，能證慧解脫而不取證，由大願故留惑潤生。此地主修法施波羅蜜多及百法明門。證「猶如鏡像」現觀，故滿初地心。

二地：初地功德滿足以後，再成就道種智一分而入二地；主修戒波羅蜜多及一切種智。滿心位成就「猶如光影」現觀，戒行自然清淨。

解脫道：二乘菩提

斷三縛結，成初果解脫 ←

薄貪瞋癡，成二果解脫 ←

斷五下分結，成三果解脫 ←

入地前的四加行令煩惱障現行悉斷，成四果解脫，留惑潤生。分段生死已斷，煩惱障習氣種子開始斷除，兼斷無始無明上煩惱。

近波羅蜜多

三地：二地滿心再證道種智一分，故入三地。此地主修忍波羅蜜多及四禪八定、四無量心、五神通。能成就俱解脫果而不取證，留惑潤生。滿心位成就「猶如谷響」現觀及無漏妙定意生身。

四地：由三地再證道種智一分故入四地。主修精進波羅蜜多，於此土及他方世界廣度有緣，無有疲倦。進修一切種智，滿心位成就「如水中月」現觀。

五地：由四地再證道種智一分故入五地。主修禪定波羅蜜多及一切種智，斷除下乘涅槃貪。滿心位成就「變化所成」現觀。

修道位

六地：由五地再證道種智一分故入六地。此地主修般若波羅蜜多——依道種智現觀十二因緣一一有支及意生身化身，皆自心眞如變化所現，「非有似有」，成就細相觀，不由加行而自然證得滅盡定，成俱解脫大乘無學。

七地：由六地「非有似有」現觀，再證道種智一分故入七地。此地主修一切種智及方便波羅蜜多，由重觀十二有支一一支中之流轉門及還滅門一切細相，成就方便善巧，念念隨入滅盡定。滿心位證得「如犍闥婆城」現觀。

七地滿心斷除故意保留之最後一分思惑時，煩惱障所攝色、受、想三陰有漏習氣種子全部斷盡。

大波羅蜜多

八地：由七地極細相觀成就故再證道種智一分而入八地。此地主修一切種智及願波羅蜜多。至滿心位純無相觀任運恆起，故於相土自在，滿心位復證「如實覺知諸法相意生身」故。

九地：由八地再證道種智一分故入九地。主修力波羅蜜多及一切種智，成就四無礙，滿心位證得「種類俱生無行作意生身」。

十地：由九地再證道種智一分故入此地。此地主修一切種智——智波羅蜜多。滿心位起大法智雲，及現起大法智雲所含藏種種功德，成受職菩薩。

煩惱障所攝行、識二陰無漏習氣種子任運漸斷，所知障所攝上煩惱任運漸斷。

究竟位

等覺：由十地道種智成就故入此地。此地應修一切種智，圓滿等覺地無生法忍；於百劫中修集極廣大福德，以之圓滿三十二大人相及無量隨形好。

圓滿波羅蜜多

妙覺：示現受生人間已斷盡煩惱障一切習氣種子，並斷盡所知障一切隨眠，永斷變易生死無明，成就大般涅槃，四智圓明。人間捨壽後，報身常住色究竟天利樂十方地上菩薩；以諸化身利樂有情，永無盡期，成就究竟佛道。

斷盡變易生死成就大般涅槃

圓滿成就究竟佛果

佛子蕭平實 謹製
（二〇〇九、〇二 修訂）
（二〇一二、〇二 增補）

佛教正覺同修會 共修現況 及 招生公告　2025/6/18

一、共修現況：（請在共修時間來電，以免無人接聽。）

台北正覺講堂 103 台北市承德路三段 277 號九樓 捷運淡水線圓山站旁
Tel..總機 02-25957295（晚上）（**分機：九樓**辦公室 10、11；知客櫃檯 12、13。 **十樓**知客櫃檯 15、16；書局櫃檯 14。 **五樓**辦公室 19；知客櫃檯 17、18。**二樓**辦公室 20；知客櫃檯 21。）
Fax..25954493

第一講堂　台北市承德路三段 277 號九樓

禪淨班：週一晚班、週三晚班、週四晚班、週五晚班、週六下午班（共修期間二年半，全程免費。皆須報名建立學籍後始可參加共修，欲報名者詳見本公告末頁。）

進階班：週六早班。

增上班：成唯識論釋：單週六晚班。雙週六晚班（重播班）。17.50～20.50。平實導師講解，2022 年 2 月末開講，預定六年內講完，僅限已明心之會員參加。

禪門差別智：每月第一週日全天　平實導師主講（事冗暫停）。

金剛三昧經　此經說明無相的金剛心即是佛法所說的空性，亦名如來藏、阿賴耶識、異熟識、無垢識，亦名金剛心、非心心、無心相心、不念心、實相心、無住心、眞如。證眞如者方能眞入佛門實修，然一切求證眞如者，要依六度波羅蜜多的實修方能證得；證得第八識眞如之後，即得現觀金剛心空性的本來無生而能出生一切有情與諸行，並現觀金剛心空性本來就有六塵外的本覺性，由證得本覺性而生起無分別智，便能現觀實相法界及判別現象法界諸法的生滅性，獲得實相智慧與解脫功德；由證第八識空性心故便能如實受持三聚淨戒，持續利樂有情同證空性心無生法，自他皆能依於二入六行進修，最後便得成就佛地功德。本經已於 2025 年六月中旬起開講，由平實導師詳解。每逢週二晚上開講，第一至第七講堂都可同時聽聞，歡迎菩薩種性學人，攜眷共同參與此殊勝法會現場聞法，不限制聽講資格。本會學員憑上課證進入第一至第四、第七講堂聽講，會外學人請以身分證件換證進入聽講（此爲大樓管理處安全管理規定之要求，敬請諒解）；第五及第六講堂（B1、B2）對外開放，不需出示任何證件，請由大樓側門直接進入。

第二講堂　台北市承德路三段 267 號十樓。

禪淨班：週一晚班。

進階班：週三晚班、週四晚班、週五晚班、週六下午班。禪淨班結業後轉入共修。

增上班：成唯識論釋：單週六晚班，影音同步傳播。雙週六晚班（重播班）

金剛三昧經：平實導師講解。每週二 18：50~20：50 影像音聲即時傳輸。

第三講堂　台北市承德路三段 277 號五樓。

增上班：成唯識論釋：單週六晚班，影音同步傳播。雙週六晚班（重播班）
進階班：週一晚班、週三晚班、週四晚班、週五晚班、週六下午班。
金剛三昧經：平實導師講解。每週二 18：50~20：50 影像音聲即時傳輸。

第四講堂　台北市承德路三段 267 號二樓。
進階班：週一晚班、週三晚班、週四晚班（禪淨班結業後轉入共修）。
金剛三昧經：平實導師講解。每週二 18：50~20：50 影像音聲即時傳輸。

第五、第六講堂　台北市承德路三段 267 號地下一樓、地下二樓
進階班：週一晚班、週三晚班、週四晚班。
金剛三昧經：平實導師講解。每週二 18：50~20：50 影像音聲即時傳輸。
第五、第六講堂為**開放式講堂**，不需以身分證件換證即可進入聽講，台北市承德路三段 267 號地下一樓、地下二樓。每逢週二晚上講經時段開放給會外人士自由聽經，請由大樓側面梯階逕行進入聽講。**聽講者請尊重講者的著作權及肖像權，請勿錄音錄影，以免違法；若有錄音錄影被查獲者，將依法處理。**

第七講堂　台北市承德路三段 267 號六樓。
金剛三昧經：平實導師講解。每週二 18：50~20：50 影像音聲即時傳輸。

正覺祖師堂　大溪區美華里信義路 650 巷坑底 5 之 6 號（台 3 號省道 34 公里處 妙法寺對面斜坡道進入）電話 03-3886110　傳真 03-3881692 本堂供奉 克勤圓悟大師，專供會員每年四月、十月各兩次精進禪三共修，兼作本會出家菩薩掛單常住之用。開放參訪日期請參見本會公告。教內共修團體或道場，得另申請其餘時間作團體參訪，務請事先與常住確定日期，以便安排常住菩薩接引導覽，亦免妨礙常住菩薩之日常作息及修行。

桃園正覺講堂（第一、第二講堂）：桃園市介壽路 286、288 號 10 樓（陽明運動公園對面）電話：03-3749363（請於共修時聯繫，或與台北聯繫）
禪淨班：週一晚班（1）、週一晚班（2）、週三晚班、週四晚班、週五晚班。
進階班：週三晚班、週四晚班、週五晚班、週六上午班。
增上班：成唯識論釋。雙週六晚班（增上重播班）。
金剛三昧經：平實導師講解。每週二晚上全台同步直播。歡迎會外學人共同聽講，不需出示身分證件。

新竹正覺講堂　新竹市東光路 55 號二樓之一　電話 03-5724297（晚上）
第一講堂：
禪淨班：週五晚班。
進階班：週三晚班、週四晚班、週六上午班。由禪淨班結業後轉入共修
增上班：成唯識論釋。單週六晚班。雙週六晚班（重播班）。
金剛三昧經：平實導師講解。每週二晚上全台同步直播。歡迎會外學人共同聽講，不需出示身分證件。

第二講堂：

禪淨班：週一晚班、週三晚班、週四晚班、週六上午班。

金剛三昧經：每週二晚上全台同步直播。

第三、第四講堂：裝修完畢，已經啓用。

台中正覺講堂　04-23816090（晚上）

第一講堂　台中市南屯區五權西路二段 666 號 13 樓之四（國泰世華銀行樓上。鄰近縣市經第一高速公路前來者，由五權西路交流道可以快速到達，大樓旁有停車場，對面有素食館）。

禪淨班：週四晚班、週五晚班。

進階班：週一晚班、週三晚班、週六上午班（由禪淨班結業後轉入共修）。

增上班：成唯識論釋。單週六晚班。雙週六晚班（重播班）。

金剛三昧經：平實導師講解。每週二晚上全台同步直播。歡迎會外學人共同聽講，不需出示身分證件。

第二講堂　台中市南屯區五權西路二段 666 號 4 樓

禪淨班：週一晚班、週三晚班。

第三講堂台中市南屯區五權西路二段 666 號 4 樓

禪淨班：週一晚班。

第四講堂台中市南屯區五權西路二段 666 號 4 樓。

進階班：週一晚班、週三晚班、週四晚班、週五晚班、週六上午班，由禪淨班結業後轉入共修

金剛三昧經：每週二晚上全台同步直播。

嘉義正覺講堂　嘉義市友愛路 288 號八樓之一　電話：05-2318228

第一講堂：

禪淨班：週四晚班、週五晚班、週六上午班。

進階班：週一晚班、週三晚班（由禪淨班結業後轉入共修）。

增上班：成唯識論釋。單週六晚班。雙週六晚班（重播班）。

金剛三昧經：平實導師講解。每週二晚上全台同步直播。歡迎會外學人共同聽講，不需出示身分證件。

第二講堂　嘉義市友愛路 288 號八樓之二。

第三講堂　嘉義市友愛路 288 號四樓之七。

禪淨班：週一晚班、週三晚班。

台南正覺講堂

第一講堂　台南市西門路四段 15 號 4 樓。06-2820541（晚上）

禪淨班：週一晚班、週四晚班、週五晚班、週六下午班。

增上班：成唯識論釋。單週六晚班。雙週六晚班（重播班）。

金剛三昧經：平實導師講解。每週二晚上全台同步直播。歡迎會外學人共同聽講，不需出示身分證件。

第二講堂　台南市西門路四段 15 號 3 樓。

進階班：週六下午班。

金剛三昧經：每週二晚上全台同步直播。

第三講堂　台南市西門路四段 15 號 3 樓。

進階班：週一晚班、週三晚班、週四晚班、週五晚班（由禪淨班結業後轉入共修）。

金剛三昧經：每週二晚上全台同步直播。

高雄正覺講堂　高雄市新興區中正三路 45 號五樓 07-2234248（晚上）

第一講堂（五樓）：

禪淨班：週一晚班、週三晚班、週四晚班、週五晚班、週六上午班。

進階班：週六下午班（由禪淨班結業後轉入共修）。

增上班：**成唯識論釋**。單週六晚班。雙週六晚班（重播班）。

金剛三昧經：平實導師講解。每週二晚上全台同步直播。歡迎會外學人共同聽講，不需出示身分證件。

第二講堂（四樓）：

進階班：週三晚班、週四晚班（由禪淨班結業後轉入共修）。

金剛三昧經：每週二晚上全台同步直播。

第三講堂（三樓）：

進階班：週四晚班（由禪淨班結業後轉入共修）。

二、招生公告　**本會台北講堂及全省各講堂，每逢四月、十月下旬開新班，每週共修一次**（每次二小時。開課日起三個月內仍可插班）；**各班共修期間皆為二年半，全程免費，欲參加者請向本會函索報名表**（各共修處皆於共修時間方有人執事，非共修時間請勿電詢或前來洽詢、請書），**或直接從本會官方網站**(http://www.enlighten.org.tw/newsflash/class)**或成佛之道網站下載報名表**。共修期滿時，若經報名禪三審核通過者，可參加四天三夜之禪三精進共修，有機會明心、取證如來藏，發起般若實相智慧，成為實義菩薩，脫離凡夫菩薩位。

三、新春禮佛祈福　農曆**年假**期間停止共修：自農曆新年前七天起停止共修與弘法，正月 8 日起回復共修、弘法事務。新春期間正月初一～初三 9：00～17：00 開放台北講堂、正月初一～初三開放新竹、台中、嘉義、台南、高雄講堂，以及大溪禪三道場（正覺祖師堂），方便會員供佛、祈福及會外人士請書。

密宗四大派修雙身法，是外道性力派的邪法；又以生滅的識陰作為常住法，是常見外道，是假的藏傳佛教。

西藏覺囊巴以他空見弘揚第八識如來藏勝法，才是真藏傳佛教

佛教正覺同修會　弘法行事表

2025/6/18

1、**禪淨班**　以無相念佛及拜佛方式修習動中定力，實證一心不亂功夫。傳授解脫道正理及第一義諦佛法，以及參禪知見。共修期間：二年六個月。每逢四月、十月開新班，詳見招生公告表。

2、**進階班**　禪淨班畢業後得轉入此班，進修更深入的佛法，期能證悟明心。各地講堂各有多班，繼續深入佛法、增長定力，悟後得轉入增上班修學道種智，期能證得無生法忍。

3、**增上班 成唯識論釋**　詳解八識心王的唯識性、唯識相、唯識位，分說八識心王及其心所各別的自性、所依、所緣、相應心所、行相、功用等，並闡述緣生諸法的四緣：因緣、等無間緣、所緣緣、增上緣等四緣，並論及十因五果等。論中闡釋**佛法實證及成就的根本法即是第八識，由第八識成就三界世間及出世間的一切染淨諸法，方有成佛之道可修、可證、可成就，名爲圓成實性**。然後詳解末法時代學人極易混淆的見道位所函蓋的眞見道、相見道、通達位等內容，指正末法時代高慢心一類學人，於見道位前後不斷所墮的同一邪謬處。末後開示修道位的十地之中，各地所應斷的二愚及所應證的一智，乃至佛位的四智圓明及具足四種涅槃等一切種智之眞實正理。由平實導師講述，每逢一、三、五週之週末晚上開示，每逢二、四週之週末爲重播班，供作後悟之菩薩補聞所未聽聞之法。增上班課程僅限已明心之會員參加。未來每逢講完十分之一內容時，便予出書流通；總共十輯，敬請期待。（註：《瑜伽師地論》從 2003 年二月開講，至 2022 年 2 月 19 日已經圓滿，爲期 18 年整。）

4、**金剛三昧經**　此經說明無相的金剛心即是佛法所說的空性，亦名如來藏、阿賴耶識、異熟識、無垢識，亦名金剛心、非心心、無心相心、不念心、實相心、無住心、眞如。證眞如者方能眞入佛門實修，然一切求證眞如者，要依六度波羅蜜多的實修方能證得；證得第八識眞如之後，即得現觀金剛心空性的本來無生而能出生一切有情與諸行，並現觀金剛心空性本來就有六塵外的本覺性，由證得本覺性而生起無分別智，便能現觀實相法界及判別現象法界諸法的生滅性，獲得實相智慧與解脫功德；由證第八識空性心故便能如實受持三聚淨戒，持續利樂有情同證空性心無生法，自他皆能依於二入六行進修，最後便得成就佛地功德。本經已於 2025 年六月中旬起開講，由平實導師詳解。不限制聽講資格。

5、**精進禪三**　主三和尚：平實導師。於四天三夜中，以克勤圓悟大師及大慧宗杲之禪風，施設機鋒與小參、公案密意之開示，幫助會員剋期取證，親證不生不滅之眞實心——人人本有之如來藏。每年四月、十月各舉辦二個梯次；平實導師主持。僅限本會會員參加禪淨班共修期滿，報名審核通過者，方可參加。並另選擇會中定力、慧力、福德三條件皆已具足之已明心會員，給與指引，令得眼見自己無形無相之佛性遍佈山河大地，眞實而無障礙，得以肉眼現觀世界身心悉皆如幻，具足成就如幻觀，圓滿十住菩薩之證境。

6、**阿含經**詳解　選擇重要之阿含部經典，依無餘涅槃之實際而加以詳解，令大眾得以現觀諸法緣起性空，亦復不墮斷滅見中，顯示經中所隱說之涅槃實際—如來藏—確實已於四阿含中隱說；令大眾得以聞後觀行，確實斷除我見乃至我執，證得**見到**眞現觀，乃至**身證**……等眞現觀；已得大乘或二乘見道者，亦可由此聞熏及聞後之觀行，除斷我所之貪著，成就慧解脫果。由平實導師詳解。不限制聽講資格。

7、**精選如來藏系經典**詳解　精選如來藏系經典一部，詳細解說，以此完全印證會員所悟如來藏之眞實，得入不退轉住。另行擇期詳細解說之，由平實導師講解。僅限已明心之會員參加。

8、**禪門差別智**　藉禪宗公案之微細淆訛難知難解之處，加以宣說及剖析，以增進明心、見性之功德，啓發差別智，建立擇法眼。每月第一週日全天，由平實導師開示，僅限破參明心後，復又眼見佛性者參加（事冗暫停）。

9、**枯木禪**　先講智者大師的《小止觀》，後說《釋禪波羅蜜》，詳解四禪八定之修證理論與實修方法，細述一般學人修定之邪見與岔路，及對禪定證境之誤會，消除枉用功夫、浪費生命之現象。已悟般若者，可以藉此而實修初禪，進入大乘通教及聲聞教的三果心解脫境界，配合應有的大福德及後得無分別智、十無盡願，即可進入初地心中。親教師：平實導師。未來緣熟時將於正覺寺開講。不限制聽講資格。

註：本會例行年假，自2004年起，改爲每年農曆新年前七天開始停息弘法事務及共修課程，農曆正月8日回復所有共修及弘法事務。新春期間正月初一～初三（每日9：00～17：00）開放台北講堂，方便會員禮佛祈福及會外人士請書。大溪區的正覺祖師堂，開放參訪時間，詳見〈正覺電子報〉或成佛之道網站。本表得因時節因緣需要而隨時修改之，不另作通知。

佛教正覺同修會　贈閱書籍 目錄　　2025/2/10

1.**無相念佛**　平實導師著　回郵 36 元
2.**念佛三昧修學次第**　平實導師述著　回郵 52 元
3.**正法眼藏—護法集**　平實導師述著　回郵 76 元
4.**真假開悟簡易辨正法&佛子之省思**　平實導師著　回郵 26 元
5.**生命實相之辨正**　平實導師著　回郵 31 元
6.**如何契入念佛法門**（**附**：印順法師否定極樂世界）平實導師著 回郵 26 元
7.**平實書箋**—答元覽居士書　平實導師著　回郵 52 元
8.**三乘唯識**—如來藏系經律彙編　平實導師編　回郵 80 元
（精裝本　長 27 ㎝　寬 21 ㎝　高 7.5 ㎝　重 2.8 公斤）
9.**三時繫念全集**—修正本　回郵掛號 52 元（長 26.5 ㎝×寬 19 ㎝）
10.**明心與初地**　平實導師述　回郵 31 元
11.**邪見與佛法**　平實導師述著　回郵 36 元
12.**甘露法雨**　平實導師述　回郵 36 元
13.**我與無我**　平實導師述　回郵 36 元
14.**學佛之心態**—修正錯誤之學佛心態始能與正法相應 孫正德老師著 回郵52元
附錄：平實導師著《**略說八、九識並存…等之過失**》
15.**大乘無我觀**—《悟前與悟後》別說　平實導師述著　回郵 36 元
16.**佛教之危機**—中國台灣地區現代佛教之真相（附錄：公案拈提六則）
平實導師著　回郵 52 元
17.**燈　影**—燈下黑（覆「求教後學」來函等）　平實導師著　回郵 76 元
18.**護法與毀法**—覆上平居士與徐恒志居士網站毀法二文
張正圜老師著　回郵 76 元
19.**淨土聖道**—兼評**選擇本願念佛**　正德老師著　**由正覺同修會購贈** 回郵52 元
20.**辨唯識性相**—對「紫蓮心海《辯唯識性相》書中否定阿賴耶識」之回應
正覺同修會 台南共修處法義組 著　回郵52 元
21.**假如來藏**—對法蓮法師《如來藏與阿賴耶識》書中否定阿賴耶識之回應
正覺同修會 台南共修處法義組 著　回郵 76 元
22.**入不二門**—公案拈提集錦 第一輯（於平實導師公案拈提諸書中選錄約二十則，
合輯爲一冊流通之）平實導師著　回郵 52 元
23.**真假邪說**—西藏密宗索達吉喇嘛《破除邪說論》真是邪說
釋正安法師著　上、下冊回郵各 52 元
24.**真假開悟**—真如、如來藏、阿賴耶識間之關係　平實導師述著　回郵 76 元
25.**真假禪和**—辨正釋傳聖之謗法謬說　孫正德老師著　回郵76 元
26.**眼見佛性**—駁慧廣法師**眼見佛性的含義**文中謬說 游正光老師著 回郵52 元

27.**普門自在**—公案拈提集錦 第二輯（於平實導師公案拈提諸書中選錄約二十則，合輯爲一冊流通之）平實導師著　回郵 52 元

28.**印順法師的悲哀**—以現代禪的質疑為線索　恒毓博士著　回郵 52 元

29.**識蘊真義**—現觀識蘊內涵、取證初果、親斷三縛結之具體行門。

—依《成唯識論》及《惟識述記》正義，略顯安慧《大乘廣五蘊論》之邪謬

平實導師著　回郵 76 元

30.**正覺電子報**　各期紙版本　免附回郵　每次最多函索三期或三本。

（已無存書之較早各期，不另增印贈閱）

31.**遠惑趣道**—正覺電子報般若信箱問答錄　第一輯　回郵 52 元

32.**遠惑趣道**—正覺電子報般若信箱問答錄　第二輯　回郵 52 元

33.**正覺教團電視弘法三乘菩提 DVD 光碟（一）**

由正覺教團多位親教師共同講述錄製 DVD 8 片，MP3 一片，共 9 片。有二大講題：一爲「二乘菩提之意涵」，一爲「學佛的正知見」。內容精闢，深入淺出，精彩絕倫，幫助大眾快速建立三乘法道的正知見，免被外道邪見所誤導。有志修學三乘佛法之學人不可不看。（製作工本費 100 元，回郵 52 元）

34.**正覺教團電視弘法 DVD 專輯（二）**

總有二大講題：一爲「三乘菩提之念佛法門」，一爲「學佛正知見（第二篇）」，由正覺教團多位親教師輪番講述，內容詳細闡述如何修學念佛法門、實證念佛三昧，以及學佛應具有的正確知見，可以幫助發願往生西方極樂淨土之學人，得以把握往生，更可令學人快速建立三乘法道的正知見，免於被外道邪見所誤導。有志修學三乘佛法之學人不可不看。（一套 17 片，工本費 160 元。回郵 76 元）

35.**喇嘛性世界**—揭開假藏傳佛教譚崔瑜伽的面紗　張善思 等人合著

由正覺同修會購贈　回郵 52 元

36.**假藏傳佛教的神話**—性、謊言、喇嘛教　張正玄教授編著

由正覺同修會購贈　回郵 52 元

37.**隨 緣**—理隨緣與事隨緣　平實導師述　回郵 52 元。

38.**學佛的覺醒**　正枝居士 著　回郵 52 元

39.**意識虛妄經教彙編**—實證解脫道的關鍵經文　正覺同修會編印　回郵 36 元

40.**邪箭囈語**—破斥藏密外道多識仁波切《破魔金剛箭雨論》之邪說

陸正元老師著　上、下冊回郵各 52 元

41.**真假沙門**—依 佛聖教闡釋佛教僧寶之定義

蔡正禮老師著　俟正覺電子報連載後結集出版

42.**真假禪宗**—藉評論釋性廣《印順導師對變質禪法之批判及對禪宗之肯定》以顯示真假禪宗

附論一：凡夫知見 無助於佛法之信解行證

附論二：世間與出世間一切法皆從如來藏實際而生而顯

余正偉老師著　俟正覺電子報連載後結集出版　回郵未定

★ 上列贈書之郵資，係台灣本島地區郵資，大陸、港、澳地區及外國地區，請另計酌增（大陸、港、澳、國外地區之郵票不許通用）。尚未出版之書，請勿先寄來郵資，以免增加作業煩擾。

★ 本目錄若有變動，唯於後印之書籍及「成佛之道」網站上修正公佈之，不另行個別通知。

函索書籍請寄：佛教正覺同修會　103 台北市承德路 3 段 277 號 9 樓
台灣地區函索書籍者請附寄郵票，無時間購買郵票者可以等值現金抵用，但不接受郵政劃撥、支票、匯票。大陸地區得以人民幣計算，國外地區請以美元計算（請勿寄來當地郵票，在台灣地區不能使用）。欲以掛號寄遞者，請另附掛號郵資。

親自索閱：正覺同修會各共修處。　★請於共修時間前往取書，餘時無人在道場，請勿前往索取；共修時間與地點，詳見書末正覺同修會共修現況表（以近期之共修現況表爲準）。

註：正智出版社發售之局版書，請向各大書局購閱。若書局之書架上已經售出而無陳列者，請向書局櫃台指定洽購；若書局不便代購者，請於正覺同修會共修時間前往各共修處請購，正智出版社已派人於共修時間送書前往各共修處流通。 郵政劃撥購書及 大陸地區 購書，請詳別頁正智出版社發售書籍目錄最後頁之說明。

成佛之道 網站：http://www.a202.idv.tw　正覺同修會已出版之結緣書籍，多已登載於 成佛之道 網站，若住外國、或住處遙遠，不便取得正覺同修會贈閱書籍者，可以從本網站閱讀及下載。

＊＊ 假藏傳佛教修雙身法，非佛教 ＊＊

正覺口袋書 目錄

2024/12/11

1.**如何契入念佛法門** 平實導師著 回郵 26 元
2.**明心與初地** 平實導師述著 回郵 31 元
3.**生命實相之辨正** 平實導師述著 回郵 31 元
4.**真假開悟簡易辨正法&佛子之省思** 平實導師著 回郵 26 元
5.**現代人應有的宗教觀** 蔡正禮老師著 回郵31 元
6.**確保您的權益**—器官捐贈應注意自我保護 游正光老師 著 回郵31 元
7.**甘露法門—解脫道與佛菩提道** 佛教正覺同修會著 回郵 31 元
8.**概說密宗(一)**—認清西藏密宗(喇嘛教)的底細 正覺教育基金會著 回郵 36 元
9.**概說密宗(二)**—藏密觀想、明點、甘露、持明的真相
正覺教育基金會著回郵 36 元
10.**概說密宗(三)**—密教誇大不實之神通證量 正覺教育基金會著 回郵 36 元
11.**概說密宗(四)**—密宗諸餘邪見(恣意解釋佛法修證上之名相)之一
正覺教育基金會著 回郵 36 元
12.**概說密宗(五)**—密宗之如來藏見及般若中觀 正覺教育基金會著 回郵36 元
13.**概說密宗(六)**—無上瑜伽之雙身修法 正覺教育基金會著 回郵 36 元
14.**成佛之道** 正覺教育基金會著 回郵 36 元
15.**淨土奇特行門**—禪淨法門之速行道與緩行道 正覺教育基金會著 回郵 36 元
16.**如何修證解脫道** 正覺教育基金會著 回郵 36 元
17.**淺談達賴喇嘛之雙身法**—兼論解讀「密續」之達文西密碼
正覺教育基金會著 回郵 36 元
18.**密宗真相**—來自西藏高原的狂密 正覺教育基金會著 回郵 36 元
19.**導師之真實義** 正禮老師著 回郵 36 元
20.**如來藏中藏如來** 正覺教育基金會著 回郵 36 元
21.**觀行斷三縛結**—實證初果 正覺教育基金會著 回郵 36 元
22.**破羯磨僧真義** 佛教正覺同修會著 回郵 36 元
23.**一貫道與開悟** 正覺教育基金會著 回郵 36 元
24.**出家菩薩首重**—虛心求教 勤求證悟 正覺教育基金會著 回郵 36 元
25.**博愛 —愛盡天下女人** 正覺教育基金會著 回郵 36 元
26.**邁向正覺(一)** 作者趙玲子等合著 回郵 36 元
27.**邁向正覺(二)** 作者張善思等合著 回郵 36 元
28.**邁向正覺(三)** 作者許坤田等合著 回郵 36 元
29.**邁向正覺(四)** 作者劉俊廷等合著 回郵 36 元
30.**邁向正覺(五)** 作者林洋毅等合著 回郵 36 元
31.**繫念思惟念佛法門** 正覺教育基金會著 回郵 36 元

32.**邁向正覺(六)**　作者倪式谷等合著　回郵 36 元
33.**廣論之平議(一)~(七)**—宗喀巴《菩提道次第廣論》之平議
作者正雄居士　每冊回郵 36 元
34.**俺矇你把你哄**—六字大明咒揭密　作者正玄教授　回郵 36 元
35.**如何契入念佛法門(中英日文版)**　平實導師著　回郵 36 元
36.**明心與初地(中英文版)**　平實導師述著　回郵 36 元
37.**您不可不知的事實**—揭開藏傳佛教真實面之報導(一)
正覺教育基金會著　回郵 36 元
38.**外道羅丹的悲哀(一)~(三)**—略評外道羅丹等編《佛法與非佛法判別》之邪見 正覺教育基金會著　每冊回郵 36 元
39.**與《廣論》研討班學員談心**　正覺教育基金會著　回郵 36 元
40.**證道歌略釋**　平實導師著　回郵 36 元
41.**甘願做菩薩**　郭正益老師　回郵 36 元
42.**恭祝達賴喇嘛八十大壽**—做賊心虛喊抓賊~喇嘛不是佛教徒
張正玄教授著　回郵 36 元
43.**從一佛所在世界談宇宙大覺者**　高正齡老師著　回郵 36 元
44.**老去人間萬事休，應須洗心從佛祖**—達賴權謀，可以休矣
正覺教育基金會編印　回郵 36 元
45.**表相歸依與實義歸依**—真如為究竟歸依處
正覺同修會編印　回郵 36 元
46.**我為何離開廣論？**　正覺同修會編印　回郵 36 元
47.**三乘菩提之佛典故事(一)**　葉正緯老師講述　回郵 36 元
48.**佛教與成佛—總說**　師子苑居士著　回郵 36 元
49.**三乘菩提概說(一)**　余正文老師講述　回郵 36 元
50.**一位哲學博士的懺悔**　泰洛著　回郵 36 元
51.**三乘菩提概說（二）**　余正文老師講述　回郵 36 元
52.**三乘菩提之佛典故事(二)**　郭正益老師講述　回郵 36 元
53.**尊師重道**　沐中原著　回郵 50 元
54.**心經在說什麼？**　平實導師講述　回郵 36 元
55.**佛典故事集**　正覺教育基金會編 回郵 36 元
56.**正覺總持咒的威德力**　游宗明老師等 回郵 36 元

正智出版社 籌募弘法基金發售書籍目錄 2025/7/25

1.**宗門正眼**—公案拈提 第一輯 重拈 平實導師著 500 元

因重寫內容大幅度增加故，字體必須改小，並增爲 576 頁 主文 546 頁。比初版更精彩、更有內容。初版《禪門摩尼寶聚》之讀者，可寄回本公司免費調換新版書。免附回郵，亦無截止期限。（2007 年起，每冊附贈本公司精製公案拈提〈超意境〉CD 一片。市售價格 280 元，多購多贈。）

2.**禪淨圓融** 平實導師著 200 元（第一版舊書可換新版書。）

3.**真實如來藏** 平實導師著 400 元

4.**禪—悟前與悟後** 平實導師著 上、下冊，每冊 250 元

5.**宗門法眼**—公案拈提 第二輯 平實導師著 500 元

（2007 年起，每冊附贈本公司精製公案拈提〈超意境〉CD 一片）

6.**楞伽經詳解** 平實導師述著 全套共 10 輯 每輯 250 元

7.**宗門道眼**—公案拈提 第三輯 平實導師著 500 元

（2007 年起，每冊附贈本公司精製公案拈提〈超意境〉CD 一片）

8.**宗門血脈**—公案拈提 第四輯 平實導師著 500 元

（2007 年起，每冊附贈本公司精製公案拈提〈超意境〉CD 一片）

9.**宗通與說通**—成佛之道 平實導師著 主文 381 頁 全書 400 頁售價 300 元

10.**宗門正道**—公案拈提 第五輯 平實導師著 500 元

（2007 年起，每冊附贈本公司精製公案拈提〈超意境〉CD 一片）

11.**狂密與真密 一～四輯** 平實導師著 西藏密宗是人間最邪淫的宗教，本質不是佛教，只是披著佛教外衣的印度教性力派流毒的喇嘛教。此書中將西藏密宗密傳之男女雙身合修樂空雙運所有祕密與修法，毫無保留完全公開，並將全部喇嘛們所不知道的部分也一併公開。內容比大辣出版社喧騰一時的《西藏慾經》更詳細。並且函蓋藏密的所有祕密及其錯誤的中觀見、如來藏見……等，藏密的所有法義都在書中詳述、分析、辨正。每輯主文三百餘頁 每輯全書約 400 頁 售價每輯 300 元

12.**宗門正義**—公案拈提 第六輯 平實導師著 500 元

（2007 年起，每冊附贈本公司精製公案拈提〈超意境〉CD 一片）

13.**心經密意**—心經與解脫道、佛菩提道、祖師公案之關係與密意 平實導師述 300 元

14.**宗門密意**—公案拈提 第七輯 平實導師著 500 元

（2007 年起，每冊附贈本公司精製公案拈提〈超意境〉CD 一片）

15.**淨土聖道**—兼評「選擇本願念佛」 正德老師著 200 元

16.**起信論講記** 平實導師述著 共六輯 每輯三百餘頁 售價各 250 元

17.**優婆塞戒經講記** 平實導師述著 共八輯 每輯三百餘頁 售價各 250 元

18.**阿含正義**—唯識學探源 平實導師著 共七輯 每輯 300 元

19.**超意境 CD** 以平實導師公案拈提書中超越意境之頌詞，加上曲風優美的旋律，錄成令人嚮往的超意境歌曲，其中包括正覺發願文及平

實導師親自譜成的黃梅調歌曲一首。詞曲雋永，殊堪翫味，可供學禪者吟詠，有助於見道。內附設計精美的彩色小冊，解說每一首詞的背景本事。每片 280 元。【每購買公案拈提書籍一冊，即贈送一片。】

20.**菩薩底憂鬱** CD 將菩薩情懷及禪宗公案寫成新詞，並製作成超越意境的優美歌曲。 1.主題曲〈菩薩底憂鬱〉，描述地後菩薩能離三界生死而迴向繼續生在人間，但因尚未斷盡習氣種子而有極深沈之憂鬱，非三賢位菩薩及二乘聖者所知，此憂鬱在七地滿心位方才斷盡；本曲之詞中所說義理極深，昔來所未曾見；此曲係以優美的情歌風格寫詞及作曲，聞者得以激發嚮往諸地菩薩境界之大心，詞、曲都非常優美，難得一見；其中勝妙義理之解說，已印在附贈之彩色小冊中。 2.以各輯公案拈提中直示禪門入處之頌文，作成各種不同曲風之超意境歌曲，值得玩味、參究；聆聽公案拈提之優美歌曲時，請同時閱讀內附之印刷精美說明小冊，可以領會超越三界的證悟境界；未悟者可以因此引發求悟之意向及疑情，眞發菩提心而邁向求悟之途，乃至因此眞實悟入般若，成眞菩薩。 3.正覺總持咒新曲，總持佛法大意；總持咒之義理，已加以解說並印在隨附之小冊中。本 CD 共有十首歌曲，長達 63 分鐘。每片 320 元。

21.**禪意無限** CD 平實導師以公案拈提書中偈頌寫成不同風格曲子，與他人所寫不同風格曲子共同錄製出版，幫助參禪人進入禪門超越意識之境界。盒中附贈彩色印製的精美解說小冊，以供聆聽時閱讀，令參禪人得以發起參禪之疑情，即有機會證悟本來面目而發起實相智慧，實證大乘菩提般若，能如實證知般若經中的眞實意。本 CD 共有十首歌曲，長達 69 分鐘。每片 320 元。

22.**我的菩提路**第一輯　釋悟圓、釋善藏等人合著　售價 300 元

23.**我的菩提路**第二輯　郭正益等人合著　售價 300 元

（初版首刷至第四刷，都可以寄來免費更換爲第二版，免附郵費）

24.**我的菩提路**第三輯　王美伶等人合著　售價 300 元

25.**我的菩提路**第四輯　陳晏平等人合著　售價 300 元

26.**我的菩提路**第五輯　林慈慧等人合著　售價 300 元

27.**我的菩提路**第六輯　劉惠莉等人合著　售價 300 元

28.**我的菩提路**第七輯　余正偉等人合著　售價 300 元

29.**我的菩提路**第八輯　謝淑貞等人合著　售價 300 元　將於 2025/8/31 出版。

30.**鈍鳥與靈龜**—考證後代凡夫對大慧宗杲禪師的無根誹謗

平實導師著　共 458 頁　售價 350 元

31.**維摩詰經講記**　平實導師述著　共六輯　每輯三百餘頁　售價各 250 元

32.**真假外道**—破劉東亮、杜大威、釋證嚴常見外道見　正光老師著　200 元

33.**勝鬘經講記**　兼論印順《勝鬘經講記》對於《勝鬘經》之誤解

平實導師述著　共六輯　每輯三百餘頁　售價 250 元

34.**楞嚴經講記** 平實導師述著 共 **15** 輯，每輯三百餘頁 售價 300 元

35.**明心與眼見佛性**—駁慧廣〈蕭氏「眼見佛性」與「明心」之非〉文中謬說
正光老師著 共 448 頁 售價 300 元

36.**見性與看話頭** 黃正倖老師 著，本書是禪宗參禪的方法論。
內文 375 頁，全書 416 頁，售價 300 元。

37.**達賴真面目**—玩盡天下女人 白正偉老師 等著 中英對照彩色精裝大本 800 元

38.**喇嘛性世界**—揭開假藏傳佛教譚崔瑜伽的面紗 張善思 等人著 200 元

39.**假藏傳佛教的神話**—性、謊言、喇嘛教 正玄教授編著 200 元

40.**金剛經宗通** 平實導師述著 共九輯 每輯售價 250 元。

41.**末代達賴**—性交教主的悲歌 張善思、呂艾倫、辛燕編著 售價 250 元

42.**霧峰無霧**—給哥哥的信 辨正釋印順對佛法的無量誤解
游宗明 老師著 售價 250 元

43.**霧峰無霧**—第二輯—救護佛子向正道 細說釋印順對佛法的各類誤解
游宗明 老師著 售價 250 元

44.**第七意識與第八意識？**—穿越時空「超意識」
平實導師述著 每冊 300 元

45.**黯淡的達賴**—失去光彩的諾貝爾和平獎
正覺教育基金會編著 每冊 250 元

46.**童女迦葉考**—論呂凱文〈佛教輪迴思想的論述分析〉之謬
平實導師 著 定價 180 元

47.**人間佛教**—實證者必定不悖三乘菩提
平實導師 述著 定價 400 元

48.**實相經宗通** 平實導師述著 共八輯 每輯 250 元

49.**真心告訴您(一)**—達賴喇嘛在幹什麼？
正覺教育基金會編著 售價 250 元

50.**中觀金鑑**—詳述應成派中觀的起源與其破法本質
孫正德老師著 分為上、中、下三冊，每冊 250 元

51.**藏傳佛教要義**—《狂密與真密》之簡體字版 平實導師 著 上、下冊
僅在大陸流通 每冊 300 元

52.**法華經講義** 平實導師述著 共二十五輯 每輯三百餘頁 售價 300 元

53.**西藏「活佛轉世」制度**—附佛、造神、世俗法
許正豐、張正玄老師合著 定價 150 元

54.**廣論三部曲** 郭正益老師著 定價 150 元

55.**真心告訴您(二)**—達賴喇嘛是佛教僧侶嗎？
—補祝達賴喇嘛八十大壽
正覺教育基金會編著 售價 300 元

56.**次法**—實證佛法前應有的條件
張善思居士著 分為上、下二冊，每冊 250 元

57.**涅槃**—解說四種涅槃之實證及內涵 平實導師著 上、下冊 各 350 元

58.**佛藏經講義** 平實導師述著 共 21 輯 每輯三百餘頁 售價 300 元。

59.**成唯識論**　大唐 玄奘菩薩所著鉅論。重新正確斷句，並以不同字體及標點符號顯示質疑文，令得易讀。全書 288 頁，精裝大本 400 元。

60.**大法鼓經講義**　平實導師述著　共六輯 每輯三百餘頁 售價 300 元

61.**成唯識論釋**　詳解大唐玄奘菩薩所著《成唯識論》，平實導師著述。共十輯，每輯內文四百餘頁，12 級字編排，於每講完一輯的分量以後即予出版，2023 年五月底出版第一輯，以後每講完一輯（大約一年）後即出版下一輯，每輯 400 元。

62.**不退轉法輪經講義**　平實導師述著　共十輯 每輯三百餘頁 售價 300 元

63.**中論正義**　釋龍樹菩薩《中論》頌正理。孫正德老師著　共上下二冊　每冊三百餘頁 售價 300 元

64 **誰是 師子身中蟲**　平實導師述著　2024 年 5 月 30 出版，每冊 110 元

65.**解深密經講義** 平實導師述著 12 輯 將於 2025/9/30 出版，每輯 300 元

66.**菩薩瓔珞本業經講義**　平實導師述著 約◯輯　將於《解深密經講義》出版後整理出版。

67.**金剛三昧經講義**　平實導師述著 約◯輯　將於《菩薩瓔珞本業經講義》出版後整理出版。

68.**廣論之平議**—《菩提道次第廣論》與佛法之比較　徐正雄著，共五輯，每輯 300 元。

69.**八個奇妙的心**　彩色圖畫書。作者：郭正益，繪者：李憶婷。本書共 144 頁，售價 450 元。

70.**假鋒虛焰金剛乘**—揭示顯密正理，兼破索達吉師徒《般若鋒兮金剛焰》　釋正安法師著 簡體字版 即將出版 售價未定

71.**八識規矩頌**詳解　◯◯居士 註解　出版日期另訂　書價未定。

72.**中觀正義**—註解平實導師《中論正義頌》　◯◯法師（居士）著　出版日期未定　書價未定

73.**中國佛教史**—依中國佛教正法史實而論　◯◯老師 著　書價未定。

74.**印度佛教史**—法義與考證。依法義史實評論印順《印度佛教思想史、佛教史地考論》之謬說　正偉老師著　出版日期未定　書價未定

75.**阿含經講記**—將選錄四阿含中數部重要經典全經講解之，講後整理出版。　平實導師述　約二輯　每輯 300 元　出版日期未定

76.**寶積經講記** 平實導師述　每輯三百餘頁 優惠價 300 元 出版日期未定

77.**修習止觀坐禪法要講記**　平實導師述　每輯三百餘頁　將於正覺寺建成後重講、以講記逐輯出版　出版日期未定

78.**無門關**—《無門關》公案拈提　平實導師著　出版日期未定

79.**中觀再論**—兼述印順《中觀今論》謬誤之平議 正光老師著 出版日期未定

80.**輪迴與超度**—佛教超度法會之真義　◯◯法師（居士）著　出版日期未定　書價未定

81.《**釋摩訶衍論**》**平議**—對偽稱龍樹所造《釋摩訶衍論》之平議　◯◯法師（居士）著　出版日期未定　書價未定

82.**正覺發願文**註解—以真實大願為因，得證菩提
正德老師著　出版日期未定　書價未定
83.**正覺總持咒**—佛法之總持　正圜老師著　出版日期未定　書價未定
84.**三自性**—依四食、五蘊、十二因緣、十八界法，說三性三無性
作者未定　出版日期未定
85.**道品**—從三自性說大小乘三十七道品　作者未定　出版日期未定
86.**大乘緣起觀**—依四聖諦七真如現觀十二緣起　作者未定　出版日期未定
87.**三德**—論解脫德、法身德、般若德　作者未定　出版日期未定
88.**真假如來藏**—對印順《如來藏之研究》謬說之平議　作者未定　出版日期未定
89.**大乘道次第**　作者未定　出版日期未定　書價未定
90.**四緣**—依如來藏故有四緣　作者未定　出版日期未定
91.**空之探究**—印順《空之探究》謬誤之平議　作者未定　出版日期未定
92.**十法義**—論阿含經中十法之正義　作者未定　出版日期未定
93.**外道見**—論述外道六十二見　作者未定　出版日期未定

正智出版社有限公司 書籍介紹

禪淨圓融：言淨土諸祖所未曾言，示諸宗祖師所未曾示；禪淨圓融，另闢成佛捷徑，兼顧自力他力，闡釋淨土門之速行易行道，亦同時揭櫫聖教門之速行易行道；令廣大淨土行者得免緩行難證之苦，亦令聖道門行者得以藉著淨土速行道而加快成佛之時劫。乃前無古人之超勝見地，非一般弘揚禪淨法門典籍也，先讀為快。平實導師著 200元。

宗門正眼—公案拈提第一輯：繼承克勤圜悟大師碧巖錄宗旨之禪門鉅作。先則舉示當代大法師之邪說，消弭當代禪門大師鄉愿之心態，摧破當今禪門「世俗禪」之妄談；次則旁通教法，表顯宗門正理；繼以道之次第，消弭古今狂禪；後藉言語及文字機鋒，直示宗門入處。悲智雙運，禪味十足，數百年來難得一睹之禪門鉅著也。平實導師著　500元（原初版書《禪門摩尼寶聚》，改版後補充為五百餘頁新書，總計多達二十四萬字，內容更精彩，並改名為《宗門正眼》，讀者原購初版《禪門摩尼寶聚》皆可寄回本公司免費換新，免附回郵，亦無截止期限）（2007年起，凡購買公案拈提第一輯至第七輯，每購一輯皆贈送本公司精製公案拈提〈超意境〉CD一片，市售價格280元，多購多贈）。

禪—悟前與悟後：本書能建立學人悟道之信心與正確知見，圓滿具足而有次第地詳述禪悟之功夫與禪悟之內容，指陳參禪中細微淆訛之處，能使學人明自真心、見自本性。若未能悟入，亦能以正確知見辨別古今中外一切大師究係真悟？或屬錯悟？便有能力揀擇，捨名師而選明師，後時必有悟道之緣。一旦悟道，遲者七次人天往返，便出三界，速者一生取辦。學人欲求開悟者，不可不讀。　平實導師著。上、下冊共500元，單冊250元。

真實如來藏：如來藏眞實存在，乃宇宙萬有之本體，並非印順法師、達賴喇嘛等人所說之「唯有名相、無此心體」。如來藏是涅槃之本際，是一切有智之人竭盡心智、不斷探索而不能得之生命實相；是古今中外許多大師自以爲悟而當面錯過之生命實相。如來藏即是阿賴耶識，乃是一切有情本自具足、不生不滅之眞實心。當代中外大師於此書出版之前所未能言者，作者於本書中盡情流露、詳細闡釋。眞悟者讀之，必能增益悟境、智慧增上；錯悟者讀之，必能檢討自己之錯誤，免犯大妄語業；未悟者讀之，能知參禪之理路，亦能以之檢查一切名師是否眞悟。此書是一切哲學家、宗教家、學佛者及欲昇華心智之人必讀之鉅著。　平實導師著　售價400元。

宗門法眼—公案拈提第二輯：列舉實例，闡釋土城廣欽老和尚之悟處；並直示這位不識字的老和尚妙智橫生之根由，繼而剖析禪宗歷代大德之開悟公案，解析當代密宗高僧卡盧仁波切之錯悟證據，並例舉當代顯宗高僧、大居士之錯悟證據（凡健在者，爲免影響其名聞利養，皆隱其名）。藉辨正當代名師之邪見，向廣大佛子指陳禪悟之正道，彰顯宗門法眼。悲勇兼出，強捋虎鬚；慈智雙運，巧探驪龍；摩尼寶珠在手，直示宗門入處，禪味十足；若非大悟徹底，不能爲之。禪門精奇人物，允宜人手一冊，供作參究及悟後印證之圭臬。本書於2008年4月改版，增寫爲大約500頁篇幅，以利學人研讀參究時更易悟入宗門正法，以前所購初版首刷及初版二刷舊書，皆可免費換取新書。平實導師著　500元（2007年起，凡購買公案拈提第一輯至第七輯，每購一輯皆贈送本公司精製公案拈提〈超意境〉CD一片，市售價格280元，多購多贈）。

宗門道眼—公案拈提第三輯：繼宗門法眼之後，再以金剛之作略、慈悲之胸懷、犀利之筆觸，舉示寒山、拾得、布袋三大士之悟處，消弭當代錯悟者對於寒山大士……等之誤會及誹謗。　亦舉出民初以來與虛雲和尚齊名之蜀郡鹽亭袁煥仙夫子——南懷瑾老師之師，其「悟處」何在？並蒐羅許多眞悟祖師之證悟公案，顯示禪宗歷代祖師之睿智，指陳部分祖師、奧修及當代顯密大師之謬悟，作爲殷鑑，幫助禪子建立及修正參禪之方向及知見。假使讀者閱此書已，一時尚未能悟，亦可一面加功用行，一面以此宗門道眼辨別眞假善知識，避開錯誤之印證及歧路，可免大妄語業之長劫慘痛果報。欲修禪宗之禪者，務請細讀。平實導師著　售價500元（2007年起，凡購買公案拈提第一輯至第七輯，每購一輯皆贈送本公司精製公案拈提〈超意境〉CD一片，市售價格280元，多購多贈）。

楞伽經詳解：本經是禪宗見道者印證所悟眞僞之根本經典，亦是禪宗見道者悟後起修之依據經典；故達摩祖師於印證二祖慧可大師之後，將此經典連同佛缽祖衣一併交付二祖，令其依此經典佛示金言、進入修道位，修學一切種智。由此可知此經對於眞悟之人修學佛道，是非常重要之一部經典。此經能破外道邪說，亦破佛門中錯悟名師之謬說，亦破禪宗部分祖師之狂禪：不讀經典、一向主張「一悟即成究竟佛」之謬執。並開示愚夫所行禪、觀察義禪、攀緣如禪、如來禪等差別，令行者對於三乘禪法差異有所分辨；亦糾正禪宗祖師古來對於如來禪之誤解，嗣後可免以訛傳訛之弊。此經亦是法相唯識宗之根本經典，禪者悟後欲修一切種智而入初地者，必須詳讀。平實導師述著，全套共十輯，已全部出版完畢，每輯主文約320頁，每冊約352頁，定價250元。

宗門血脈—公案拈提第四輯：末法怪象—許多修行人自以爲悟，每將無念靈知認作眞實；崇尚二乘法諸師及其徒衆，則將外於如來藏之緣起性空—無因論之無常空、斷滅空、一切法空—錯認爲 佛所說之般若空性。這兩種現象已於當今海峽兩岸及美加地區顯密大師之中普遍存在；人人自以爲悟，心高氣壯，便敢寫書解釋祖師證悟之公案，大多出於意識思惟所得，言不及義，錯誤百出，因此誤導廣大佛子同陷大妄語之地獄業中而不能自知。彼等書中所說之悟處，其實處處違背第一義經典之聖言量。彼等諸人不論是否身披袈裟，都非佛法宗門血脈，或雖有禪宗法脈之傳承，亦只徒具形式；猶如螟蛉，非眞血脈，未悟得根本眞實故。禪子欲知 佛、祖之眞血脈者，請讀此書，便知分曉。平實導師著，主文452頁，全書464頁，定價500元（2007年起，凡購買公案拈提第一輯至第七輯，每購一輯皆贈送本公司精製公案拈提〈超意境〉CD一片，市售價格280元，多購多贈）。

宗通與說通：古今中外，錯誤之人如麻似粟，每以常見外道所說之靈知心，認作眞心；或妄想虛空之勝性能量爲眞如，或錯認物質四大元素藉冥性（靈知心本體）能成就吾人色身及知覺，或認初禪至四禪中之了知心爲不生不滅之涅槃心。此等皆非通宗者之見地。復有錯悟之人一向主張「宗門與教門不相干」，此即尚未通達宗門之人也。其實宗門與教門互通不二，宗門所證者乃是眞如與佛性，教門所說者乃說宗門證悟之眞如佛性，故教門與宗門不二。本書作者以宗教二門互通之見地，細說「宗通與說通」，從初見道至悟後起修之道、細說分明；並將諸宗諸派在整體佛教中之地位與次第，加以明確之教判，學人讀之即可了知佛法之梗概也。欲擇明師學法之前，允宜先讀。平實導師著，主文共381頁，全書392頁，只售成本價300元。

宗門正道—公案拈提第五輯：修學大乘佛法有二果須證—解脫果及大菩提果。二乘人不證大菩提果，唯證解脫果；此果之智慧，名爲聲聞菩提、緣覺菩提。大乘佛子所證二果之菩提果爲佛菩提，故名大菩提果，其慧名爲一切種智—函蓋二乘解脫果。然此大乘二果修證，須經由禪宗之宗門證悟方能相應。而宗門證悟極難，自古已然；其所以難者，咎在古今佛教界普遍存在三種邪見：1.以修定認作佛法， 2.以無因論之緣起性空—否定涅槃本際如來藏以後之一切法空作爲佛法，3.以常見外道邪見（離語言妄念之靈知性）作爲佛法。 如是邪見，或因自身正見未立所致，或因邪師之邪教導所致，或因無始劫來虛妄熏習所致。若不破除此三種邪見，永劫不悟宗門眞義、不入大乘正道，唯能外門廣修菩薩行。 平實導師於此書中，有極爲詳細之說明，有志佛子欲摧邪見、入於內門修菩薩行者，當閱此書。主文共496頁，全書512頁。售價500元（2007年起，凡購買公案拈提第一輯至第七輯，每購一輯皆贈送本公司精製公案拈提〈超意境〉CD一片，市售價格280元，多購多贈）。

狂密與眞密：密教之修學，皆由有相之觀行法門而入，其最終目標仍不離顯教經典所說第一義諦之修證；若離顯教第一義經典、或違背顯教第一義經典，即非佛教。西藏密教之觀行法，如灌頂、觀想、遷識法、寶瓶氣、大聖歡喜雙身修法、喜金剛、無上瑜伽、大樂光明、樂空雙運等，皆是印度教兩性生生不息思想之轉化，自始至終皆以如何能運用交合淫樂之法達到全身受樂爲其中心思想，純屬欲界五欲的貪愛，不能令人超出欲界輪迴，更不能令人斷除我見；何況大乘之明心與見性，更無論矣！故密宗之法絕非佛法也。而其明光大手印、大圓滿法教，又皆同以常見外道所說離語言妄念之無念靈知心錯認爲佛地之眞如，不能直指不生不滅之眞如。西藏密宗所有法王與徒眾，都尚未開頂門眼，不能辨別眞僞，以依人不依法、依密續不依經典故，不肯將其上師喇嘛所說對照第一義經典，純依密續之藏密祖師所說爲準，因此而誇大其證德與證量，動輒謂彼祖師上師爲究竟佛、爲地上菩薩；如今台海兩岸亦有自謂其師證量高於 釋迦文佛者，然觀其師所述，猶未見道，仍在觀行即佛階段，尚未到禪宗相似即佛、分證即佛階位，竟敢標榜爲究竟佛及地上法王，誑惑初機學人。凡此怪象皆是狂密，不同於眞密之修行者。近年狂密盛行，密宗行者被誤導者極眾，動輒自謂已證佛地眞如，自視爲究竟佛，陷於大妄語業中而不知自省，反謗顯宗眞修實證者之證量粗淺；或如義雲高與釋性圓…等人，於報紙上公然誹謗眞實證道者爲「騙子、無道人、人妖、癩蛤蟆…」等，造下誹謗大乘勝義僧之大惡業；或以外道法中有爲有作之甘露、魔術……等法，誑騙初機學人，狂言彼外道法爲眞佛法。如是怪象，在西藏密宗及附藏密之外道中，不一而足，舉之不盡，學人宜應愼思明辨，以免上當後又犯毀破菩薩戒之重罪。密宗學人若欲遠離邪知邪見者，請閱此書，即能了知密宗之邪謬，從此遠離邪見與邪修，轉入眞正之佛道。 平實導師著 共四輯 每輯約400頁（主文約340頁） 每輯售價300元。

宗門正義—公案拈提第六輯：佛教有六大危機，乃是藏密化、世俗化、膚淺化、學術化、宗門密意失傳、悟後進修諸地之次第混淆；其中尤以宗門密意之失傳，爲當代佛教最大之危機。由宗門密意失傳故，易令 世尊本懷普被錯解，易令 世尊正法被轉易爲外道法，以及加以淺化、世俗化，是故宗門密意之廣泛弘傳與具緣佛弟子，極爲重要。然而欲令宗門密意之廣泛弘傳予具緣之佛弟子者，必須同時配合錯誤知見之解析、普令佛弟子知之，然後輔以公案解析之直示入處，方能令具緣之佛弟子悟入。而此二者，皆須以公案拈提之方式爲之，方易成其功、竟其業，是故平實導師續作宗門正義一書，以利學人。 全書500餘頁，售價500元（2007年起，凡購買公案拈提第一輯至第七輯，每購一輯皆贈送本公司精製公案拈提〈超意境〉CD一片，市售價格280元，多購多贈）。

心經密意—心經與解脫道、佛菩提道、祖師公案之關係與密意。 二乘菩提所證之解脫道，實依第八識心之斷除煩惱障現行而立解脫之名；大乘菩提所證之佛菩提道，實依親證第八識如來藏之涅槃性、清淨自性、及其中道性而立般若之名；禪宗祖師公案所證之眞心，即是此第八識如來藏；是故三乘佛法所修所證之三乘菩提，皆依此如來藏心而立名也。此第八識心，即是《心經》所說之心也。證得此如來藏已，即能漸入大乘佛菩提道，亦可因證知此心而了知二乘無學所不能知之無餘涅槃本際，是故《心經》之密意，與三乘佛菩提之關係極爲密切、不可分割，三乘佛法皆依此心而立名故。今者平實導師以其所證解脫道之無生智及佛菩提之般若種智，將《心經》與解脫道、佛菩提道、祖師公案之關係與密意，以演講之方式，用淺顯之語句和盤托出，發前人所未言，呈三乘菩提之眞義，令人藉此《心經密意》一舉而窺三乘菩提之堂奧，迴異諸方言不及義之說；欲求眞實佛智者、不可不讀！ 平實導師述著 主文317頁，連同跋文及序文…等共384頁，售價300元。

宗門密意—公案拈提第七輯：佛教之世俗化，將導致學人以信仰作爲學佛，則將以感應及世間法之庇祐，作爲學佛之主要目標，不能了知學佛之主要目標爲親證三乘菩提。大乘菩提則以般若實相智慧爲主要修習目標，以二乘菩提解脫道爲附帶修習之標的；是故學習大乘法者，應以禪宗之證悟爲要務，能親入大乘菩提之實相般若智慧中故，般若實相智慧非二乘聖人所能知故。此書則以台灣世俗化佛教之三大法師，說法似是而非之實例，配合眞悟祖師之公案解析，提示證悟般若之關節，令學人易得悟入。平實導師著，全書五百餘頁，售價500元（2007年起，凡購買公案拈提第一輯至第七輯，每購一輯皆贈送本公司精製公案拈提〈超意境〉CD一片，市售價格280元，多購多贈）。

淨土聖道—兼評選擇本願念佛：佛法甚深極廣，般若玄微，非諸二乘聖僧所能知之，一切凡夫更無論矣！所謂一切證量皆歸淨土是也！是故大乘法中「聖道之淨土、淨土之聖道」，其義甚深，難可了知；乃至眞悟之人，初心亦難知也。今有正德老師眞實證悟後，復能深探淨土與聖道之緊密關係，憐憫眾生之誤會淨土實義，亦欲利益廣大淨土行人同入聖道，同獲淨土中之聖道門要義，乃振奮心神、書以成文，今得刊行天下。主文279頁，連同序文等共301頁，總有十一萬六千餘字，正德老師著，成本價200元。

起信論講記：詳解大乘起信論心生滅門與心眞如門之眞實意旨，消除以往大師與學人對起信論所說心生滅門之誤解，由是而得了知眞心如來藏之非常非斷中道正理；亦因此一講解，令此論以往隱晦而被誤解之眞實義，得以如實顯示，令大乘佛菩提道之正理得以顯揚光大；初機學者亦可藉此正論所顯示之法義，對大乘法理生起正信，從此得以眞發菩提心，眞入大乘法中修學，世世常修菩薩正行。平實導師述著，共六輯，都已出版，每輯三百餘頁，售價各250元。

優婆塞戒經講記：本經詳述在家菩薩修學大乘佛法，應如何受持菩薩戒？對人間善行應如何看待？對三寶應如何護持？應如何正確地修集此世後世證法之福德？應如何修集後世「行菩薩道之資糧」？並詳述第一義諦之正義：五蘊非我非異我、自作自受、異作異受、不作不受……等深妙法義，乃是修學大乘佛法、行菩薩行之在家菩薩所應當了知者。出家菩薩今世或未來世登地已，捨報之後多數將如華嚴經中諸大菩薩，以在家菩薩身而修行菩薩行，故亦應以此經所述正理而修之，配合《楞伽經、解深密經、楞嚴經、華嚴經》等道次第正理，方得漸次成就佛道；故此經是一切大乘行者皆應證知之正法。平實導師述著，每輯三百餘頁，售價各250元；共八輯，已全部出版。

阿含正義—唯識學探源：廣說四大部《阿含經》諸經中隱說之眞正義理，一一舉示佛陀本懷，令阿含時期初轉法輪根本經典之眞義，如實顯現於佛子眼前。並提示末法大師對於阿含眞義誤解之實例，一一比對之，證實唯識增上慧學確於原始佛法之阿含諸經中已隱覆密意而略說之，證實 世尊確於原始佛法中已曾密意而說第八識如來藏之總相；亦證實 世尊在四阿含中已說此藏識是名色十八界之因、之本—證明如來藏是能生萬法之根本心。佛子可據此修正以往受諸大師（譬如西藏密宗應成派中觀師：印順、昭慧、性廣、大願、達賴、宗喀巴、寂天、月稱、……等人）誤導之邪見，建立正見，轉入正道乃至親證初果而無困難；書中並詳說三果所證的心解脫，以及四果慧解脫的親證，都是如實可行的具體知見與行門。全書共七輯，已出版完畢。平實導師著，每輯三百餘頁，售價300元。

超意境CD：以平實導師公案拈提書中超越意境之頌詞，加上曲風優美的旋律，錄成令人嚮往的超意境歌曲，其中包括正覺發願文及平實導師親自譜成的黃梅調歌曲一首。詞曲雋永，殊堪翫味，可供學禪者吟詠，有助於見道。內附設計精美的彩色小冊，解說每一首詞的背景本事。每片280元。【每購買公案拈提書籍一冊，即贈送一片。】

我的菩提路第一輯：凡夫及二乘聖人不能實證的佛菩提證悟，末法時代的今天仍然有人能得實證，由正覺同修會釋悟圓、釋善藏法師等二十餘位實證如來藏者所寫的見道報告，已爲當代學人見證宗門正法之絲縷不絕，證明大乘義學的法脈仍然存在，爲末法時代求悟般若之學人照耀出光明的坦途。由二十餘位大乘見道者所繕，敘述各種不同的學法、見道因緣與過程，參禪求悟者必讀。全書三百餘頁，售價300元。

我的菩提路第二輯：由郭正益老師等人合著，書中詳述彼等諸人歷經各處道場學法，一一修學而加以檢擇之不同過程以後，因閱讀正覺同修會、正智出版社書籍而發起抉擇分，轉入正覺同修會中修學；乃至學法及見道之過程，都一一詳述之。**本書已改版印製重新流通**，讀者原購的初版書，不論是第一刷或第二、三、四刷，都可以寄回換新，免附郵費。

我的菩提路第三輯：由王美伶老師等人合著。自從正覺同修會成立以來，每年夏初、冬初都舉辦精進禪三共修，藉以助益會中同修們得以證悟明心發起般若實相智慧；凡已實證而被平實導師印證者，皆書具見道報告用以證明佛法之眞實可證而非玄學，證明佛法並非純屬思想、理論而無實質，是故每年都能有人證明正覺同修會的「實證佛教」主張並非虛語。特別是眼見佛性一法，自古以來中國禪宗祖師實證者極寡，較之明心開悟的證境更難令人信受；至2017年初，正覺同修會中的證悟明心者已近五百人，然而其中眼見佛性者至今唯十餘人爾，可謂難能可貴，是故明心後欲冀眼見佛性者實屬不易。黃正倖老師是懸絕七年無人見性後的第一人，她於2009年的見性報告刊於本書的第二輯中，爲大衆證明佛性確實可以眼見；其後七年之中求見性者都屬解悟佛性而無人眼見，幸而又經七年後的2016冬初，以及2017夏初的禪三，復有三人眼見佛性，希冀鼓舞四衆佛子求見佛性之大心，今則具載一則於書末，顯示求見佛性之事實經歷，供養現代佛教界欲得見性之四衆弟子。全書四百頁，售價300元，已於2017年6月30日發行。

我的菩提路第四輯：由陳晏平等人合著。中國禪宗祖師往往有所謂「見性」之言，所言多屬看見如來藏具有能令人發起成佛之自性，並非《大般涅槃經》中如來所說之眼見佛性。眼見佛性者，於親見佛性之時，即能於山河大地眼見自己佛性，亦能於他人身上眼見自己佛性及對方之佛性，如是境界無法爲尚未實證者解釋；勉強說之，縱使眞實明心證悟之人聞之，亦只能以自身明心之境界想像之，但不論如何想像多屬非量，能有正確之比量者亦是稀有，故說眼見佛性極爲困難。眼見佛性之人若所見極分明時，住所見佛性之境界下所眼見之山河大地、自己五蘊身心皆是虛幻，自有異於明心者之解脫功德受用，此後永不思證二乘涅槃，必定邁向成佛之道而進入第十住位中，已超第一阿僧祇劫三分有一，可謂之爲超劫精進也。今又有明心之後眼見佛性之人出於人間，將其明心及後來見性之報告，連同其餘證悟明心者之精彩報告一同收錄於此書中，供養眞求佛法實證之四衆佛子。全書380頁，售價300元，已於2018年6月30日發行。

我的菩提路第五輯：林慈慧老師等人合著，本輯中所舉學人從相似正法中來到正覺同修會的過程，各人都有不同，發生的因緣亦是各有差別，然而都會指向同一個目標——證實生命實相的源底，確證自己生從何來、死往何去的事實，所以最後都證明佛法眞實而可親證，絕非玄學；本書將彼等諸人的始修及末後證悟之實例，羅列出來以供學人參考。本期亦有一位會裡的老師，是從1995年即開始追隨平實導師修學，1997年明心後持續進修不斷，直到2017年眼見佛性之實例，足可證明《大般涅槃經》中世尊開示眼見佛性之法正眞無訛，第十住位的實證在末法時代的今天仍有可能，如今一併具載於書中以供學人參考，並供養現代佛教界欲得見性之四衆弟子。全書四百頁，售價300元，已於2019年12月31日發行。

我的菩提路第六輯：劉惠莉老師等人合著，本輯中舉示劉老師明心多年以後的眼見佛性實錄，供末法時代學人了知明心之異於見性本質，足可證明《大般涅槃經》中世尊開示眼見佛性之法正眞無訛。亦列舉多篇學人從各道場來到正覺學法之不同過程，以及如何發覺邪見之異於正法的所在，最後終能在正覺禪三中悟入的實況，以證明佛教正法仍在末法時代的人間繼續弘揚的事實，鼓舞一切眞實學法的菩薩大衆思之：我等諸人亦可有因緣證悟，絕非空想白思。約四百頁，售價300元，已於2020年6月30日發行。

我的菩提路第七輯：余正偉老師等人合著，本輯中舉示余老師明心二十餘年以後的眼見佛性實錄，供末法時代學人了知明心異於見性之本質，並且舉示其見性後與平實導師互相討論眼見佛性之諸多疑訛處；除了證明《大般涅槃經》中世尊開示眼見佛性之法正眞無訛以外，亦得一解明心後尚未見性者之所未知處，甚爲精彩。此外亦列舉多篇學人從各不同宗教進入正覺學法之不同過程，以及發覺諸方道場邪見之內容與過程，最終得於正覺精進禪三中悟入的實況，足供末法精進學人借鑑，以彼鑑己而生信心，得以投入了義正法中修學及實證。凡此，皆足以證明不唯明心所證之第七住位般若智慧及解脫功德仍可實證，乃至第十住位的實證與當場發起如幻觀之實證，於末法時代的今天皆仍有可能。本書約四百頁，售價300元。

我的菩提路第八輯：謝淑貞等人合著，本輯中舉示學員謝淑貞於三十年前明心證眞如以後的共修中，快速增上佛菩提道的智慧而令慧力具足，又於二十餘年中不斷修集福德而呈現了上品菩薩性，並於近三年中持續不斷依照上師的指示每天看話頭，於今看話頭功夫純熟而定力具足。如是具足眼見佛性所必須的三個條件以後，並獲得　觀音大士的加持與承諾，許其眼見佛性成就如幻觀。於禪三的四天三夜過程中，並依平實上師的指導繼續看話頭同時參究，於幾度參錯的境界中逐漸步向正確的佛性定義；雖於參出正確的佛性定義時並未看見佛性，然經平實上師指示該正確定義後加以引導，終得眼見分明，並指示其見後應如何使眼見的境界全面爆發出來，當場成就第十住位滿心時的現觀——如幻觀，現見山河大地及五陰身心之如幻，成就大乘一分解脫功德。今將眼見佛性之實錄書寫下來刊行於世，以供末法時代所有學人參考，證知實證第十住滿心位的佛法仍然存在於現代，並繼續弘揚之中。今於此書同時載入以前明心者十餘人之明心見道報告，以供學人建立信心，而能勇猛投入了義正法中精進實修，終能如實進入佛菩提道中，成爲勝義僧中之一分子。售價300元。

鈍鳥與靈龜：鈍鳥及靈龜二物，被宗門證悟者說爲二種人：前者是精修禪定而無智慧者，也是以定爲禪的愚癡禪人；後者是或有禪定、或無禪定的宗門證悟者，凡已證悟者皆是靈龜。但後者被人虛造事實，用以嘲笑大慧宗杲禪師，說他雖是靈龜，卻不免被天童禪師預記「患背」痛苦而亡：「鈍鳥離巢易，靈龜脫殼難。」藉以貶低大慧宗杲的證量，其實天童宏智禪師從來未曾作如是虛言毀謗，只是信奉離念靈知的後人編造的假說；同時又將天童禪師實證如來藏的證量，曲解爲意識境界的離念靈知。自從大慧禪師入滅以後，錯悟凡夫對他的不實毀謗就一直存在著，不曾止息，並且捏造的假事實也隨著年月的增加而越來越多，終至編成「鈍鳥與靈龜」的假公案、假故事。本書是考證大慧與天童之間的不朽情誼，顯現這件假公案的虛妄不實；更見大慧宗杲面對惡勢力時的正直不阿，亦顯示大慧對天童禪師的至情深義，將使後人對大慧宗杲的誣謗至此而止，不再有人誤犯毀謗賢聖的惡業。書中亦舉出大慧與天童二師的證悟內容，證明宗門的所悟確以第八識如來藏爲標的，詳讀之後必可改正以前被錯悟大師誤導的參禪知見，日後必定有助於實證禪宗的開悟境界，得階大乘眞見道位中，即是實證般若之賢聖。　平實導師著　全書459頁，售價350元。

維摩詰經講記：本經係　世尊在世時，由等覺菩薩維摩詰居士藉疾病而演說之大乘菩提無上妙義，所說函蓋甚廣，然極簡略，是故今時諸方大師與學人讀之悉皆錯解，何況能知其中隱含之深妙正義，是故普遍無法爲人解說；若強爲人說，則成依文解義而有諸多過失。今由平實導師公開宣講之後，詳實解釋其中密意，令維摩詰菩薩所說大乘不可思議解脫之深妙正法得以正確宣流於人間，利益當代學人及與諸方大師。書中詳實演述大乘佛法深妙不共二乘之智慧境界，顯示諸法之中絕待之實相境界，建立大乘菩薩妙道於永遠不敗不壞之地，以此成就護法偉功，欲冀永利娑婆人天。已經宣講圓滿整理成書流通，以利諸方大師及諸學人。全書共六輯，每輯三百餘頁，售價各250元。

真假外道：本書具體舉證佛門中的常見外道知見實例，並加以教證及理證上的辨正，幫助讀者輕鬆而快速的了知常見外道的錯誤知見，進而遠離佛門內外的常見外道知見，因此即能改正修學方向而快速實證佛法。游正光老師著。成本價200元。

勝鬘經講記：如來藏爲三乘菩提之所依，若離如來藏心體及其含藏之一切種子，即無三界有情及一切世間法，亦無二乘菩提緣起性空之出世間法；本經詳說無始無明、一念無明皆依如來藏而有之正理，藉著詳解煩惱障與所知障間之關係，令學人深入了知二乘菩提與佛菩提相異之妙理；聞後即可了知佛菩提之特勝處及三乘修道之方向與原理，邁向攝受正法而速成佛道的境界中。平實導師述著，共六輯，每輯三百餘頁，售價各250元。

楞嚴經講記：楞嚴經係大乘祕密教之重要經典，亦是佛教中普受重視之經典；經中宣說明心與見性之內涵極為詳細，將一切法都會歸如來藏及佛性—妙真如性；亦闡釋五陰區宇及五陰盡的境界，作諸地菩薩自我檢驗證量之依據，旁及佛菩提道修學過程中之種種魔境，以及外道誤會涅槃之狀況，亦兼述明三界世間之起源，具足宣示大乘菩提之奧祕。然因言句深澀難解，法義亦復深妙寬廣，學人讀之普難通達，是故讀者大多誤會，不能如實理解佛所說之明心與見性內涵，亦因是故多有悟錯之人引為開悟之證言，成就大妄語罪。今由平實導師詳細講解之後，整理成文，以易讀易懂之語體文刊行天下，以利學人。全書十五輯，全部出版完畢。每輯三百餘頁，售價每輯300元。

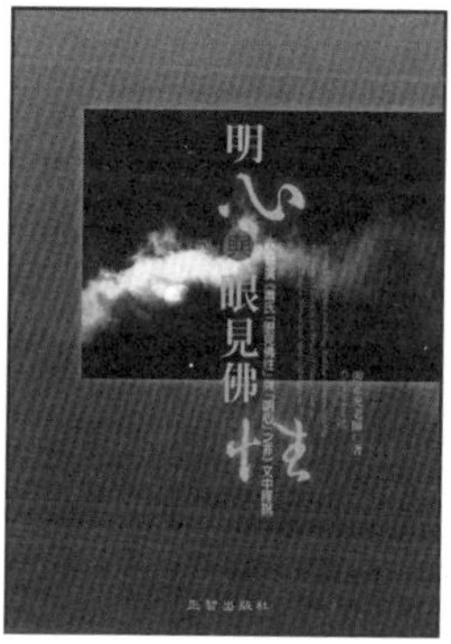

明心與眼見佛性：本書細述明心與眼見佛性之異同，同時顯示了中國禪宗破初參明心與重關眼見佛性二關之間的關聯，書中又藉法義辨正而旁述其他許多勝妙法義，讀後必能遠離佛門長久以來積非成是的錯誤知見，令讀者在佛法的實證上有極大助益。也藉慧廣法師的謬論來教導佛門學人回歸正知正見，遠離古今禪門錯悟者所墮的意識境界，非唯有助於斷我見，也對未來的開悟明心實證第八識如來藏有所助益，是故學禪者都應細讀之。 游正光老師著　共448頁　售價300元。

菩薩底憂鬱CD：將菩薩情懷及禪宗公案寫成新詞，並製作成超越意境的優美歌曲。　1.主題曲〈菩薩底憂鬱〉，描述地後菩薩能離三界生死而迴向繼續生在人間，但因尚未斷盡習氣種子而有極深沈之憂鬱，非三賢位菩薩及二乘聖者所知，此憂鬱在七地滿心位方才斷盡；本曲之詞中所說義理極深，昔來所未曾見；此曲係以優美的情歌風格寫詞及作曲，聞者得以激發嚮往諸地菩薩境界之大心，詞、曲都非常優美，難得一見；其中勝妙義理之解說，已印在附贈之彩色小冊中。2.以各輯公案拈提中直示禪門入處之頌文，作成各種不同曲風之超意境歌曲，值得玩味、參究；聆聽公案拈提之優美歌曲時，請同時閱讀內附之印刷精美說明小冊，可以領會超越三界的證悟境界；未悟者可以因此引發求悟之意向及疑情，眞發菩提心而邁向求悟之途，乃至因此眞實悟入般若，成眞菩薩。3.正覺總持咒新曲，總持佛法大意；總持咒之義理，已加以解說並印在隨附之小冊中。本CD共有十首歌曲，長達63分鐘。每片320元。

金剛經宗通：三界唯心，萬法唯識，是成佛之修證內容，是諸地菩薩之所修；般若則是成佛之道（實證三界唯心、萬法唯識）的入門，若未證悟實相般若，即無成佛之可能，必將永在外門廣行菩薩六度，永在凡夫位中。然而實相般若的發起，全賴實證萬法的實相；若欲證知萬法的眞相，則必須探究萬法之所從來，則須實證自心如來—金剛心如來藏，然後現觀這個金剛心的金剛性、眞實性、如如性、清淨性、涅槃性、能生萬法的自性性、本住性，名爲證眞如；進而現觀三界六道唯是此金剛心所成，人間萬法須藉八識心王和合運作方能現起。如是實證《華嚴經》的「三界唯心、萬法唯識」以後，由此等現觀而發起實相般若智慧，繼續進修第十住位的如幻觀、第十行位的陽焰觀、第十迴向位的如夢觀，再生起增上意樂而勇發十無盡願，方能滿足三賢位的實證，轉入初地；自知成佛之道而無偏倚，從此按部就班、次第進修乃至成佛。第八識自心如來是般若智慧之所依，般若智慧的修證則要從實證金剛心自心如來開始；《金剛經》則是解說自心如來之經典，是一切三賢位菩薩所應進修之實相般若經典。這一套書，是將平實導師宣講的《金剛經宗通》內容，整理成文字而流通之；書中所說義理，迥異古今諸家依文解義之說，指出大乘見道方向與理路，有益於禪宗學人求開悟見道，及轉入內門廣修六度萬行。已於2013年9月出版完畢，總共9輯，每輯約三百餘頁，售價各250元。

禪意無限CD：平實導師以公案拈提書中偈頌寫成不同風格曲子，與他人所寫不同風格曲子共同錄製出版，幫助參禪人進入禪門超越意識之境界。盒中附贈彩色印製的精美解說小冊，以供聆聽時閱讀，令參禪人得以發起參禪之疑情，即有機會證悟本來面目，實證大乘菩提般若。本CD共有十首歌曲，長達69分鐘，每片320元。

霧峰無霧—給哥哥的信　本書作者藉兄弟之間信件往來論義，略述佛法大義；並以多篇短文辨義，舉出釋印順對佛法的無量誤解證據，並一一給予簡單而清晰的辨正，令人一讀即知。久讀、多讀之後即能認清楚釋印順的六識論見解，與眞實佛法之牴觸是多麼嚴重；於是在久讀、多讀之後，於不知不覺之間提升了對佛法的極深入理解，正知正見就在不知不覺問建立起來了。當三乘佛法的正知見建立起來之後，對於三乘菩提的見道條件便將隨之具足，於是聲聞解脫道的見道也就水到渠成；接著大乘見道的因緣也將次第成熟，未來自然也會有親見大乘菩提之道的因緣，悟入大乘實相般若也將自然成功，自能通達般若系列諸經而成實義菩薩。作者居住於南投縣霧峰鄉，自喻見道之後不復再見霧峰之霧，故鄉原野美景一一明見，於是立此書名爲《霧峰無霧》；讀者若欲撥霧見月，可以此書爲緣。游宗明　老師著　已於2015年出版　售價250元。

霧峰無霧第二輯—救護佛子向正道　本書作者藉釋印順著作中之各種錯謬法義提出辨正，以詳實的文義一一提出理論上及實證上之解析，列舉釋印順對佛法的無量誤解證據，藉此教導佛門大師與學人釐清佛法義理，遠離岐途轉入正道，然後知所進修，久之便能見道明心而入大乘勝義僧數。被釋印順誤導的大師與學人極多，很難救轉，是故作者大發悲心深入解說其錯謬之所在，佐以各種義理辨正而令讀者在不知不覺之間轉歸正道。如是久讀之後欲得斷身見、證初果，即不爲難事；乃至久之亦得大乘見道而得證眞如，脫離空有二邊而住中道，實相般若智慧生起，於佛法不再茫然，漸漸亦知悟後進修之道。屆此之時，對於大乘般若等深妙法之迷雲暗霧亦將一掃而空，生命及宇宙萬物之故鄉原野美景一一明見，是故本書仍名《霧峰無霧》，爲第二輯；讀者若欲撥雲見日、離霧見月，可以此書爲緣。游宗明　老師著　已於2019年出版　售價250元。

假藏傳佛教的神話—性、謊言、喇嘛教：本書編著者是由一首名爲「阿姊鼓」的歌曲爲緣起，展開了序幕，揭開假藏傳佛教—喇嘛教—的神秘面紗。其重點是蒐集、摘錄網路上質疑「喇嘛教」的帖子，以揭穿「假藏傳佛教的神話」爲主題，串聯成書，並附加彩色插圖以及說明，讓讀者們瞭解西藏密宗及相關人事如何被操作爲「神話」的過程，以及神話背後的眞相。作者：張正玄教授。售價200元。

達賴眞面目—玩盡天下女人：假使您不想戴綠帽子，請記得詳細閱讀此書；假使您不想讓好朋友戴綠帽子，請您將此書介紹給您的好朋友。假使您想保護家中的女性，也想要保護好朋友的女眷，請記得將此書送給家中的女性和好友的女眷都來閱讀。本書爲印刷精美的大本彩色中英對照精裝本，爲您揭開達賴喇嘛的眞面目，內容精彩不容錯過，爲利益社會大眾，特別以優惠價格嘉惠所有讀者。編著者：白志偉等。大開版雪銅紙彩色精裝本。售價800元。

童女迦葉考—論呂凱文〈佛教輪迴思想的論述分析〉之謬：童女迦葉是佛世率領五百大比丘遊行於人間的歷史事實，是以童貞行而依止菩薩戒弘化於人間的大菩薩，不依別解脫戒（聲聞戒）來弘化於人間。這是大乘佛教與聲聞佛教同時存在於佛世的歷史明證，證明大乘佛教不是從聲聞法中分裂出來的部派佛教的產物，卻是聲聞佛教分裂出來的部派佛教聲聞凡夫僧所不樂見的史實；於是古今聲聞法中的凡夫都欲加以扭曲而作詭說，更是末法時代高聲大呼「大乘非佛說」的六識論聲聞凡夫極力想要扭曲的佛教史實之一，於是想方設法扭曲迦葉菩薩爲聲聞僧，以及扭曲迦葉童女爲比丘僧等荒謬不實之論著便陸續出現，古時聲聞僧寫作的《分別功德論》是最具體之事例，現代之代表作則是呂凱文先生的〈佛教輪迴思想的論述分析〉論文。鑑於如是假藉學術考證以籠罩大眾之不實謬論，未來仍將繼續造作及流竄於佛教界，繼續扼殺大乘佛教學人法身慧命，必須舉證辨正之，遂成此書。平實導師 著，每冊180元。

末代達賴—性交教主的悲歌：簡介從藏傳偽佛教（喇嘛教）的修行核心—性力派男女雙修，探討達賴喇嘛及藏傳偽佛教的修行內涵。書中引用外國知名學者著作、世界各地新聞報導，包含：歷代達賴喇嘛的祕史、達賴六世修雙身法的事蹟，以及《時輪續》中的性交灌頂儀式……等；達賴喇嘛書中開示的雙修法、達賴喇嘛的黑暗政治手段；達賴喇嘛所領導的寺院爆發喇嘛性侵兒童；新聞報導《西藏生死書》作者索甲仁波切性侵女信徒、澳洲喇嘛秋達公開道歉、美國最大假藏傳佛教組織領導人邱陽創巴仁波切的性氾濫，等等事件背後眞相的揭露。作者：張善思、呂艾倫、辛燕。售價250元。

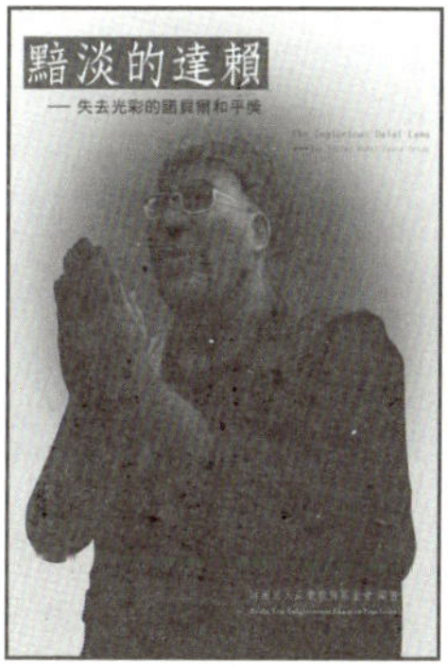

黯淡的達賴—失去光彩的諾貝爾和平獎：本書舉出很多證據與論述，詳述達賴喇嘛不爲世人所知的一面，顯示達賴喇嘛並不是眞正的和平使者，而是假借諾貝爾和平獎的光環來欺騙世人；透過本書的說明與舉證，讀者可以更清楚的瞭解，達賴喇嘛是結合暴力、黑暗、淫欲於喇嘛教裡的集團首領，其政治行爲與宗教主張，早已讓諾貝爾和平獎的光環染污了。本書由財團法人正覺教育基金會寫作、編輯，由正覺出版社印行，每冊250元。

第七意識與第八意識？—穿越時空「超意識」：「三界唯心，萬法唯識」是佛教中應該實證的聖教，也是《華嚴經》中明載而可以實證的法界眞相。唯心者，三界一切境界、一切諸法唯是一心所成就，即是每一個有情的第八識如來藏，不是意識心。唯識者，即是人類各各都具足的八識心王——眼識、耳鼻舌身意識、意根、阿賴耶識，第八阿賴耶識又名如來藏，人類五陰相應的萬法，莫不由八識心王共同運作而成就，故說萬法唯識。依聖教量及現量、比量，都可以證明意識是二法因緣生，是由第八識藉意根與法塵二法爲因緣而出生，又是夜夜斷滅不存之生滅心，即無可能反過來出生第七識意根、第八識如來藏，當知不可能從生滅性的意識心中，細分出恆審思量的第七識意根，更無可能細分出恆而不審的第八識如來藏。本書是將演講內容整理成文字，細說如是內容，並已在《正覺電子報》連載完畢，今彙集成書以廣流通，欲幫助佛門有緣人斷除意識我見，跳脫於識陰之外而取證聲聞初果；嗣後修學禪宗時即得不墮外道神我之中，得以求證第八識金剛心而發起般若實智。平實導師 述著，每冊300元。

中觀金鑑—詳述應成派中觀的起源與其破法本質：學佛人往往迷於中觀學派之不同學說，被應成派與自續派所迷惑；修學般若中觀二十年後自以為實證般若中觀了，卻仍不曾入門，甫聞實證般若中觀者之所說，則茫無所知，迷惑不解；隨後信心盡失，不知如何實證佛法；凡此，皆因惑於這二派中觀學說所致。自續派中觀所說同於常見，以意識境界立為第八識如來藏之境界，應成派所說則同於斷見，但又同立意識為常住法，故亦具足斷常二見。今者孫正德老師有鑑於此，乃將起源於密宗的應成派中觀學說，追本溯源，詳考其來源之外，亦一一舉證其立論內容，詳加辨正，令密宗雙身法祖師以識陰境界而造之應成派中觀學說本質，詳細呈現於學人眼前，令其維護雙身法之目的無所遁形。若欲遠離密宗此二大派中觀謬說，欲於三乘菩提有所進道者，允宜具足閱讀並細加思惟，反覆讀之以後將可捨棄邪道返歸正道，則於般若之實證即有可能，證後自能現觀如來藏之中道境界而成就中觀。本書分上、中、下三冊，每冊250元，全部出版完畢。

人間佛教—實證者必定不悖三乘菩提：「大乘非佛說」的講法似乎流傳已久，卻只是日本人企圖擺脫中國正統佛教的影響，而在明治維新時期才開始提出來的說法；台灣佛教、大陸佛教的淺學無智之人，由於未曾實證佛法而迷信日本人錯誤的學術考證，錯認為這些別有用心的日本佛學考證的講法為天竺佛教的眞實歷史；甚至還有更激進的反對佛教者提出「釋迦牟尼佛並非眞實存在，只是後人捏造的假歷史人物」，竟然也有少數佛教徒願意跟著「學術」的假光環而信受不疑，亦導致部分台灣佛教界人士，造作了反對中國大乘佛教而推崇南洋小乘佛教的行為，使台灣佛教的信仰者難以檢擇，亦導致一般大陸人士開始轉入基督教的盲目迷信中。在這些佛教及外教人士之中，也就有一分人根據此邪說而大聲主張「大乘非佛說」的謬論，這些人以「人間佛教」的名義來抵制中國正統佛教，公然宣稱中國的大乘佛教是由聲聞部派佛教的凡夫僧所創造出來的。這樣的說法流傳於台灣及大陸佛教界凡夫僧之中已久，卻非眞正的佛教歷史中曾經發生過的事，只是繼承部派佛教六識論的聲聞法中凡夫僧，以及別有居心的日本佛教界，依自己的意識境界立場，純憑臆想而編造出來的妄想說法，卻已經影響許多無智之凡夫僧俗信受不移。本書則是從佛教的經藏法義實質及實證的現量內涵本質立論，證明大乘佛法本是佛說，是從《阿含正義》尚未說過的不同面向來討論「人間佛教」的議題，證明「大乘眞佛說」。閱讀本書可以斷除六識論邪見，迴入三乘菩提正道發起實證的因緣；也能斷除禪宗學人學禪時普遍存在之錯誤知見，對於建立參禪時的正知見有很深的著墨。平實導師　述著，內文488頁，全書528頁，定價400元。

喇嘛性世界—揭開假藏傳佛教譚崔瑜伽的面紗：這個世界中的喇嘛，號稱來自世外桃源的香格里拉，穿著或紅或黃的喇嘛長袍，散布於我們的身邊傳教灌頂，吸引了無數的人嚮往學習；這些喇嘛虔誠地爲大眾祈福，手中拿著寶杵（金剛）與寶鈴（蓮花），口中唸著咒語：「唵．嘛呢．叭咪．吽……」，咒語的意思是說：「我至誠歸命金剛杵上的寶珠伸向蓮花寶穴之中」！「喇嘛性世界」是什麼樣的「世界」呢？本書將爲您呈現喇嘛世界的面貌。當您發現眞相以後，您將會唸：「噢！喇嘛．性．世界，譚崔性交嘛！」作者：張善思、呂艾倫。售價200元。

見性與看話頭：黃正倖老師的《見性與看話頭》於《正覺電子報》連載完畢，今結集出版。書中詳說禪宗看話頭的詳細方法，並細說看話頭與眼見佛性的關係，以及眼見佛性者求見佛性前必須具備的條件。本書是禪宗實修者追求明心開悟時參禪的方法書，也是求見佛性者作功夫時必讀的方法書，內容兼顧眼見佛性的理論與實修之方法，是依實修之體驗配合理論而詳述，條理分明而且極爲詳實、周全、深入。本書內文375頁，全書416頁，售價300元。

實相經宗通：學佛之目的在於實證一切法界背後之實相，禪宗稱之爲本來面目或本地風光，佛菩提道中稱之爲實相法界；此實相法界即是金剛藏，又名佛法之祕密藏，即是能生有情五陰、十八界及宇宙萬有（山河大地、諸天、三惡道世間）的第八識如來藏，又名阿賴耶識心，即是禪宗祖師所說的眞如心，此心即是三界萬有背後的實相。證得此第八識心時，自能瞭解般若諸經中隱說的種種密意，即得發起實相般若——實相智慧。每見學佛人修學佛法二十年後仍對實相般若茫然無知，亦不知如何入門，茫無所趣；更因不知三乘菩提的互異互同，是故越是久學者對佛法越覺茫然，都肇因於尚未瞭解佛法的全貌，亦未瞭解佛法的修證內容即是第八識心所致。本書對於修學佛法者所應實證的實相境界提出明確解析，並提示趣入佛菩提道的入手處，有心親證實相般若的佛法實修者，宜詳讀之，於佛菩提道之實證即有下手處。平實導師述著，共八輯，已於2016年出版完畢，每輯成本價250元。

眞心告訴您(一)—達賴喇嘛在幹什麼？這是一本報導篇章的選集，更是「破邪顯正」的暮鼓晨鐘。「破邪」是戳破假象，說明達賴喇嘛及其所率領的密宗四大派法王、喇嘛們，弘傳的佛法是仿冒的佛法；他們是假藏傳佛教，是坦特羅(譚崔性交)外道法和藏地崇奉鬼神的苯教混合成的「喇嘛教」，推廣的是以所謂「無上瑜伽」的男女雙身法冒充佛法的假佛教，詐財騙色誤導眾生，常常造成信徒家庭破碎、家中兒少失怙的嚴重後果。「顯正」是揭櫫眞相，指出眞正的藏傳佛教只有一個，就是覺囊巴，傳的是 釋迦牟尼佛演繹的第八識如來藏妙法，稱爲他空見大中觀。正覺教育基金會即以此古今輝映的如來藏正法正知見，在眞心新聞網中逐次報導出來，將箇中原委「眞心告訴您」，如今結集成書，與想要知道密宗眞相的您分享。售價250元。

法華經講義：此書爲平實導師始從2009/7/21演述至2014/1/14之講經錄音整理所成。世尊一代時教，總分五時三教，即是華嚴時、聲聞緣覺教、般若教、種智唯識教、法華時；依此五時三教區分爲藏、通、別、圓四教。本經是最後一時的圓教經典，圓滿收攝一切法教於本經中，是故最後的圓教聖訓中，特地指出無有三乘菩提，其實唯有一佛乘；皆因眾生愚迷故，方便區分爲三乘菩提以助眾生證道。世尊於此經中特地說明如來示現於人間的唯一大事因緣，便是爲有緣眾生「開、示、悟、入」諸佛的所知所見——第八識如來藏妙眞如心，並於諸品中隱說「妙法蓮花」如來藏心的密意。然因此經所說甚深難解，眞義隱晦，古來難得有人能窺堂奧；平實導師以知如是密意故，特爲末法佛門四眾演述《妙法蓮華經》中各品蘊含之密意，使古來未曾被古德註解出來的「此經」密意，如實顯示於當代學人眼前。乃至〈藥王菩薩本事品〉、〈妙音菩薩品〉、〈觀世音菩薩普門品〉、〈普賢菩薩勸發品〉中的微細密意，亦皆一併詳述之，可謂開前人所未曾言之密意，示前人所未見之妙法。最後乃至以〈法華大義〉而總其成，全經妙旨貫通始終，而依佛旨圓攝於一心如來藏妙心，厥爲曠古未有之大說也。平實導師述，共有25輯，已於2019/05/31出版完畢。每輯300元。

西藏「活佛轉世」制度—附佛、造神、世俗法：歷來關於喇嘛教活佛轉世的研究，多針對歷史及文化兩部分，於其所以成立的理論基礎，較少系統化的探討。尤其是此制度是否依據「佛法」而施設？是否合乎佛法真實義？現有的文獻大多含糊其詞，或人云亦云，不曾有明確的闡釋與如實的見解。因此本文先從活佛轉世的由來，探索此制度的起源、背景與功能，並進而從活佛的尋訪與認證之過程，發掘活佛轉世的特徵，以確認「活佛轉世」在佛法中應具足何種果德。定價150元。

真心告訴您(二)—達賴喇嘛是佛教僧侶嗎？補祝達賴喇嘛八十大壽：這是一本針對當今達賴喇嘛所領導的喇嘛教，冒用佛教名相、於師徒間或師兄姊間，實修男女邪淫，而從佛法三乘菩提的現量與聖教量，揭發其謊言與邪術，證明達賴及其喇嘛教是仿冒佛教的外道，是「假藏傳佛教」。藏密四大派教義雖有「八識論」與「六識論」的表面差異，然其實修之內容，皆共許「無上瑜伽」四部灌頂為究竟「成佛」之法門，也就是共以男女雙修之邪淫法為「即身成佛」之密要，雖美其名曰「欲貪為道」之「金剛乘」，並誇稱其成就超越於（應身佛）釋迦牟尼佛所傳之顯教般若乘之上；然詳考其理論，則或以意識離念時之粗細心為第八識如來藏，或以中脈裡的明點為第八識如來藏，或如宗喀巴與達賴堅決主張第六意識為常恆不變之真心者，分別墮於外道之常見與斷見中；全然違背 佛說能生五蘊之如來藏的實質。售價300元。

涅槃—解說四種涅槃之實證及內涵：眞正學佛之人，首要即是見道，由見道故方有涅槃之實證，證涅槃者方能出生死，但涅槃有四種：二乘聖者的有餘涅槃、無餘涅槃，以及大乘聖者的本來自性清淨涅槃、佛地的無住處涅槃。大乘聖者實證本來自性清淨涅槃，入地前再取證二乘涅槃，然後起惑潤生捨離二乘涅槃，繼續進修而在七地心前斷盡三界愛之習氣種子，依七地無生法忍之具足而證得念念入滅盡定；八地後進斷異熟生死，直至妙覺地下生人間成佛，具足四種涅槃，方是眞正成佛。此理古來少人言，以致誤會涅槃正理者比比皆是，今於此書中廣說四種涅槃、如何實證之理、實證前應有之條件，實屬本世紀佛教界極重要之著作，令人對涅槃有正確無訛之認識，然後可以依之實行而得實證。平實導師著，共有上下二冊，每冊各四百餘頁，對涅槃詳加解說，每冊各350元。

佛藏經講義：本經說明爲何佛菩提難以實證之原因，都因往昔無數阿僧祇劫前的邪見，引生此世求證時之業障而難以實證。即以諸法實相詳細解說，繼之以念佛品、念法品、念僧品，說明諸佛與法之實質；然後以淨戒品之說明，期待佛弟子四衆堅持清淨戒而轉化心性，並以往古品的實例說明歷代學佛人在實證上的業障由來，教導四衆務必滅除邪見轉入正見中，不再造作謗法及謗賢聖之大惡業，以免未來世尋求實證之時被業障所障；然後以了戒品的說明和囑累品的付囑，期望末法時代的佛門四衆弟子皆能清淨知見而得以實證。平實導師於此經中有極深入的解說，總共21輯，已於2022/11/30出版完畢，每輯三百餘頁，售價300元。

大法鼓經講義：本經解說佛法的總成：法、非法。由開解法、非法二義，說明了義佛法與世間戲論法的差異，指出佛法實證之標的即是法——第八識如來藏；並顯示實證後的智慧，如實擊大法鼓、演深妙法，演說如來祕密教法，非二乘定性及諸凡夫所能得聞，唯有具足菩薩性者方能得聞。正聞之後即得依於 世尊大願而拔除邪見，入於正法而得實證；深解不了義經之方便說，亦能實解了義經所說之眞實義，得以證法——如來藏，而得發起根本無分別智，乃至進修而發起後得無分別智；並堅持布施及受持清淨戒而轉化心性，得以現觀眞我眞法如來藏之各種層面。此爲第一義諦聖教，並授記末法最後餘八十年時，一切世間樂見離車童子以七地證量而示現爲凡夫身，將繼續護持此經所說正法。平實導師於此經中有極深入的解說，總共六輯，已於2023/11/30出版完畢，每輯三百餘頁，售價每輯300元。

成唯識論釋：本論係大唐玄奘菩薩揉合當時天竺十大論師的說法加以辨正而著成，攝盡佛門證悟菩薩及部派佛教聲聞凡夫論師對佛法的論述，並函蓋當時天竺諸大外道對生命實相的錯誤論述加以辨正，是由玄奘大師依據無生法忍證量加以評論並定而成爲此論。平實導師弘法初期即已依於證量略講過一次，歷時大約四年，當時正覺同修會規模尚小，聞法成員亦多尚未證悟，是故並未整理成書；如今正覺同修會中的證悟同修已超過六百人，鑑於此論在護持正法、實證佛法及悟後進修上的重要性，已於2022年初重講，並已經預先註釋完畢編輯成書，名爲《成唯識論釋》，總共十輯，每輯目次41頁、序文23頁、每輯內文多達四百餘頁，並將原本13級字縮小爲12級字編排，以增加其內容；於增上班宣講時的內容將會更詳細於書中所說，涉及佛法密意的詳細內容只於增上班中宣講，於書中皆依佛誡隱覆密意而說，然已足夠所有學人藉此一窺佛法堂奧而進入正道、免入岐途。重新判教後編成的〈目次〉已經詳盡判定論中諸段句義，用供學人參考；是故讀者閱完此論之釋，即可深解成佛之道的正確內涵。本書總共十輯，預定每一輯內容講述完畢時即予出版，第一輯於2023年五月底出版，然後每講完一輯（大約一年）後即出版下一輯，每輯定價400元。

不退轉法輪經講義：世尊弘法有五時三教之別，分爲藏、通、別、圓四教之理，本經是大乘般若期前的通教經典，所說之大乘般若正理與所證解脫果，通於二乘解脫道，佛法智慧則通大乘般若，皆屬大乘般若與解脫甚深之理，故其所證解脫果位通於二乘法教；而其中所說第八識無分別法之正理，即是世尊降生人間的唯一大事因緣。如是第八識能仁而且寂靜，恆順衆生於生死之中從無乖違，識體中所藏之本來無漏性的有爲法以及眞如涅槃境界，皆能助益學人最後成就佛道；此謂釋迦意爲能仁，牟尼意爲寂靜，此第八識即名釋迦牟尼，釋迦牟尼即是能仁寂靜的第八識眞如；若有人聽聞如是第八識常住、如來不滅之正理，信受奉行之人皆有大乘實證之因緣，永得不退於成佛之道，是故聽聞釋迦牟尼名號而解其義者，皆得不退轉於無上正等正覺，未來世中必有實證之因緣。如是深妙經典，已由平實導師詳述圓滿並整理成書，總共十輯，每輯300元。

中論正義：本書是依龍樹菩薩之《中論》詳解而成，《中論》是依第八識眞如心常處中道的自性而作論議，亦是依此眞如心與所生諸法之間的非一非異、非俱非不俱等中道自性而作論議；然而自從 佛入滅後四百餘年的部派佛教開始廣弘之時起，本論已被部派佛教諸聲聞凡夫僧以意識的臆想思惟而作思想層面之解釋，此後的中論宗都以如是錯誤的解釋廣傳天下，**積非成是**以後便成爲現在佛教界的應成派中觀與自續派中觀的六識論思想，成爲邪見而荼毒廣大學人，幾至全面荼毒之局面。今作者孫正德老師以其所證第八識眞如的中道性現觀，欲救末法大師與學人所墮之意識境界中道邪觀，造作此部《中論正義》，詳解《中論》之正理，欲令廣大學人皆得轉入正見中修學，而後可有實證之機緣成爲實義菩薩，眞可謂悲心深重也。本書分爲上下兩冊，皆已出版，每冊售價300元。

誰是師子身中蟲：本書是平實導師歷年來於會員大會中，闡述佛教界的**師子身中蟲**以及見道正義和見道後進入初地之實修內容的開示，今已全部整理成文字並結集成書，昭告佛教界所有大師與學人，欲普令佛教界所有人都能遠離師子身中蟲，使正法得以廣傳而助益更多佛弟子四衆得以遠離師子身中蟲等人所說之邪見，迴心於如來所說的八識論大乘法教，則大衆依八識論實修後得以實證第八識眞如，實相般若智慧的生起即有可望，亦令天界大得利益。今已出版，每冊110元。

廣論之平議—廣論與佛法之比較：本書對於宗喀巴《菩提道次第廣論》中種種背離佛法正理的邪說與謬誤，依其「傳承、道前基礎、下士道、中士道、上士道、別學後二波羅蜜多」所說之次第與內涵，一一詳加平議辨正，期使修學《廣論》之學人能確實了知宗喀巴所說乃外道邪論，證實其中所有法義自始至終落入五陰(特別是識陰)境界中，不曾外於五陰境界；依之修學，永遠不能脫離五陰我見範圍，而且同於譚崔雙身法外道，加重沈淪於欲界法中。期待佛法學人認清此事實後，速遠離密宗歧途，回歸眞藏傳佛教覺囊巴的第八識佛法正道。本書作者徐正雄曾在弘傳《菩提道次第廣論》的新竹廣論團體中修學、護持、任教長達八年，深感藏密邪說毒害衆生之甚，是發悲願悟後造此《廣論之平議》以救護衆生、續佛慧命。共五輯，每輯300元。上下兩冊，皆已出版，每冊售價300元。

八個奇妙的心：以簡單易懂的文字及圖畫，讓人們從孩提時代就建立正知見，爲將來證得解脫、出離生死苦，並爲孩子預先打好未來實證佛菩提的基礎；圖文並茂，簡單易懂，讀完便能瞭解生命的實相，爲自己也爲孩子預先種下將來究竟解脫及成爲賢聖菩薩、成佛的種子，是一本老少皆宜的讀物。文字作者：郭正益。繪圖：李愷婷。售價450元。

解深密經講義：本經是所有尋求大乘見道及悟後欲入地及完成十地修證者所應詳讀串習的三經之一，即是《楞伽經》、《解深密經》、《楞嚴經》三經中的一經，亦可作爲見道眞假的自我印證依據。此經是 世尊晚年第三轉法輪時，宣說地上菩薩所應熏修之無生法忍唯識正義經典；經中總說眞見道位所見的智慧總相，兼及相見道位所應熏修的七眞如等法；亦開示入地應修之十地眞如等義理，乃是大乘一切種智增上慧學，以阿陀那識—如來藏—阿賴耶識爲成佛之道的主體。禪宗之證悟者，若欲修證初地無生法忍、八地無生法忍乃至十地心者，必須修學《楞伽經、解深密經、楞嚴經》所說之八識心王一切種智。此三經所說正法，方是眞正成佛之道；印順法師否定第八識如來藏之後所說萬法緣起性空之法，墮於六識論中而著作的《成佛之道》，乃宗本於密宗外道宗喀巴六識論邪思而寫成的邪見，是以誤會後之二乘解脫道取代大乘眞正成佛之道，承襲自古天竺部派佛教聲聞凡夫論師的邪見，尚且不符二乘解脫道正理，亦已墮於斷滅見及常見中，所說全屬臆想所得的外道見，不符本經、諸經中佛所說的正義。平實導師曾於本會郭故理事長往生時，於喪宅中從首七開始宣講此經，於每一七起各宣講三小時，至第十七而快速略講圓滿，作爲郭老之往生後的佛事功德，迴向郭老早證八地、速返娑婆住持正法。然爲今時後世學人故，重講《解深密經》，以淺顯之語句講畢後整理成文並梓行流通，用供證悟者進道；亦令諸方未悟者，據此經中佛語正義修除邪見，依之速能入道。平實導師述著，總共十二輯，每輯三百餘頁，每輯300元。預定於2025/09/30起，每兩個月出版一輯。

菩薩瓔珞本業經講義：本經是律部經典，依之修行可免誤犯大妄語業。成佛之道總共有五十二階位，前十階位爲十信位，是對佛法僧三寶修學正確的定義與信心，如實理解三寶的實質都是依第八識如來藏而成就的；然後轉入四十二個位階修學，才是正式修學佛道，即是十住、十行、十迴向、十地、等覺、妙覺，分別名爲習種性、性種性、道種性、聖種性、等覺性、妙覺性，所應修習完成的是銅寶瓔珞、銀寶瓔珞、金寶瓔珞、琉璃寶瓔珞、摩尼寶瓔珞、水精瓔珞，依於如是所應修學的內容及階位而實修，方是眞正的成佛之道。此經中亦對大乘菩提的見道提出了判位，名爲「第六般若波羅蜜正觀現在前」，說明正觀現前時應該如何方能成爲眞見道菩薩，否則皆必退轉。平實導師述著，全書輯數未定，每輯三百餘頁，預定於《解深密經講義》出版發行圓滿之後逐輯陸續出版。

金剛三昧經講義：此經說明無相的金剛心即是佛法所說的空性，亦名如來藏、阿賴耶識、異熟識、無垢識，亦名金剛心、非心心、無心相心、不念心、實相心、無住心、眞如。證眞如者方能眞入佛門實修，然一切求證眞如者，要依六度波羅蜜多的實修方能證得；證得第八識眞如之後，即得現觀金剛心空性的本來無生而能出生一切有情與諸行，並現觀金剛心空性本來就有六塵外的本覺性，由證得本覺性而生起無分別智，便能現觀實相法界及判別現象法界諸法的生滅性，獲得實相智慧與解脫功德；由證第八識空性心故便能如實受持三聚淨戒，持續利樂有情同證空性心無生法，自他皆能依於二入六行進修，最後便得成就佛地功德。平實導師述著，全書輯數未定，每輯三百餘頁，預定於《菩薩瓔珞本業經講義》出版發行圓滿之後逐輯陸續出版。

修習止觀坐禪法要講記：修學四禪八定之人，往往錯會禪定之修學知見，欲以無止盡之坐禪而證禪定境界，卻不知修除性障之行門才是修證四禪八定不可或缺之要素，故智者大師云「性障初禪」；性障不除，初禪永不現前，云何修證二禪等？又：行者學定，若唯知數息，而不解六妙門之方便善巧者，欲求一心入定，未到地定極難可得，智者大師名之爲「事障未來」：障礙未到地定之修證。又禪定之修證，不可違背二乘菩提及第一義法，否則縱使具足四禪八定，亦不能實證涅槃而出三界。此諸知見，智者大師於《修習止觀坐禪法要》中皆有闡釋。作者平實導師以其第一義之見地及禪定之實證證量，曾加以詳細解析。將俟正覺寺竣工啓用後重講，不限制聽講者資格；講後將以語體文整理出版。欲修習世間定及增上定之學者，宜細讀之。平實導師述著。

阿含經講記—小乘解脫道之修證：數百年來，南傳佛法所說證果之不實，所說解脫道之虛妄，所弘解脫道法義之世俗化，皆已少人知之；阿含解脫道從南洋傳入台灣與大陸之後，所說法義虛謬之事，亦復少人知之；今時台灣全島印順系統之法師居士，多不知南傳佛法數百年來所說解脫道之義理已然偏斜、已然世俗化、已非眞正之二乘解脫正道，猶極力推崇與弘揚。彼等南傳佛法近代所謂之證果者皆非眞實證果者，譬如阿迦曼、葛印卡、帕奧禪師、一行禪師……等人，悉皆未斷我見故。近年更有台灣南部大願法師，高抬南傳佛法之二乘修證行門為「捷徑究竟解脫之道」者，然而南傳佛法縱使眞修實證，得成阿羅漢，至高唯是二乘菩提解脫之道，絕非究竟解脫，無餘涅槃中之實際尚未得證故，法界之實相尚未了知故，習氣種子待除故，一切種智未實證故，焉得謂為「究竟解脫」？即使南傳佛法近代眞有實證之阿羅漢，尚且不及三賢位中之七住明心菩薩本來自性清淨涅槃智慧境界，則不能知此賢位菩薩所證之無餘涅槃實際，仍非大乘佛法中之見道者，何況彼等普未實證聲聞果乃至未斷我見之人？謬充證果已屬逾越，更何況是誤會二乘菩提之後，以未斷我見之凡夫知見所說之二乘菩提解脫偏斜法道，焉可高抬為「究竟解脫」？而且自稱「捷徑之道」？又妄言解脫之道即是成佛之道，完全否定般若實智，否定三乘菩提所依之如來藏心體，此理大大不通也！平實導師為令修學二乘菩提欲證解脫果者，普得迴入二乘菩提正見、正道中，是故選錄四阿含諸經中，對於二乘解脫道法義有具足圓滿說明之經典，預定未來十年內將會加以詳細講解，令學佛人得以了知二乘解脫道之修證理路與行門，庶免被人誤導之後，未證言證，梵行未立，干犯道禁自稱阿羅漢或成佛，成大妄語，欲升反墮。本書首重斷除我見，以助行者斷除我見而實證初果為著眼之目標，若能根據此書內容，配合平實導師所著《識蘊眞義》《阿含正義》內涵而作實地觀行，實證初果非為難事，行者可以藉此三書自行確認聲聞初果為實際可得現觀成就之事。此書中除依二乘經典所說加以宣示外，亦依斷除我見等之證量，及大乘法中道種智之證量，對於意識心之體性加以細述，令諸二乘學人必定得斷我見、常見，免除三縛結之繫縛。次則宣示斷除我執之理，欲令升進而得薄貪瞋痴，乃至斷五下分結…等。平實導師將擇期講述，然後整理成書。共二冊，每冊三百餘頁。每輯300元。

總經銷： 聯合發行股份有限公司

231 新北市新店區寶橋路 235 巷 6 弄 6 號 4F

Tel.02－2917-8022（代表號） Fax.02－2915-6275（代表號）

零售：1.**全台連鎖經銷書局：**

三民書局、誠品書局、何嘉仁書店

敦煌書店、紀伊國屋、金石堂書局、建宏書局

諾貝爾圖書城、墊腳石圖書文化廣場

2.**台北市：**佛化人生 **大安區**羅斯福路 3 段 325 號 6 樓之 4 台電大樓對面

3.**新北市：**春大地書店 **蘆洲區**中正路 117 號

4.**桃園市：**御書堂 **龍潭區**中正路 123 號

5.**新竹市：**大學書局 **東區**建功路 10 號

6.**台中市：**瑞成書局 **東區**雙十路 1 段 4 之 33 號

佛教詠春書局 **南屯區**永春東路 884 號

文春書店 **霧峰區**中正路 1087 號

7.**彰化市：**心泉佛教文化中心 南瑤路 286 號

8.**高雄市：**政大書城 **前鎮區**中華五路 789 號 2 樓（高雄夢時代店）

明儀書局 **三民區**明福街 2 號

青年書局 **苓雅區**青年一路 141 號

9.**台東市：**東普佛教文物流通處 博愛路 282 號

10.**其餘鄉鎮市經銷書局：**請電詢總經銷**聯合**公司。

11.**大陸地區請洽：**

香港：樂文書店

銅鑼灣店 :香港銅鑼灣駱克道 506 號 2 樓

電話 : (852) 2881 1150 email: luckwinbs@gmail.com

廈門：廈門外圖臺灣書店有限公司

地址：廈門市思明區湖濱南路809 號 廈門外圖書城3 樓 郵編：361004

電話：0592-5061658（臺灣地區請撥打 86-592-5061658）

E-mail：JKB118＠188.COM

12.**美國：世界日報圖書部：**紐約圖書部 電話 7187468889#6262

洛杉磯圖書部 電話 3232616972#202

13.**國內外地區網路購書：**

正智出版社 書香園地 http://books.enlighten.org.tw/

（書籍簡介、經銷書局可直接聯結下列網路書局購書）

三民 網路書局 http://www.sanmin.com.tw

誠品 網路書局 http://www.eslitebooks.com

博客來 網路書局 http://www.books.com.tw

金石堂 網路書局 http://www.kingstone.com.tw

聯合 網路書局 http:// www.nh.com.tw

附註： 1.請儘量向各經銷書局購買：郵政劃撥需要八天才能寄到（本公司在您劃撥後第四天才能接到劃撥單，次日寄出後第二天您才能收到書籍，此六天中可能會遇到週休二日，是故共需八天才能收到書籍）若想要早日收到書籍者，請劃撥完畢後，將劃撥收據貼在紙上，旁邊寫上您的姓名、住址、郵區、電話、買書詳細內容，直接傳眞到本公司 02-28344822，並來電 02-28316727、28327495 確認是否已收到您的傳眞，即可提前收到書籍。 2.因台灣每月皆有五十餘種宗教類書籍上架，書局書架空間有限，故唯有新書方有機會上架，通常每次只能有一本新書上架；本公司出版新書，大多上架不久便已售出，若書局未再叫貨補充者，書架上即無新書陳列，則請直接向書局櫃台訂購。 3.若書局不便代購時，可於晚上共修時間向正覺同修會各共修處請購（共修時間及地點，詳閱**共修現況表**。每年例行年假期間請勿前往請書，年假期間請見共修現況表）。 4.郵購：郵政劃撥帳號 19068241。 5.正覺同修會會員購書都以八折計價（戶籍台北市者爲一般會員，外縣市爲護持會員）都可獲得優待，欲一次購買全部書籍者，可以考慮入會，節省書費。入會費一千元（第一年初加入時才需要繳），年費二千元。**6.尚未出版之書籍，請勿預先郵寄書款與本公司，謝謝您！** 7.若欲一次購齊本公司書籍，或同時取得正覺同修會贈閱之全部書籍者，請於正覺同修會共修時間，親到各共修處請購及索取；**台北市讀者**請洽：103 台北市承德路三段 267 號 10 樓（捷運淡水線 圓山站旁）請書時間：週一至週五爲 18：00~21：00，第一、三、五週週六爲 10：00~21：00，雙週之週六爲 10：00~18：00 請購處專線電話：25957295-分機 14（於請書時間方有人接聽）。

敬告大陸讀者：

大陸讀者購書、索書捷徑（尙未在大陸出版的書籍，以下二個途徑都可以購得，電子書另包括結緣書籍）：

1.廈門外國圖書公司：廈門市思明區湖濱南路 809 號 廈門外圖書城 3F
郵編：361004　電話：0592-5061658　網址：http://www.xibc.com.cn/

2.電子書：正智出版社有限公司及正覺同修會在台灣印行的各種局版書、結緣書，已有『**正覺電子書**』陸續上線中，提供讀者於手機、平板電腦上購書、下載、閱讀正智出版社、正覺同修會及正覺教育基金會所出版之電子書，詳細訊息敬請參閱『正覺電子書』專頁：http://books.enlighten.org.tw/ebook

關於平實導師的書訊，請上網查閱：

成佛之道　http://www.a202.idv.tw

正智出版社 書香園地　http://books.enlighten.org.tw/

中國網採訪佛教正覺同修會，正覺教育基金會訊息：

http://foundation.enlighten.org.tw/newsflash/20150817_1

http://video.enlighten.org.tw/zh-CN/visit_category/visit10

★ 正智出版社有限公司售書之稅後盈餘，全部捐助財團法人正覺寺籌備處、佛教正覺同修會、正覺教育基金會，供作弘法及購建道場之用；懇請諸方大德支持，功德無量。

★ 聲 明 ★

本社於 2015/01/01 開始調整本目錄中部分書籍之售價，以因應各項成本的持續增加。

＊ 喇嘛教修外道雙身法、墮識陰境界，非佛教 ＊

＊ 弘揚如來藏他空見的覺囊派才是真正藏傳佛教 ＊

售後服務—換書啓事（免附回郵） 2017/12/05

《楞伽經詳解》第三輯初版免費調換新書啓事：茲因 平實導師弘法早期尚未回復往世全部證量，有些法義接受他人的說法，寫書當時並未察覺而有二處（同一種法義）跟著誤說，如今發現已將之修正。茲爲顧及讀者權益，已開始免費調換新書；敬請所有讀者將以前所購第三輯（不論第幾刷），攜回或寄回本公司免費換新；郵寄者之回郵由本公司負擔，不需寄來郵票。因此而造成讀者閱讀、以及換書的不便，在此向所有讀者致上萬分的歉意，祈請讀者大眾見諒！

《楞嚴經講記》第 14 輯初版首刷本免費調換新書啓事：本講記第 14 輯出版前因 平實導師諸事繁忙，未將之重新閱讀而只改正校對時發現的錯別字，故未能發覺十年前所說法義有部分錯誤，於第 15 輯付印前重閱時才發覺第 14 輯中有部分錯誤尚未改正。今已重新審閱修改並已重印完成，煩請所有讀者將以前所購第 14 輯初版首刷本，寄回本公司免費換新（初版二刷本無錯誤），本公司將於寄回新書時同時附上您寄書來換新時的郵資，並在此向所有讀者致上最誠懇的歉意。

《心經密意》初版書免費調換二版新書啓事：本書係演講錄音整理成書，講時因時間所限，省略部分段落未講。後於再版時補寫增加 13 頁，維持原價流通之。茲爲顧及初版讀者權益，自 2003/9/30 開始免費調換新書，原有初版一刷、二刷書籍，皆可寄來本公司換書。

《宗門法眼》已經增寫改版爲 464 頁新書，2008 年 6 月中旬出版。讀者原有初版之第一刷、第二刷書本，都可以寄回本公司免費調換改版新書。改版後之公案及錯悟事例維持不變，但將內容加以增說，較改版前更具有廣度與深度，將更能助益讀者參究實相。

換書者**免附回郵**，亦無截止期限；舊書請寄：111 台北郵政 73-151 號信箱 或 103 台北市承德路三段 267 號 10 樓 正智出版社有限公司。舊書若有塗鴨、殘缺、破損者，仍可換取新書；但缺頁之舊書至少應仍有五分之三頁數，方可換書。所有讀者不必顧念本公司是否有盈餘之問題，都請踴躍寄來換書；本公司成立之目的不是營利，只要能眞實利益學人，即已達到成立及運作之目的。若以郵寄方式換書者，免附回郵；並於寄回新書時，由本公司附上您寄來書籍時耗用的郵資。造成您不便之處，再次致上萬分的歉意。

正智出版社有限公司 啓

免費換書公告

2023/7/15

《法華經講義》第十三輯初版免費調換新書啓事：本書因謄稿、印製等相關人員作業疏失，導致該書中的經文及內文用字將「**親近**」誤植成「清淨」。茲爲顧及讀者權益，自 2017/8/30 開始免費調換新書；敬請所有讀者將以前所購第十三輯初版首刷及二刷本，攜回或寄回本公司免費換新。

錯誤更正說明如下：

一、第 256 頁第 10 行~第 14 行：【就是先要具備「**法親近處**」、「**眾生親近處**」；法**親近**處就是在實相之法有所實證，如果在實相法上有所實證，他在二乘菩提中自然也能有所實證，以這個作爲第一個**親近**處——第一個基礎。然後還要有第二個基礎，就是瞭解應該如何善待眾生；對於眾生不要有排斥或者是貪取之心，平等觀待而攝受、親近一切有情。以這兩個**親近**處作爲基礎，來實行其他三個安樂行法。】。

二、第 268 頁第 13 行：【具足了那兩個「**親近處**」，使你能夠在末法時代，如實而圓滿的演述《法華經》時，那麼你作這個夢，它就是如理作意的，完全符合邏輯去完成這個過程，就表示你那個晚上，在那短短的一場夢中，已經度了不少眾生了。

《大法鼓經講義》第一輯初版免費調換二版新書啓事：本書因校對相關人員作業疏失錯失別字，導致該書中的內文 255 頁倒數 5 行有二字錯植而無發現，乃「『**智慧**』的滅除不容易」應更正爲「『**煩惱**』的滅除不容易」。茲爲顧及讀者權益，自 2023/4/1 開始免費調換新書，或請自行更正其中的錯誤之處；敬請所有讀者將以前所購第一輯初版首刷及二刷本，攜回或寄回本公司免費換新。

《涅槃》下冊初版一刷至六刷**免費調換新書啓事**：本書因法義上有少處疏失而重新印製，乃第 20 頁倒數 6 行的「法智忍、法智」更正爲「**法智、類智**」，同頁倒數 4 行的「類智忍、類智」更正爲「**法智忍、類智忍**」；並將書中引文重新標點後重印。敬請讀者攜回或寄回本公司免費換新。

換書者**免附回郵**，郵寄者之回郵由本公司負擔，不需寄來郵票，亦無截止期限；同時對因此而造成讀者閱讀、以及換書的困擾及不便，在此向所有讀者致上最誠懇的歉意，祈請讀者大眾見諒！

正智出版社有限公司　敬啓

國家圖書館出版品預行編目（CIP）資料

廣論之平議. 第一輯，廣論與佛法之比較/徐正雄著.
— 初版. — 臺北市：財團法人正覺教育基金會正覺出版社，
2025.08
　面；　公分
ISBN 978-986-92079-1-1(平裝)
1.CST：藏傳佛教 2.CST：注釋 3.CST：佛教修持
226.962　　114009930

廣論之平議 第一輯
——廣論與佛法之比較

著作者：徐正雄居士
出版者：財團法人正覺教育基金會正覺出版社
地址：臺北市承德路三段 267 號 10 樓
電話：〇二 25957295 ext.10-21
（請於夜間共修期間聯繫）
傳真：〇二 25954493
帳號：09037117095910 合作金庫 民族分行
總經銷：聯合發行股份有限公司
231 新北市新店區寶橋路 235 巷 6 弄 6 號 4 樓
電話：〇二 29178022（代表號）
傳真：〇二 29156275
初版首刷：二〇二五年八月三十日 二千冊
定價：新臺幣二一〇〇元